2020년 제3차 모의시험해설 머리말

    2020년 법·전·협 주관 제3차 모의시험문제의 해설서가 발행되었습니다. 수험생의 입장에서 제10회 변호사시험에 대비하기 위해서는 반드시 공식적인 모의시험문제를 풀어 자신의 현재 실력을 확인하고, 전반적인 출제경향도 알아둘 필요가 있다고 생각합니다. 자신에게 적합한 시중의 해설서를 참고하여 자신의 단점을 파악하여 보완하는 과정은 반드시 필요하다는 사실은 아무리 강조해도 부족함이 없을 것입니다.

    해설은 가능한 한 채점기준표를 기준으로 작성하려고 노력하면서 부득이한 경우에는 서술 순서 및 서술 분량을 바꾸기도 하였음을 밝혀둡니다. 채점기준표와 다른 부분은 각주 등을 통하여 그 이유를 설명하려고 하였습니다.

    아무튼 시험은 응시함으로써 실력을 배양하는 것이 아니라 다듬어 온 실력의 확인과정이고, 새로운 문제유형을 익힐 수 있는 기회입니다. 변호사시험을 준비하는 수험생이라면 당연히 모의고사문제를 풀어보고 스스로의 이해도를 확인한 후 해설서 등을 통해서 부족한 점을 보충하여 자기의 이해도를 더욱 높일 수 있어야 한다고 봅니다. 바로 이점에서 수험생들에게 도움이 되었으면 하는 것이 도서출판 (주)학연과 학연 저자들의 한결같은 바람입니다.

    끝으로 해설서를 발행함에 있어서 힘과 용기 및 도움을 준 로스쿨 재학생 및 변호사시험 준비생들에게 감사의 마음을 전하며, 수험생 여러분들의 합격을 진심으로 기원합니다.

2020. 11. 06

곽낙규, 이종훈, 장원석, 박승수

목 차

선택형 ··· 1
사례형 ··· 79
기록형 ··· 121

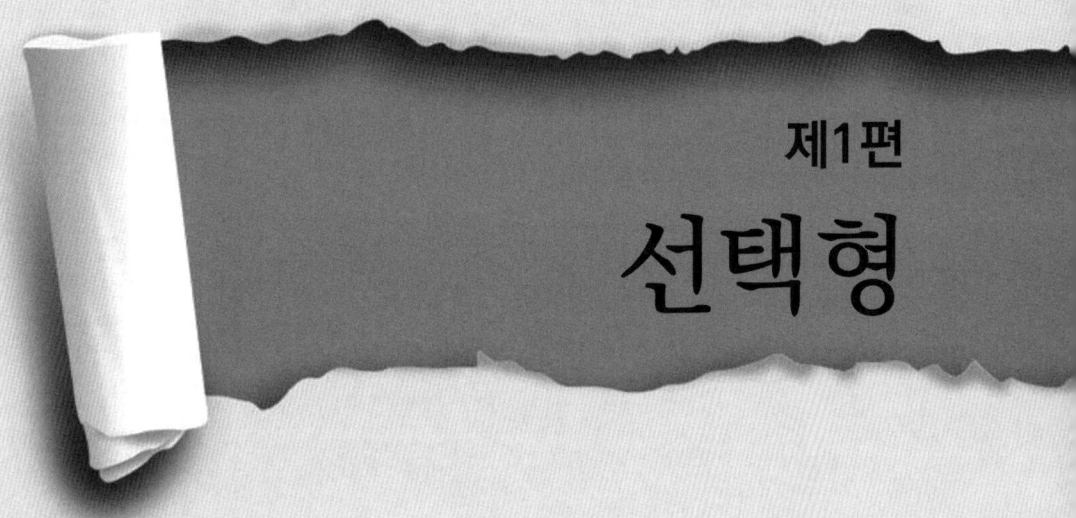

Rainbow 2020년 제3차 모의시험해설 민사법

제1편
선택형

1. 임의후견에 관한 설명으로 옳지 않은 것은?

① 임의후견과 한정후견은 동일인에 대하여 동시에 중복적으로 진행될 수 있다.
② 피후견인의 행위능력은 임의후견이 개시되었다는 사유만으로 제한되지는 않는다.
③ 임의후견인의 대리권은 후견계약에 의하여 수여된다.
④ 임의후견인의 대리권 소멸은 등기하지 않으면 선의의 제3자에게 대항할 수 없다.
⑤ 후견계약은 가정법원이 임의후견감독인을 선임한 때부터 효력이 발생한다.

해설

① (✕) **법정후견의 보충성** : 후견계약이 등기되어 있는 경우에는 가정법원은 본인의 이익을 위하여 특별히 필요할 때에만 임의후견인 또는 임의후견감독인의 청구에 의하여 성년후견, 한정후견 또는 특정후견의 심판을 할 수 있다. 이 경우 **후견계약은 본인이 성년후견 또는 한정후견 개시의 심판을 받은 때 종료된다** [20(3)모](제959조의20 제1항).
② (○) 임의후견이란 요보호인이 스스로 계약으로 후견인을 선임하여 독자적으로 후견관계를 형성하는 것을 말한다. **후견계약으로 임의후견이 개시된 경우 피후견인의 행위능력이 제한되지 아니한다**[20(3)모].
③ (○) 임의후견인의 임무는 후견계약의 내용에 따르고 그의 **대리권의 범위는 후견계약에 의해 정해진다** [20(3)모].
④ (○) **임의후견인의 대리권 소멸은 등기하지 아니하면 선의의 제3자에게 대항할 수 없다**[20(3)모](제959조의19).
⑤ (○) **후견계약은 가정법원이 임의후견감독인을 선임한 때부터 효력이 발생한다**[20(3)모](제959조의14 제3항).

정답 ①

2. 법률행위에 관한 설명으로 옳지 않은 것은? (다툼이 있는 경우 판례에 의함)

① 명의인 또는 행위자 중 누구를 계약의 당사자로 볼 것인가에 관하여 행위자와 상대방의 의사가 일치하지 아니하는 경우에는 규범적 해석에 의해 당사자를 확정한다.
② 이자제한법의 최고이자율 제한에 관한 규정은 금전대차에 관한 계약상의 이자에 관하여 적용될 뿐, 계약을 위반한 사람을 제재하고 계약의 이행을 간접적으로 강제하기 위하여 정한 위약벌의 경우에는 적용될 수 없다.
③ 매매계약이 약정된 매매대금의 과다로 말미암아 불공정한 법률행위에 해당하여 무효인 경우에도 무효행위의 전환에 관한 민법 규정이 적용될 수 있다.
④ 보험사고를 가장하여 보험금 취득만을 목적으로 체결한 생명보험계약은 이른바 동기의 불법에 해당하므로 그 동기가 표시되거나 상대방에게 알려진 경우에 한하여 무효가 된다.
⑤ 대리인이 상대방과 공모하여 대리권을 남용한 경우, 본인은 그에 따라 형성된 법률관계를 기초로 새로운 이해관계를 맺은 선의의 제3자에 대하여 무효를 주장할 수 없다.

해설

① (○) ❀ (15.변4, 10.사52) 계약을 체결하는 행위자가 타인의 이름으로 법률행위를 한 경우에 행위자 또는 명의인 가운데 누구를 계약의 당사자로 볼 것인가에 관하여는, ⓐ 행위자와 상대방의 의사가 일치한 경우에

는 (자연적 해석에 의해) 그 일치한 의사대로 행위자 또는 명의인을 계약의 당사자로 확정해야 하고, ⓑ 행위자와 상대방의 의사가 일치하지 않는 경우에는 (규범적 해석에 의해) 상대방이 합리적인 사람이라면 행위자와 명의자 중 누구를 계약 당사자로 이해할 것인가에 의하여 당사자를 결정하여야 한다[17변호].

② (O) 이자제한법의 최고이자율 제한에 관한 규정(연 24%, 2018.2.8. 시행)은 금전대차에 관한 계약상의 이자에 관하여 적용될 뿐, 계약을 위반한 사람을 제재하고 계약의 이행을 간접적으로 강제하기 위하여 정한 위약벌의 경우에는 적용될 수 없다[20(3)모](대판 2017.11.29, 2016다259769).

③ (O) 매매계약이 약정된 매매대금의 과다로 말미암아 제104조에서 정하는 '**불공정한 법률행위**'에 해당하여 무효인 경우에도 무효행위의 전환에 관한 민법 제138조가 적용될 수 있다[19(1)모]. 따라서 당사자 쌍방이 위와 같은 무효를 알았더라면 대금을 다른 액으로 정하여 매매계약에 합의하였을 것이라고 예외적으로 인정되는 경우에는, 그 대금액을 내용으로 하는 매매계약이 유효하게 성립한다[17변호](대판 2010.7.15, 2009다50308).

④ (×) 보험사고를 가장하거나 혹은 그 정도를 실제보다 과장하여 보험금을 부당하게 취득할 목적으로 체결하였음을 추인할 수 있는 경우 그 보험계약은 사회질서에 반하여 **무효이다**[14(3)모](대판 2005.7.28, 2005다23858).

⑤ (O) 대리권 남용에 따라 외형상 형성된 법률관계를 기초로 하여 제107조 1항 단서의 상대방과 새로운 법률상 이해관계를 맺은 선의의 제3자에 대하여는 제107조 2항을 유추적용하여 누구도 그와 같은 사정을 들어 대항할 수 없으며(=무효를 주장할 수 없다)(대판 2018.4.26, 2016다3201).

정답 ④

3. 무효 및 취소에 관한 설명으로 옳은 것은? (다툼이 있는 경우 판례에 의함)

① 불공정한 법률행위의 피해자가 그 무효를 알면서도 임의로 과다한 반대급부를 행하였다면 그 불공정한 법률행위는 법정추인에 의해 유효로 된다.
② 무권리자가 자신의 명의로 타인의 물건을 처분한 후 그 물건의 소유자인 타인이 위 처분을 추인하면 무권리자의 처분행위는 추인한 때로부터 유효하다.
③ 「부동산 거래신고 등에 관한 법률」상의 토지거래허가를 받지 못하여 유동적 무효 상태에 있는 토지매매계약에 대해서도 채무불이행으로 인한 법정해제가 인정된다.
④ 상가에 대한 임대차계약과 권리금계약 중 어느 하나에 취소사유가 있는 경우 양자는 법률상 별개의 계약이므로 일부무효의 법리가 유추적용될 수 없다.
⑤ 사기에 의해 의사표시를 한 표의자가 사망한 경우 상속인은 피상속인이 기망당하였음을 이유로 그 의사표시를 취소할 수 있다.

해설

① (×) 불공정한 법률행위로서 무효인 경우에는 추인에 의하여 그 무효인 법률행위가 유효로 될 수 없다[12변호, 16법행]. 같은 취지에서 법정추인에 관한 규정도 적용될 수 없다[20(3)모,07사법](대판 1994.6.24, 94다10900).

② (×) 권리자가 무권리자의 처분을 추인하면 무권대리에 대해 본인이 추인을 한 경우와 당사자들 사이의 이익상황이 유사하므로, 무권대리의 추인에 관한 민법 제130조, 제133조 등을 무권리자의 추인에 유추 적용할 수 있다. 따라서 무권리자의 처분이 계약으로 이루어진 경우에 권리자가 이를 추인하면 원칙적으로 계약의 **효과가 계약을 체결했을 때에 소급하여 권리자에게 귀속된다**[20변호](대판 2017.6.8, 2017다3499).

③ (×) 허가를 받을 것을 전제로 한 거래계약은 허가받기 전의 상태에서는 거래계약의 채권적 효력도 전혀 발생하지 않으므로 **권리의 이전 또는 설정에 관한 어떠한 내용의 이행청구도 할 수 없고**[14(2)모], 그러한

거래계약의 당사자로서는 허가받기 전의 상태에서 **상대방의 거래계약상 채무불이행을 이유로 거래계약을 해제하거나 그로 인한 손해배상을 청구할 수 없다**[18(1)모](대판 1997.7.25, 97다4357).

④ (×) [1] 영업용 건물의 임대차에 수반되어 행하여지는 **권리금계약은 임대차계약이나 임차권양도계약 등에 수반되어 체결되지만 임대차계약 등과는 별개의 계약이다**. [2] **여러 개의 계약이 체결된 경우에 각 계약이 전체적으로 경제적, 사실적으로 일체로서 행하여진 것으로 그 하나가 다른 하나의 조건이 되어 어느 하나의 존재 없이는 당사자가 다른 하나를 의욕하지 않았을 것으로 보이는 경우** 등에는, 하나의 계약에 대한 기망 취소의 의사표시는 법률행위의 일부무효이론과 궤를 같이하는 법률행위 일부취소의 법리에 따라 **전체 계약에 대한 취소의 효력이 있다**[20변호]. [3] 임차권의 양수인 甲이 양도인 乙의 기망행위를 이유로 乙과 체결한 임차권양도계약 및 권리금계약을 각 취소 또는 해제한다고 주장한 경우, 위 권리금계약은 임차권양도계약과 결합하여 전체가 경제적·사실적으로 **일체로 행하여진 것으로서, 어느 하나의 존재 없이는 당사자가 다른 하나를 의욕하지 않았을 것으로 보인다면** 임차권양도계약과 분리하여 권리금계약만이 취소되었다고 볼 수는 없고, 전체 계약에 대한 취소의 효력이 있다(대판 2013.5.9, 2012다115120).

⑤ (○) 포괄승계인(예 상속인과 회사를 합병한 경우)이 취소권자라는 데에는 의문이 없다. (따라서) **착오에 의한 의사표시를 한 자가 사망한 경우 그 상속인은 피상속인의 착오를 이유로 그 의사표시를 취소할 수 있다**[17(2)모].

정답 ⑤

4. 법률행위의 대리에 관한 설명으로 옳은 것을 모두 고른 것은? (다툼이 있는 경우 판례에 의함)

> ㄱ. 본인은 기초적 법률관계가 종료하기 이전에도 수권행위를 철회하여 대리권을 소멸시킬 수 있다.
> ㄴ. 미성년자의 부모가 공동으로 친권을 행사하는 경우에 부모 일방이 다른 일방의 의사에 반하여 공동의 명의로 미성년자를 대리한다는 사실을 상대방이 알았다면 그 대리행위는 효력이 없다.
> ㄷ. 민법상의 조합을 대리하는 자는 상대방에게 반드시 조합원 전원의 이름을 현명할 필요는 없고 조합의 이름을 표시하는 것으로 충분하다.
> ㄹ. 대리인과 계약을 체결한 상대방이 본인에 대하여 그 이행을 청구하는 경우, 대리권의 존재에 대한 증명책임은 그 상대방이 부담한다.

① ㄱ, ㄷ ② ㄱ, ㄴ, ㄷ ③ ㄱ, ㄴ, ㄹ
④ ㄴ, ㄷ, ㄹ ⑤ ㄱ, ㄴ, ㄷ, ㄹ

해설

ㄱ. (○) 임의대리권은 그 **원인된 법률관계(=기초적 내부 관계)가 종료된 경우**(제128조 1문)와 (원인된) **법률관계의 종료 전에 본인이 수권행위를 철회한 경우에도 소멸한다**[19(1)모](제128조 2문).

ㄴ. (○) 부모의 일방이 〈공동명의로〉 자(子)를 대리하거나 자(子)의 법률행위에 동의한 때에는 **다른 일방의 의사에 반하는 때에도 상대방이 善意인 한 그 효력이 발생한다**[15(3)·17(2)모](제920조의2).

ㄷ. (○) ※ (13(3)모) 민법상 조합의 경우 **법인격이 없어 조합 자체가 본인이 될 수 없으므로, 이른바 조합대리에 있어서는 본인에 해당하는 모든 조합원을 위한 것임을 표시하여야 하나, 반드시 조합원 전원의 성명을 제시할 필요는 없고**[15(2)19(1)모], [대표조합원이 그 대표자격을 표시하고 조합원 전원을 대리하여(대판 1970.

8.31, 70다1360)] 상대방이 알 수 있을 정도로 조합(의 명칭)을 표시하는 것으로 충분하다(대판 2009.1.30, 2008다79340).

ㄹ. (O) 대리행위의 상대방이 본인에게 계약의 이행을 구하는 경우에는 대리행위의 효과를 주장하는 대리행위의 《상대방》이 대리인에게 대리권이 있음에 대한 증명책임을 진다[18(1)모][대판 1994.2.22, 93다42047).

정답 ⑤

5. 소멸시효에 관한 설명으로 옳은 것을 모두 고른 것은? (다툼이 있는 경우 판례에 의함)

ㄱ. 일정한 채권에 관하여 단기의 소멸시효기간을 정한 민법규정은 그 채권의 채권자가 그 발생원인인 계약에 기하여 부담하는 반대채무에 대해서는 적용되지 않는다.
ㄴ. 이행인수인이 채권자에 대하여 채무의 존재를 승인하는 경우 채무자의 채무는 특별한 사정이 없는 한 시효의 진행이 중단된다.
ㄷ. 소멸시효가 완성된 경우 채무자의 일반채권자는 자신의 채권을 보전하기 위하여 채권자의 지위에서 독자적으로 시효의 완성 사실을 원용할 수 있다.
ㄹ. 시효로 소멸하는 채권이 그 시효 완성 전에 상계할 수 있었던 경우, 채권자는 이를 자동채권으로 하여 상계를 할 수 있다.

① ㄱ, ㄴ ② ㄱ, ㄹ ③ ㄴ, ㄹ
④ ㄴ, ㄷ, ㄹ ⑤ ㄱ, ㄴ, ㄷ, ㄹ

해설

ㄱ. (O) 1년의 단기로 소멸시효기간을 정하는 제164조는 그 각 호에서 개별적으로 정하여진 채권(=간병료 채권은 노역인의 임금 채권에 해당하여 제164조 3호에 따라 1년의 단기소멸시효에 걸림)의 채권자가 그 채권의 발생원인이 된 계약에 기하여 상대방에 대하여 부담하는 반대채무에 대하여는 적용되지 아니한다[17(2)모]. 따라서 그 채권의 상대방이 그 계약에 기하여 가지는 반대채권(=간병인이 간병인계약에 기하여 부담하는 채무불이행으로 인한 환자의 손해배상청구권)은 원칙으로 돌아가, 다른 특별한 사정이 없는 한 제162조 제1항에서 정하는 10년의 일반소멸시효기간의 적용을 받는다(대판 2013.11.14, 2013다65178).

ㄴ. (X) 이행인수는 채무자와 인수인 사이의 계약에 따라 인수인이 채권자에 대한 채무를 변제하기로 약정하는 것을 말한다. 인수인은 채무자의 채무를 변제하는 등으로 면책시킬 의무를 부담하지만 채권자에 대한 관계에서 직접 이행의무를 부담하게 되는 것은 아니다[19변호]. 한편 소멸시효 중단사유인 채무의 승인은 시효이익을 받을 당사자나 대리인만 할 수 있으므로 이행인수인이 채권자에 대하여 채무자의 채무를 승인하더라도 다른 특별한 사정이 없는 한 시효중단 사유가 되는 채무승인의 효력은 발생하지 않는다[19변호, 18(3)모](대판 2016.10.27, 2015다239744).

ㄷ. (X) 채무자에 대한 일반 채권자는 자기의 채권을 보전하기 위하여 필요한 한도 내에서 채무자를 대위하여 소멸시효 주장을 할 수 있을 뿐 채권자의 지위에서 독자적으로 소멸시효의 주장을 할 수 없다[17변호](대판 1997.12.26, 97다22676).

ㄹ. (O) 소멸시효가 완성된 채권이 그 완성 전에 상계할 수 있었던 것이면(=상계적상에 있었으면) 그 채권자는 상계할 수 있다[16(3)17(2)모,13법원](제495조). (민법은 채권관계가 결재되었다고 생각하는 당사자의 신뢰를 보호하려는 취지에서 소멸시효가 완성된 채권의 채권자가 시효소멸된 채권을 자동채권으로 하는 상계를 인정한다. 이러한 신뢰관계가 없는 경우 즉 소멸시효가 완성된 채권을 양도받아 이를 자동채권으로 상계할 수는 없다)

정답 ②

6. 미성년자에 관한 설명으로 옳은 것을 모두 고른 것은? (다툼이 있는 경우 판례에 의함)

ㄱ. 미성년자에 대하여는 복수의 미성년후견인을 둘 수 있다.
ㄴ. 불법행위의 피해자가 미성년자인 경우에는 특별한 사정이 없는 한 그 법정대리인이 손해 및 가해자를 알아야 손해배상청구권의 소멸시효가 진행된다.
ㄷ. 법정대리인이 미성년자를 대리하여 미성년자 본인의 행위를 목적으로 하는 계약을 체결하는 경우에는 미성년자 본인의 동의를 얻어야 한다.
ㄹ. 법정대리인인 친권자의 대리행위가 객관적으로 볼 때 미성년자에게 경제적인 손실만을 초래하는 반면, 그 친권자나 제3자에게는 경제적인 이익을 가져오는 행위이고 상대방이 이러한 사실을 안 때에는 그 행위의 효과는 미성년자에게 미치지 않는다.

① ㄱ, ㄴ   ② ㄴ, ㄹ   ③ ㄷ, ㄹ
④ ㄴ, ㄷ, ㄹ   ⑤ ㄱ, ㄴ, ㄷ

해설

ㄱ. (×) 미성년후견인의 수(數)는 한 명으로 한다[14·18변호](제930조 1항).
ㄴ. (○) 불법행위의 피해자가 미성년자로 행위능력이 제한된 자인 경우에는 다른 특별한 사정이 없는 한 그 **법정대리인이 손해 및 가해자를 알아야** 민법 제766조 제1항의 소멸시효가 진행한다[15사법,18변호](대판 2010. 2. 11, 2009다79897).
ㄷ. (○) 법정대리인(친권자와 후견인)이 미성년자 또는 피후견인의 행위를 목적으로 하는 채무를 부담할 경우에는 본인의 동의를 얻어야 대리할 수 있다[20(3)모](제920조 단서, 제949조 2항).
ㄹ. (○) 법정대리인인 친권자의 대리행위가 객관적으로 볼 때 미성년자 본인에게는 경제적인 손실만을 초래하는 반면, 《친권자나 제3자에게는 경제적인 이익》을 가져오는 행위이고, 그 행위의 상대방이 이러한 사실을(=매매계약 당시 친권자가 임의로 미성년자들의 이익이나 의사에 반하여 토지를 매각하려 한다는 배임적인 사정을) 《알았거나 알 수 있었을 때에는》, 제107조 1항 단서를 유추적용하여 그 행위의 효과는 자(子)에게는 미치지 않는다(=무효이다)[18변호](대판 2018. 4. 26, 2016다3201).

정답 ④

7. 소멸시효 및 제척기간에 관한 설명으로 옳지 <u>않은</u> 것은? (다툼이 있는 경우 판례에 의함)

① 제척기간의 도과 여부는 당사자의 주장이 없더라도 법원이 직권으로 조사하여야 한다.
② 채권자가 부진정연대채무자 중 1인에 대하여 이행을 청구한 경우 다른 채무자에게는 소멸시효 중단의 효력이 발생하지 않는다.
③ 신축 중인 건물에 대해 매매계약을 체결한 경우 그 건물에 대한 소유권이전등기청구권의 소멸시효는 건물이 완공된 때부터 진행한다.
④ 민사소송절차에서 당사자가 민법에 따른 소멸시효기간을 주장한 경우에도 법원은 직권으로 상법에 따른 소멸시효기간을 적용할 수 있다.
⑤ 매매예약의 당사자가 예약완결권의 제척기간을 10년 이상으로 약정하였더라도 10년이 경과하면 예약완결권은 소멸한다.

해설

① (O) 제척기간이 도과하였는지 여부는 소위 직권조사 사항으로서 이에 대한 당사자의 주장이 없더라도 법원이 당연히 직권으로 조사하여 재판에 고려하여야 한다[15(3)모,11법행](대판 2000.10.13, 99다18725).

② (O) 부진정연대채무에서는 채무자 1인에 대한 이행청구[11사법,11법행,17(1),18(3)모] 또는 채무자 1인이 행한 **채무의 승인 등 소멸시효의 중단사유나 시효이익의 포기는 다른 채무자에게 효력을 미치지 아니한다**[16변호, 16사법](대판 2011.4.14, 2010다91886).

③ (O) 건물에 관한 소유권이전등기청구권에 있어서 그 목적물인 건물이 완공되지 아니하여 이를 행사할 수 없었다는 사유는 법률상의 장애사유에 해당한다[12사법](대판 2007.8.23, 2007다28024,28031). (따라서) 건물이 완공되지 아니하여 건물에 관한 소유권이전등기청구권을 행사할 수 없었다면, 그 이전등기청구권의 시효는 진행되지 않는다[17(1)모]. 법률상의 장애사유가 제거되면 그 때부터 소멸시효가 진행하므로 신축중인 건물에 관한 소유권이전등기청구권의 소멸시효 기산점은 건물 완공시이다[10법행,20(3)모].

④ (O) 민사소송절차에서 변론주의 원칙은 권리의 발생·변경·소멸이라는 법률효과 판단의 요건이 되는 주요사실에 관한 주장·증명에 적용된다. 따라서 **권리를 소멸시키는 소멸시효 항변은 변론주의 원칙에 따라 당사자의 주장이 있어야만 법원의 판단대상이 된다.** 그러나 이 경우 어떤 시효기간이 적용되는지에 관한 주장은 권리의 소멸이라는 법률효과를 발생시키는 요건을 구성하는 사실에 관한 주장이 아니라 단순히 법률의 해석이나 적용에 관한 의견을 표명한 것이다. 이러한 **주장에는 변론주의가 적용되지 않으므로** 법원이 당사자의 주장에 구속되지 않고 직권으로 판단할 수 있다. **당사자가 민법에 따른 소멸시효기간을 주장한 경우에도 법원은 직권으로 상법에 따른 소멸시효기간을 적용할 수 있다**[18(3)모](대판 2017.3.22, 2016다258124).

⑤ (×) 제척기간에 대해 법률에 규정이 있으면 **법률의 규정**에 따르고, 규정이 없는 경우 당사자 사이에 그 **행사기간을 약정한 때에는** 그 기간 내에, 약정이 없는 때에는 **권리가 발생한 때로부터 10년 내에** 이를 행사하여야 하고 그 기간을 지난 때에는 제척기간의 경과로 인하여 그 권리는 소멸한다. 한편 **당사자 사이에 약정하는 예약 완결권의 행사기간에 특별한 제한은 없다**[19(2)모](대판 2017.1.25, 2016다42077). 정답

8. **착오에 관한 설명으로 옳은 것(○)과 옳지 않은 것(×)을 올바르게 조합한 것은? (다툼이 있는 경우 판례에 의함)**

> ㄱ. 매도인이 매수인의 중도금 지급채무 불이행을 이유로 매매계약을 해제한 후에는 매수인은 착오를 이유로 매매계약을 취소할 수 없다.
> ㄴ. 의사표시의 착오가 표의자의 중대한 과실로 이루어졌으나 상대방이 표의자의 착오를 알고 이를 이용한 경우에는 표의자는 그 의사표시를 취소할 수 있다.
> ㄷ. 착오를 이유로 의사표시를 취소하고자 하는 자는 법률행위의 내용에 착오가 있었다는 사실과 그 착오가 없었더라면 의사표시를 하지 않았을 것이라는 점을 증명하여야 한다.
> ㄹ. 화해계약이 사기로 이루어진 경우에는 화해의 목적인 분쟁에 관한 사항에 착오가 있더라도 그 화해계약을 취소할 수 있다.

① ㄱ(○), ㄴ(×), ㄷ(○), ㄹ(○)   ② ㄱ(○), ㄴ(○), ㄷ(×), ㄹ(○)
③ ㄱ(×), ㄴ(○), ㄷ(×), ㄹ(×)   ④ ㄱ(×), ㄴ(○), ㄷ(○), ㄹ(○)
⑤ ㄱ(×), ㄴ(○), ㄷ(○), ㄹ(×)

해설

ㄱ. (✗) 매도인이 매수인의 중도금 지급채무불이행을 이유로 매매계약을 적법하게 해제한 후라도, 매수인으로서는 상대방이 한 계약해제의 효과로서 발생하는 손해배상책임을 지거나 매매계약에 따른 계약금의 반환을 받을 수 없는 불이익을 면하기 위하여 착오를 이유로 한 취소권을 행사[17(3)모]하여 매매계약 전체를 무효로 돌리게 할 수 있다[12사법,13변호](대판 1991.8.27, 91다11308).

ㄴ. (O) 의사표시의 착오가 표의자의 중대한 과실로 인한 때에는 그 의사표시를 취소하지 못한다는 민법 제109조 제1항 단서는 표의자의 상대방의 이익을 보호하기 위한 것이므로, 상대방이 표의자의 착오를 알고 이를 이용한 경우에는 그 착오가 표의자의 중대한 과실로 인한 것이라고 하더라도 표의자는 그 의사표시를 취소할 수 있다[18변호](대판 2014.11.27, 2013다49794).

ㄷ. (O) 착오를 이유로 의사표시를 취소하려는 표의자는 적극요건인 착오의 존재와 중요부분의 착오임을 입증해야 한다(통설, 판례). (즉)《착오를 이유로 의사표시를 취소하는 자》는 법률행위의 내용에 착오가 있었다는 사실과 함께 그 착오가 의사표시에 결정적인 영향을 미쳤다는 점, 즉 만약 그 착오가 없었더라면 의사표시를 하지 않았을 것이라는 점을 증명하여야 한다[18(2)](대판 2008.1.17, 2007다74188).

ㄹ. (O) 제733조에 의하면, 화해계약은 화해당사자의 자격 또는 화해의 목적인 분쟁 이외의 사항에 착오가 있는 경우를 제외하고는 착오를 이유로 취소하지 못하지만, 화해계약이 사기로 인하여 이루어진 경우에는 화해의 목적인 분쟁에 관한 사항에 착오가 있는 때에도 민법 제110조에 따라 취소할 수 있다[16(3)모,10사법, 15법행](대판 2008.9.11, 2008다15278).

정답 ④

---

9. 부동산 물권변동에 관한 설명으로 옳지 <u>않은</u> 것은? (다툼이 있는 경우 판례에 의함)

① 무허가 건물을 매수하여 적법하게 소유권보존등기를 마친 경우, 건물이 멸실되지 않고 존재함에도 불구하고 멸실등기가 되었다면 매수인은 그 소유권을 상실하지 않는다.

② 공유지분의 포기는 상대방 없는 단독행위에 해당하므로, 부동산 공유자의 공유지분 포기의 의사표시가 다른 공유자에게 도달하면 이로써 곧바로 공유지분 포기에 따른 물권변동의 효력이 발생한다.

③ 강제경매로 인하여 관습상 법정지상권이 붙은 건물의 소유권을 취득한 자가 그 건물과 함께 관습상 법정지상권을 처분하기 위해서는 그 법정지상권에 관한 등기를 마쳐야 한다.

④ 소유권이전등기청구권 보전을 위한 가등기에 기하여 본등기가 행해진 경우, 물권변동은 본등기가 행해진 때 발생한다.

⑤ 부동산의 공유자 중 한 사람은 제3자 명의의 공유물에 관한 원인무효의 등기에 대해서는 그 전부의 말소를 구할 수 있다.

해설

① (O) 등기는 물권의 효력발생 요건이지 효력존속요건은 아니므로 물권에 관한 등기가 원인없이 말소된 경우에도 그 물권의 효력에는 아무런 영향을 미치지 않는다. 따라서 무허가 건물을 매수하여 적법하게 소유권보존등기를 마친 경우, 위 소유권보존등기는 실체관계에 부합하는 유효한 등기이므로 건물의 소유권을 취득하였다 할 것인데 건물이 멸실되지 않고 존재하고 있는데도 불구하고 멸실등기가 되었다면 이에 의하여 건물에 대한 소유권이 상실되지는 않는다(대판 1988.10.25, 87다카1232).

② (✗) 공유지분의 포기는 법률행위로서 상대방 있는 단독행위에 해당하고 다른 공유자는 자신에게 귀속될

공유지분에 관하여 소유권이전등기청구권을 취득하며, 이후 민법 제186조에 의하여 등기를 하여야 공유지분 포기에 따른 물권변동의 효력이 발생한다[20(3)모]. 그리고 부동산 공유자의 공유지분 포기에 따른 등기는 해당 지분에 관하여 다른 공유자 앞으로 소유권이전등기를 하는 형태가 되어야 한다[19(2)모](대판 2016.10.27, 2015다52978).

③ (O) ⅰ) 건물 소유를 위하여 법정지상권을 취득한 자로부터 경매에 의하여 그 건물의 소유권을 이전받은 경락인은 경락 후 건물을 철거한다는 등의 매각조건하에서 경매되는 경우 등 특별한 사정이 없는 한 **건물의 경락취득과 함께 위 지상권도 당연히 취득한다**[19변호](대판 2014.9.4, 2011다13463). ⅱ) 건물과 함께 법정지상권을 양도하여 양수인이 법정지상권을 취득하려면 먼저 제187조 단서에 의해 양도인이 자기 앞으로 법정지상권을 등기하고 이를 양수인에게 이전등기를 해주어야 한다[20(3)모].

④ (O) 『가등기는 그 성질상 본등기의 순위보전의 효력만이 있어 후일 본등기가 경료된 때에는 **본등기의 순위가 가등기한 때로 소급하는 것뿐이지 본등기에 의한 물권변동의 효력이 가등기한 때로 소급하여 발생하는 것은 아니다**[19변호]』(대판 1992.9.25, 92다21258).

⑤ (O) 공유부동산을 제3자가 원인무효의 소유권이전등기를 한 경우 ⓐ **부동산의 공유자 중 한 사람은 공유물에 대한 보존행위로서 그 공유물에 관한 원인무효의 등기 전부의 말소를 구할 수 있고**[14(2)모], ⓑ (진정명의 회복을 원인으로 하여) **각 공유자에게 해당 지분별로 진정명의회복을 원인으로 한 소유권이전등기를 이행할 것을 단독으로 청구할 수 있다**[13법원](대판 2005.9.29, 2003다40651).

정답 ②

10. 甲은 乙 소유의 X토지를 1990. 10. 1.부터 2019. 12. 1.까지 소유의 의사로 평온·공연하게 점유하고 있다. 이에 관한 설명으로 옳지 <u>않은</u> 것은? (다툼이 있는 경우 판례에 의함)

① 乙이 2009. 10. 1. 丙에게 매매에 의하여 X토지의 소유권을 이전하였더라도, 甲은 2019. 12. 1. 현재 丙에게 X토지의 시효취득을 주장할 수 있다.

② 乙이 2015. 10. 1. 丙과의 명의신탁약정에 따라 丙 앞으로 X토지의 소유권이전등기를 마친 경우, 甲은 乙을 대위하여 丙에게 그 소유권이전등기의 말소를 구할 수 있다.

③ 乙이 2019. 1. 5. 丙에게 X토지를 매도한 후 丙이 소유권이전청구권 보전을 위하여 X토지에 대한 처분금지가처분을 한 경우, 甲은 2019. 12. 5. 취득시효완성을 원인으로 X토지에 대한 소유권이전등기를 마쳤더라도 그 후 위 처분금지가처분의 본안소송에서 승소판결을 받고 그 확정판결에 따라 소유권이전등기를 마친 丙에게 대항할 수 없다.

④ 乙이 2015. 10. 1. X토지를 丙에게 매도하고 소유권이전등기를 마쳐 준 경우, 甲이 그 전에 乙에게 시효완성을 이유로 X토지에 대한 소유권이전등기청구권을 행사하지 않았더라도 甲은 乙이 수령한 매매대금에 대하여 대상청구권을 행사할 수 있다.

⑤ 乙이 2015. 10. 1. X토지에 대한 시효완성 사실을 알면서 이를 丙에게 매도하여 소유권이전등기를 넘겨줌으로써 甲에게 손해가 발생하였다면 불법행위가 성립하고, 丙이 이러한 불법행위에 적극 가담하였다면 乙·丙간의 매매계약은 무효가 된다.

해설

① (O) ⅰ) 사안의 경우 2010. 10. 1. 부동산 점유취득시효가 완성한다. ⅱ) 점유로 인한 부동산소유권의 시효취득에 있어 취득시효의 중단사유는 종래의 점유상태의 계속을 파괴하는 것으로 인정될 수 있는 사유라야 할 것인바, **취득시효기간의 완성 전에 등기부상의 소유명의가 변경된 것으로써 종래의 점유상태의**

계속이 파괴되었다고 할 수 없으므로 이는 **취득시효의 중단사유가 될 수 없다**[09법원, 13법무](대판 1993.5.25, 92다52764,52771). 따라서 시효취득자는 취득시효기간 완성 당시의 등기명의자(=C)에게 소유권취득을 주장할 수 있다[16(3)모, 04법행](대판 1977.8.23, 77다785).

② (O) 《취득시효 완성 후 등기 전에 그 부동산이 제3자에게 (민법상의) 신탁 또는 명의신탁된 경우》라면 종전 등기명의인으로서는 언제든지 이를 해지하고 소유권이전등기를 청구할 수 있고, 점유시효취득자로서는 종전 등기명의인을 대위하여 이러한 권리를 행사할 수 있으므로[15(1)모.08사법], 그러한 제3자가 소유자로서의 권리를 행사하는 경우 점유자로서는 취득시효 완성을 이유로 이를 저지할 수 있다(대판 1995.9.5, 95다24586).

③ (O) 민법 제245조 제1항에 의하면 부동산에 관한 점유취득시효가 완성되었더라도 소유권취득을 위한 등기청구권이 발생할 뿐 곧바로 소유권취득의 효력이 생기는 것이 아니고 등기를 함으로써 비로소 소유권을 취득한다. 따라서 취득시효의 완성 후 그 등기를 하기 전에 제3자의 처분금지가처분이 이루어진 부동산에 관하여 점유자가 취득시효 완성을 원인으로 소유권이전등기를 하였는데, 그 후 가처분권리자가 처분금지가처분의 본안소송에서 승소판결을 받고 그 확정판결에 따라 소유권이전등기를 하였다면, 점유자가 취득시효 완성 후 등기를 함으로써 소유권을 취득하였다는 이유로 그 등기 전에 **처분금지가처분을 한 가처분권리자에게 대항할 수 없다**[16(3)모](대판 2012.11.15, 2010다73475).

④ (×) ❀ (17(1)모) 민법상 이행불능의 효과로서 채권자의 전보배상청구권과 계약해제권 외에 별도로 대상청구권을 규정하고 있지는 않으나 해석상 대상청구권을 부정할 이유는 없다. 그러나 ❀ (13(1)모, 17.변6) 점유로 인한 부동산 소유권 취득기간 만료를 원인으로 한 등기청구권이 이행불능으로 되었다고 하여 **대상청구권을 행사하기 위해서는, 이행불능 전(前)에 등기명의자에 대하여 시효완성을 이유로 그 권리를 주장하였거나**[11사법], **등기청구권을 행사하였어야 한다**[19(1)12(3)모]. 그 이행불능 전에 그와 같은 권리의 주장이나 행사에 이르지 않았다면 대상청구권을 행사할 수 없다(대판 1996.12.10, 94다43825).

⑤ (O) 등기명의인이 그 부동산의 취득시효완성 사실을 알았거나 알 수 있었다고 봄이 상당하므로, 그 이후 등기명의인이 〔(즉)자신의 부동산에 대하여 취득시효가 완성된 사실을 알고 있는 부동산 소유자가(대판 1995.6.30, 94다52416)〕 그 부동산을 제3자에게 매도하거나 근저당권을 설정하는 등 처분하여 취득시효완성을 원인으로 한 소유권이전등기의무가 이행불능에 빠졌다면 그러한 처분행위는 시효취득자에 대한 소유권이전등기의무를 면탈하기 위하여 한 것으로서 위법하고, **등기명의인은 (불법행위를 이유로) 시효취득자가 입은 손해를 배상할 책임이 있다**[12변호](대판 1999.9.3, 99다20926). ❀ (15.변4) 부동산을 취득한 제3자가 부동산 소유자의 이와 같은 불법행위에 적극 가담하였다면 이는 사회질서에 반하는 행위로서 무효이다[20(3)모.15법행](대판 1993.2.9, 92다47892).

정답 ④

11. 甲은 부동산 경매절차에서 丙 소유의 X건물을 취득하기 위하여 친구 乙과 명의신탁약정을 맺고 2019. 10. 5. 乙 명의로 매각허가결정을 받아 甲 자신의 비용을 들여 乙로 하여금 매각대금을 완납하게 하였다. 그 후 X건물은 乙 명의로 소유권이 이전되었다. 이에 관한 설명으로 옳은 것은? (다툼이 있는 경우 판례에 의함)

① 甲이 X건물에 대하여 제3자인 丁과 체결한 매매계약은 무효이다.
② 甲의 채권자는 자신의 채권을 보전하기 위하여 X건물을 가압류 할 수 있다.
③ 丙이 甲과 乙 사이의 명의신탁약정에 의해 乙이 매각허가결정을 받은 사실을 알았다면 乙은 X건물의 소유권을 취득하지 못한다.
④ X건물을 점유하는 甲은 乙로부터 매각대금을 반환받을 때까지 X건물에 대한 유치권을 행사할 수 있다.
⑤ 甲은 乙을 상대로 부동산 소유자로서 소유권이전등기의 말소를 청구할 수 없다.

해설

① (✗) ❀ (16.변5) 부동산경매절차에서 부동산을 매수하려는 사람(甲)이 매수대금을 자신이 부담하면서 다른 사람(乙)의 명의로 매각허가결정을 받기로 그 다른 사람과 약정함에 따라 매각허가가 이루어진 경우 그 경매절차에서 매수인의 지위에 서게 되는 사람은 어디까지나 그 명의인(乙)이므로 경매 목적 부동산의 소유권은 매수대금을 실질적으로 부담한 사람이 누구인가와 상관없이 대내외적으로 그 명의인이 취득하고[19(1)모.15사법], 이 경우 매수대금을 부담한 사람(甲)과 이름을 빌려 준 사람(乙) 사이에는 명의신탁관계가 성립한다(대판 2006.11.9, 2006다35117). 사안은 계약명의신탁으로 신탁자 甲이 수탁자 乙 소유의 X건물에 대하여 제3자인 丁과 체결한 매매계약은 타인권리 매매로서 유효하다.

② (✗) 甲의 채권자는 자신의 채권을 보전하기 위하여 乙 소유의 X건물을 가압류 할 수 없다.

③ (✗) 경매절차에서의 소유자(丙)가 명의신탁약정 사실을 알고 있었거나 소유자와 명의신탁자가 동일인이라고 하더라도 명의인의 소유권취득이 부동산실명법 제4조 2항에 따라 무효로 되는 것은 아니다[20(3)모]. ∵ 비록 경매가 사법상 매매의 성질을 보유하고 있기는 하나 다른 한편으로는 법원이 소유자(丙)의 의사와 관계없이 그 소유물을 처분하는 공법상 처분으로서의 성질을 아울러 가지고 있고, 소유자는 경매절차에서 매수인의 결정 과정에 아무런 관여를 할 수 없는 점, 경매절차의 안정성 등을 고려할 때 **경매 부동산의 소유자를 부동산실명법 제4조 2항 단서의 '상대방 당사자'라고 볼 수는 없기 때문**(대판 2012.11.15, 2012다69197).

④ (✗) ❀ (13.변2) 계약명의신탁에 의한 명의신탁자의 명의수탁자에 대한 매수자금 상당의 부당이득반환청구권은 부동산 자체로부터 발생한 채권이 아닐 뿐만 아니라 소유권 등에 기한 부동산의 반환청구권과 동일한 법률관계나 사실관계로부터 발생한 채권이라고 보기도 어려우므로, 유치권 성립요건으로서의 목적물과 채권 사이의 견련관계를 인정할 수 없다[12.변호, 12법행]. (따라서) 계약명의신탁에 있어 명의신탁자가 명의수탁자에 대하여 가지는 매매대금 상당의 부당이득반환청구권에 기하여 유치권을 행사할 수 없다[18(2)모, 14.17변호, 16사법](대판 2009.3.26, 2008다34828).

⑤ (○) 신탁자 甲은 X건물 소유자인 乙을 상대로 부동산 소유자로서 소유권이전등기의 말소를 청구할 수 없다.

정답 ⑤

12. 甲, 乙, 丙이 지분을 각 3/5, 1/5, 1/5의 비율로 하여 X토지를 공유하고 있는 경우에 관한 설명으로 옳은 것은? (다툼이 있는 경우 판례에 의함)

① 甲으로부터 X토지의 사용·수익을 허락받은 점유자에 대하여 乙·丙은 보존행위를 이유로 그 반환을 청구할 수 있다.

② 甲이 무단으로 X토지를 자기의 소유로 하여 丁에게 매도한 경우에 그 매매계약은 유효하지만, 乙·丙의 지분에 관하여는 타인의 권리를 매매한 것이 된다.

③ A가 X토지를 불법점유하고 있는 경우에는 乙·丙은 단독으로 A에게 명도를 청구할 수 없지만, 甲은 명도를 청구할 수 있다.

④ 乙이 현물분할의 방법으로 공유물의 분할을 재판상 청구한 경우에는 법원은 대금분할의 방법으로 공유물 분할을 명할 수 없다.

⑤ 甲이 X토지의 관리를 위하여 B와 계약을 체결한 경우 B는 乙·丙에 대해서도 각 지분의 비율에 따라 관리비용의 상환을 청구할 수 있다.

해 설

① (×) 과반수 지분의 공유자로부터 특정 부분의 사용·수익을 허락받은 제3자의 점유는 다수지분권자의 공유물관리권에 터잡은 **적법한 점유이므로**(대판 2002.5.14, 2002다9738) **과반수 지분의 공유자 甲으로부터 X토지의 사용·수익을 허락받은 점유자에 대하여 乙·丙은 보존행위를 이유로 그 반환을 청구할 수 없다.**
② (O) 3/5 지분권자 甲이 무단으로 X토지를 자기의 소유로 하여 丁에게 매도한 경우에 乙·丙의 각각의 1/5 지분에 관하여는 타인의 권리를 매매한 것으로 그 매매계약은 유효하다.
③ (×) ※ (15(1)모) **제3자가 공유물을 불법점유하는 경우** 토지의 공유자는 단독으로 그 토지의 불법점유자에 대하여 명도를 구할 수 있다[15(2)모,16사법](대판 1969.3.4, 69다21).
④ (×) 재판상 분할은 현물분할의 방법에 의함이 원칙이나 **현물분할이 불가능하거나** 현물분할이 형식상 가능하다고 하더라도 **현물분할로 인하여 현저히 가격이 감손될 염려가 있을 때**에는 공유물의 경매를 명하여 대금을 분할하는 이른바 대금분할의 방법에 의하여야 할 것인 바[13법무], 위와 같은 사유가 없음에도 경매를 명함은 위법하다(대판 1997.4.22, 95다32662).
⑤ (×) 과반수지분권자가 관리행위가 되는 정지공사를 시행함에 있어 시공회사에 대하여 공사비용은 자신이 정산하기로 약정하였다면 그 공사비를 직접 부담해야 할 사람은 과반수지분권자만이고[12변호], 다만 그가 그 공사비를 지출하였다면 다른 공유자에게 그의 지분비율에 따른 공사비만을 상환청구할 수 있을 뿐이다(대판 1991.4.12, 90다20220). 따라서 乙·丙에 대해서 각 지분의 비율에 따라 관리비용의 상환을 청구할 수 있는 것은 甲이지 B가 아니다.

정답 ②

13. 지상권에 관한 설명으로 옳지 <u>않은</u> 것은? (다툼이 있는 경우 판례에 의함)

① 대지와 건물이 동일한 소유자에게 속한 경우에 건물에 전세권을 설정한 때에는 그 대지소유권의 특별승계인은 전세권설정자에 대하여 지상권을 설정한 것으로 본다.
② 채권자가 채무자의 토지에 대하여 저당권을 취득하면서 담보목적의 지상권을 함께 설정받은 경우에 저당권이 변제 등으로 소멸하더라도 지상권의 존속기간이 남아 있으면 그 지상권은 존속한다.
③ 2년 이상의 지료를 지급하지 않아 지상권이 해지되면 지상권자는 그 설정자에 대하여 지상물 매수를 청구할 수 없다.
④ 지료증감청구에 관하여 상대방이 다투는 경우, 법원에 의해 지료결정이 있기까지는 종래의 지료를 지급하여도 지료연체가 되지 않는다.
⑤ 지상권자가 2년 이상의 지료를 지급하지 않았음에도 지상권설정자가 지상권의 소멸을 청구하지 않고 지상권자로부터 연체된 지료의 일부를 이의 없이 수령하여 연체된 지료가 2년 미만으로 되었다면, 지상권설정자는 종전 2년분의 지료연체 사유를 들어 지상권의 소멸을 청구할 수 없다.

해 설

① (O) 대지와 건물이 동일한 소유자에 속한 경우에 건물에 전세권을 설정한 때에는 그 대지소유권의 특별승계인은 **전세권설정자(=건물소유자)에 대하여** 지상권을 설정한 것으로 본다(제305조).
② (×) (주 : 담보지상권은 지상권 고유의 목적을 위한 것이 아니라, 저당권의 목적인 토지의 교환가치를 확보하려는 수단

으로 설정된 것이므로 지상권의 존속기간이 남아 있다고 하더라도) 그 **피담보채권이 변제 등으로 만족을 얻어 소멸한 경우는 물론이고 시효소멸한 경우에도 그 지상권은 피담보채권에 부종하여 소멸한다**[19(2)(3)모.12변호] (대판 2011.4.14, 2011다6342).

③ (O) 지상권자의 지료연체를 이유로 토지소유자가 그 지상권소멸청구를 하여 지상권이 소멸된 경우에는 매수청구권이 인정되지 않는다[20(3)모](대판 1993.6.29, 93다10781).

④ (O) 지료증감청구권은 일종의 형성권이다(통설). 이러한 증감청구에 대하여 상대방이 다투는 경우에는 법원의 결정에 따르고, 증감이 인정되면 그 증감청구를 한 때로 소급하여 효력이 생긴다. 그러나 법원에 의해 지료결정이 있기까지는 종래의 지료액을 지급하여도 지료의 체납이 되지 않는다[20(3)모](통설).

⑤ (O) 지상권자가 2년 이상의 지료를 지급하지 아니한 때에는 지상권설정자는 지상권의 소멸을 청구할 수 있으나(민법 제287조), **지상권설정자가 지상권의 소멸을 청구하지 않고 있는 동안 지상권자로부터 연체된 지료의 일부를 지급받고 이를 이의 없이 수령하여 연체된 지료가 2년 미만으로 된 경우에는 지상권설정자는** 종전에 지상권자가 2년분의 지료를 연체하였다는 사유를 들어 지상권자에게 **지상권의 소멸을 청구할 수 없으며**[20(3)모.15법행], 이러한 법리는 **토지소유자와 법정지상권자 사이에서도 마찬가지이다**(대판 2014.8.28, 2012다102384).

정답 ②

14. 乙이 甲 소유의 건물에 대하여 전세권을 설정받은 경우에 관한 설명으로 옳지 않은 것은? (다툼이 있는 경우 판례에 의함)

① 甲이 토지를 임차하여 그 지상에 위 건물을 건축하고 이를 소유하고 있는 것이라면, 甲은 토지의 임차권을 소멸시키기 위하여 乙의 동의를 얻어야 한다.

② 甲이 전세기간 만료 전 6월부터 1월까지 사이에 乙에게 갱신거절의 통지 또는 '조건을 변경하지 않으면 갱신하지 않겠다'는 뜻을 통지하지 않으면, 그 기간이 만료된 때에 전(前) 전세권과 동일한 조건으로 다시 전세권을 설정한 것으로 본다.

③ 乙은 전세권 존속 중이라도 그 전세권이 소멸하는 경우에 전세금반환채권이 발생하는 것을 조건으로 그 채권을 양도할 수 있다.

④ 전세권이 존속하는 동안에 甲이 위 건물을 丙에게 매도하고 소유권이전등기를 하여 준 경우, 특별한 사정이 없는 한 甲은 더 이상 전세금반환채무를 지지 않는다.

⑤ 전세기간 만료 후에도 乙은 전세금반환채권을 전세권과 함께 丙에게 양도할 수 있으며, 이 경우에 丙은 전세권이전의 부기등기만으로 전세금반환채권의 압류채권자에게 대항할 수 있다.

해설

① (O) 타인의 토지에 있는 건물에 전세권을 설정한 때에는 전세권의 효력은 그 건물의 소유를 목적으로 한 지상권 또는 **임차권에 미친다**[17(2)모, 04법행](제304조 1항). **전항의 경우에** (대지이용권과의 불가분성으로 인해) **전세권설정자는 전세권자의 동의 없이 지상권 또는 임차권을 소멸하게 하는 행위를 하지 못한다**[15(1)모] (제304조 2항).

② (O) (건물전세권에 대한 예외적인 법정갱신 인정) 건물의 전세권설정자가 전세권의 존속기간 만료 전 6월부터 1월까지 사이에 전세권자에 대하여 갱신거절의 통지 또는 조건을 변경하지 아니하면 갱신하지 아니한다는 뜻의 통지를 하지 아니한 경우에는 그 기간이 만료된 때에 前전세권과 동일한 조건으로 다시 전세권을 설정

한 것으로 본다[15(1)모]. 이 경우 전세권의 존속기간은 그 정함이 없는 것으로 본다(제312조 4항).(위 기간을 벗어난 갱신거절의 통지는 무효임)

③ (O) ❀ (16(2)모) 전세금의 지급이 없으면 전세권은 성립하지 아니하는 등으로 전세금은 전세권과 분리될 수 없는 요소이므로, **전세권이 존속하는 동안은 전세권을 존속시키기로 하면서 전세금반환채권만을 전세권과 분리하여 확정적으로 양도하는 것은 허용되지 않으며**[18(3)모], 다만 전세권 존속 중에는 장래에 그 전세권이 소멸하는 경우에 전세금 반환채권이 발생하는 것을 조건으로 그 장래의 조건부 채권을 양도할 수 있다 [16변호](대판 2002.8.23, 2001다69122).

④ (O) ❀ (13.사55) 전세권이 성립한 후 목적물의 소유권이 이전된 경우 민법에 명시적인 규정은 없으나, 전세권설정자 또는 소유자는 모두 목적물의 소유권을 취득한 신 소유자로 새길 수밖에 없으므로, **전세권은 전세권자와 목적물의 소유권을 취득한 신 소유자 사이에서 계속 동일한 내용으로 존속하게 된다**[18(2)모, 14법행]. 따라서 목적물의 신 소유자는 구 소유자와 전세권자 사이에 성립한 전세권의 내용에 따른 권리의무의 직접적인 당사자가 되어 **전세권이 소멸하는 때에 전세권자에 대하여 전세권설정자의 지위에서 전세금반환의무를 부담하게 되고**[19변호], **구 소유자는 전세권설정자의 지위를 상실하여 전세금반환의무를 면하게 된다**[12변호](대판 2000.6.9, 99다15122. 대판 2006.5.11, 2006다6072).

⑤ (×) 전세기간 만료 이후 전세권양도계약 및 전세권이전의 부기등기가 이루어진 것만으로는 전세금반환채권의 양도에 관하여 확정일자 있는 통지나 승낙이 있었다고 볼 수 없어 이로써 제3자인 전세금반환채권의 압류·전부 채권자에게 대항할 수 없다[15변호](대판 2005.3.25, 2003다35659). **정답** ⑤

15. 유치권에 관한 설명으로 옳지 <u>않은</u> 것은? (다툼이 있는 경우 판례에 의함)

① 도급인이 신축건물의 하자를 이유로 하자보수청구권에 기하여 수급인의 공사잔대금 채권 전부에 대하여 동시이행의 항변을 한 경우, 수급인은 도급인에 대하여 하자보수의무의 이행을 제공하지 않고 있는 이상 공사잔대금 채권에 기한 유치권을 행사할 수 없다.

② 부동산에 관하여 체납처분에 의한 압류가 되어 있는 경우, 그 부동산에 관하여 경매개시결정 등기가 되기 전에 유치권을 취득한 자는 경매절차의 매수인에게 그 유치권을 행사할 수 있다.

③ 대지에 대한 임의경매가 개시된 후 그 지상의 건물에 가압류등기가 마쳐진 다음 그 건물에 관하여 유치권을 취득한 자는 그 후 건물에 대한 강제경매가 개시되어 토지와 건물을 함께 매수한 자에 대하여 건물에 대한 유치권을 주장할 수 없다.

④ 근저당권자는 유치권 신고를 한 사람을 상대로 경매절차에서 유치권을 내세워 대항할 수 있는 범위를 초과하는 유치권의 부존재확인을 구할 법률상 이익이 있다.

⑤ 채무자 소유 부동산에 관하여 이미 선행저당권이 설정되어 있는 상태에서 채권자의 상사유치권이 성립한 경우, 상사유치권자는 선행저당권에 기한 경매절차에서 부동산을 취득한 매수인에 대하여 상사유치권으로 대항할 수 없다.

해설

① (O) 건물신축 도급계약에서 수급인이 공사를 완성하였더라도, (완성된) 신축 건물에 하자가 있고 그 하자 및 손해에 상응하는 금액이 공사잔대금액 이상이어서, 도급인이 수급인에 대한 하자보수청구권 내지 하자보수에 갈음한 손해배상채권 등에 기하여 수급인의 공사잔대금 채권 전부에 대하여 동시이행의 항변을 한 때에는, 공사잔대금 채권의 변제기가 도래하지 아니한 경우와 마찬가지로 수급인은 《도급인에 대하여

하자보수의무나 하자보수에 갈음한 손해배상의무 등에 관한 이행의 제공을 하지 아니한 이상》 공사잔대금 채권에 기한 유치권을 행사할 수 없다[14법행,17변호](대판 2014.1.16, 2013다30653).

② (○) 체납처분절차와 민사집행절차는 서로 별개의 절차로서 공매절차와 경매절차가 별도로 진행되는 것이므로, 부동산에 관하여 체납처분압류가 되어 있다고 하여 경매절차에서 이를 그 부동산에 관하여 경매개시결정에 따른 압류가 행하여진 경우와 마찬가지로 볼 수는 없다. 따라서 체납처분압류가 되어 있는 부동산에 대하여 경매절차가 개시되기 전에 민사유치권을 취득한 유치권자는 경매절차의 매수인에게 유치권을 행사할 수 있다[17변호](대판(全) 2014.3.20, 2009다60336).

③ (×) 경매개시결정등기가 되기 전에 이미 그 부동산에 관하여 민사유치권을 취득한 사람은 그 취득에 앞서 저당권설정등기나 가압류등기 또는 체납처분압류등기가 먼저 되어 있다 하더라도 경매절차의 매수인에게 자기의 유치권으로 대항할 수 있다[20(3)모](대판 2014.4.10, 2010다84932).

④ (○) [1] 근저당권자는 유치권 신고를 한 사람을 상대로 유치권 전부의 부존재뿐만 아니라 경매절차에서 유치권을 내세워 대항할 수 있는 범위를 초과하는 유치권의 부존재 확인을 구할 법률상 이익이 있고[19(1)모], 심리 결과 유치권 신고를 한 사람이 유치권의 피담보채권으로 주장하는 금액의 일부만이 경매절차에서 유치권으로 대항할 수 있는 것으로 인정되는 경우에는 법원은 특별한 사정이 없는 한 그 유치권 부분에 대하여 일부패소의 판결을 하여야 한다. [2] 소극적 확인소송에서는 원고가 먼저 청구를 특정하여 채무 발생원인 사실을 부정하는 주장을 하면 채권자인 피고는 권리관계의 요건사실에 관하여 주장·증명책임을 부담하므로, 유치권 부존재 확인소송에서 유치권의 요건사실인 유치권의 목적물과 견련관계 있는 채권의 존재에 대해서는 피고인 유치권자가 주장·증명하여야 한다[19(2)모](대판 2016.3.10, 2013다99409).

⑤ (○) 채무자 소유의 부동산에 관하여 이미 선행(先行)저당권이 설정되어 있는 상태에서 채권자의 상사유치권이 성립한 경우, 상사유치권자는 채무자 및 그 이후 채무자로부터 부동산을 양수하거나 제한물권을 설정받는 자에 대해서는 대항할 수 있지만, 선행저당권자 또는 선행저당권에 기한 임의경매절차에서 부동산을 취득한 매수인에 대한 관계에서는 상사유치권으로 대항할 수 없다[20(3)모](대판 2013.02.28, 2010다57350).

정답 ③

16. 저당권에 관한 설명으로 옳지 않은 것은? (다툼이 있는 경우 판례에 의함)

① 채무자가 과실로 저당목적물을 손상시킨 때에는 채권자는 즉시 변제를 청구할 수 있다.

② 제3자의 행위로 저당권자의 우선변제청구권의 행사가 방해되는 경우에 저당권자는 저당권에 기하여 방해제거를 청구할 수 있다.

③ 채무자의 채무액이 근저당채권최고액을 초과하는 경우에 채무자 겸 근저당권설정자는 채권 전액의 변제가 있을 때까지 근저당권의 말소를 청구할 수 없다.

④ 저당권자가 물상대위의 행사로 보상금채권을 압류하기 이전에 보상금채권이 타인에게 이전된 경우에도 그 보상금이 직접 지급되거나 보상금지급청구권에 관한 강제집행절차에서 배당요구 종기에 이르기 전에는 그 청구권에 대한 추급이 가능하다.

⑤ 저당권설정등기가 원인 없이 말소된 이후에 그 저당목적물에 관하여 경매절차가 진행되어 매각허가결정이 확정되고 매수인이 매각대금을 완납한 경우, 저당권자는 저당권에 관한 말소등기의 회복등기를 위하여 현 소유자를 상대로 그 승낙의 의사표시를 구할 수 있다.

해설

① (○) 채무자가 책임 있는 사유로 저당권을 침해한 경우(=채무자가 담보를 손상, 감소 또는 멸실하게 한 때)에는

채무자는 기한의 이익을 상실하므로(제388조 제1호), 채권자는 즉시 변제를 청구할 수 있으며[20(3)모], 변제가 없으면 곧 저당권을 실행할 수 있다[05사법].

② (O) 저당목적물의 소유자 또는 제3자가 저당목적물을 물리적으로 멸실·훼손하는 경우는 물론 <u>그 밖의 행위</u>로 저당부동산의 교환가치가 하락할 우려가 있는 등 저당권자의 우선변제청구권의 행사가 방해되는 결과가 발생한다면 저당권자는 방해행위의 제거를 청구할 수 있다[16(3)모](대판 2006.1.27, 2003다58454).

③ (O) 채무액이 채권최고액을 초과하는 경우에 채무자 겸 근저당권설정자가 위 근저당권설정등기의 말소를 구하기 위하여 변제할 채무액은 채권전액이지 채권최고액이 아니다[18(3)모](대판 1981.11.10, 80다2712).

④ (O) ❀ (16(2)모) 물상대위권자의 압류 전에 양도 또는 전부명령 등에 의하여 보상금 채권이 타인에게 이전된 경우라도 보상금이 직접 지급되거나 보상금지급청구권에 관한 강제집행절차에 있어서 배당요구의 종기에 이르기 전에는 여전히 그 청구권에 대한 추급이 가능하다[18변호](대판 2000.6.23, 98다31899).

⑤ (×) [1] 부동산이 경매절차에서 매각되면 매각부동산에 존재하였던 저당권은 당연히 소멸하는 것이므로(민사집행법 제91조 제2항, 제268조 참조) 근저당권설정등기가 원인 없이 말소된 이후에 근저당목적물인 부동산에 관하여 다른 근저당권자 등 권리자의 신청에 따라 경매절차가 진행되어 매각허가결정이 확정되고 매수인이 매각대금을 완납하였다면, 원인 없이 말소된 근저당권도 소멸한다[15사법, 16(1)모]. [2] 근저당권설정등기가 불법 말소된 후 목적 부동산이 경매절차에서 경락됨으로써 근저당권이 소멸한 경우, 그 근저당권자의 구제 방법 : 근저당권설정등기가 위법하게 말소되어 아직 회복등기를 경료하지 못한 연유로 그 부동산에 대한 경매절차에서 피담보채권액에 해당하는 금액을 전혀 배당받지 못한 근저당권자로서는 위 경매절차에서 실제로 배당받은 자에 대하여 부당이득반환 청구로서 그 배당금의 한도 내에서 그 근저당권설정등기가 말소되지 아니하였더라면 배당받았을 금액의 지급을 구할 수 있을 뿐이고, 원인 없이 말소된 근저당권자는 이미 소멸한 근저당권에 관한 말소등기의 회복등기를 위하여 현소유자를 상대로 그 승낙의 의사표시를 구할 수는 없다[16,17변호](대판 1998.10.2, 98다27197)

정답 ⑤

17. 가등기담보에 관한 설명으로 옳은 것을 모두 고른 것은? (다툼이 있는 경우 판례에 의함)

> ㄱ. 가등기담보권자가 담보권 실행을 통하여 우선변제받는 피담보채권의 범위는 채무자에 대한 청산금 평가액의 통지 시점을 기준으로 확정된다.
> ㄴ. 담보가등기에 기하여 마쳐진 본등기가 무효인 경우, 담보가등기의 설정자인 채무자가 담보 목적 부동산에 관하여 채권자와 임대차계약을 체결하고 차임을 지급하였다면 특별한 사정이 없는 한 그 차임은 피담보채무의 변제에 충당된 것으로 본다.
> ㄷ. 소유권이전등기청구권 보전을 위한 가등기가 마쳐진 부동산에 관하여 가압류등기를 마친 자는 그 가등기가 담보목적 가등기인지 확인을 구할 이익이 있다.
> ㄹ. 담보가등기의 피담보채권이 시효로 소멸하면 그 담보가등기 및 그에 기한 소유권이전등기는 말소되어야 한다.

① ㄱ, ㄴ   ② ㄴ, ㄷ   ③ ㄷ, ㄹ
④ ㄱ, ㄴ, ㄹ   ⑤ ㄴ, ㄷ, ㄹ

해설

ㄱ. (O) 가담법 제3조, 제4조에 의하면 가등기담보권자가 담보권을 실행하여 담보목적부동산의 소유권을 취득하기 위해서는 채권의 변제기 후에 청산금의 평가액을 채무자 등에게 통지하여야 한다. 청산금의 평가

액은 통지 당시의 담보목적부동산의 가액에서 그 당시의 피담보채권액(원본, 이자, 위약금, 지연배상금, 실행비용)을 뺀 금액을 의미하므로, **가등기담보권자가 담보권 실행을 통하여 우선변제받게 되는 이자나 지연배상금 등 피담보채권의 범위는 통지 당시를 기준으로 확정된다**[20(3)모](대판 2016.6.23, 2015다13171).

ㄴ. (O) 담보가등기에 기하여 (강행법규인 **가담법 제3조 제4조의 각 규정을 위반하여**) 마쳐진 **본등기가 무효인 경우**, 담보목적 부동산에 대한 소유권은 담보가등기 설정자인 채무자 등에게 있고 소유권의 권능 중 하나인 사용수익권도 당연히 담보가등기 설정자가 보유한다. 따라서 채무자가 자신이 소유하는 담보목적 부동산에 관하여 채권자와 임대차계약을 체결하고 채권자에게 차임을 지급하거나 채무자가 자신과 임대차계약을 체결하고 있는 임차인으로 하여금 채권자에게 차임을 지급하도록 하여 채권자가 차임을 수령하였다면, 채권자와 채무자 사이에 위 차임을 피담보채무의 변제와는 무관한 별개의 것으로 취급하기로 약정하였거나 달리 차임이 피담보채무의 변제에 충당되었다고 보기 어려운 특별한 사정이 없는 한 위 차임은 **피담보채무의 변제에 충당된 것**[20(3)모]으로 보아야 한다(대판 2019.6.13, 2018다300661).

ㄷ. (×) [1] 확인의 소는 원고의 권리 또는 법률상의 지위에 현존하는 불안·위험이 있고, 확인판결을 받는 것이 분쟁을 근본적으로 해결하는 가장 유효·적절한 수단일 때에 허용된다. [2] 甲 소유의 부동산에 관하여 乙 명의의 소유권이전등기청구권가등기가 마쳐진 후 위 부동산에 관하여 가압류등기를 마친 丙 주식회사가 위 가등기가 담보목적 가등기인지 확인을 구한 경우, 부동산등기법 제92조 제1항에 따라 丙 회사의 위 가압류등기가 직권으로 말소되는지가 위 가등기가 순위보전을 위한 가등기인지 담보가등기인지에 따라 결정되는 것이 아니므로, 丙 회사의 법률상 지위에 현존하는 불안·위험이 존재한다고 볼 수 없고, 만약 위 가등기가 담보가등기임에도 乙이 청산절차를 거치지 않은 채 본등기를 마친다면, 丙 회사로서는 甲을 대위하여 본등기의 말소를 구할 수 있고 그에 따라 위 가압류등기도 회복시킬 수 있을 것이므로, 담보가등기라는 확인의 판결을 받는 것 외에 달리 구제수단이 없다고 보기 어렵다. 따라서 丙 회사의 청구는 **확인의 이익이 없다**[20(3)모](대판 2017.06.29, 2014다30803).

ㄹ. (O) 담보가등기를 경료한 토지를 인도받아 점유할 경우 담보가등기의 피담보채권의 소멸시효가 중단되는 것은 아니고, 담보가등기에 기한 소유권이전등기청구권의 소멸시효가 완성되기 전에 그 대상 토지를 인도받아 점유함으로써 소유권이전등기청구권의 소멸시효가 중단된다 하더라도 위 **담보가등기의 피담보채권이 시효로 소멸한 이상 위 담보가등기 및 그에 기한 소유권이전등기는 결국 말소되어야 할 운명의 것**[20(3)모]이어서 담보가등기에 기한 소유권이전등기청구권의 소멸시효 중단 여부를 별도로 살필 필요가 없다(대판 2007.3.15, 2006다12701).

정답 ④

18. 금전채무에 관한 설명으로 옳은 것은? (다툼이 있는 경우 판례에 의함)

① 금전채무의 지연이자를 구하는 경우, 채권자는 지연이자 상당의 손해발생에 대한 증명뿐만 아니라 지연이자 상당의 손해가 발생하였다는 취지의 주장도 할 필요가 없다.

② 금전채무의 지연이자를 구하는 경우, 당해 금전채무가 불확정기한부 채무라면 기한이 도래한 날의 다음 날부터 지연이자가 발생한다.

③ 외화채권의 채무자가 우리나라 통화로 변제충당하는 경우, 현실로 변제할 당시가 아닌 지급기일의 외국환시세에 의하여 환산하여야 한다.

④ 계약해제에 따른 원상회복의무의 이행지체에 대비하여 지연이자율을 약정한 경우, 그 약정이율이 법정이율보다 낮으면 법정이율이 적용된다.

⑤ 사해행위 취소에 따른 가액배상의무는 취소와 가액반환을 명하는 판결이 확정된 다음 날부터 민법 소정의 법정이율에 따른 이행지체책임을 지게 된다.

해설

① (×) 금전채무 불이행에 관한 특칙을 규정한 민법 제397조는 그 이행지체가 있으면 지연이자 부분만큼의 손해가 있는 것으로 의제하려는 데에 그 취지가 있으므로 지연이자를 청구하는 채권자는 그만큼의 **손해가 있었다는 것을 증명할 필요는 없다**[11법원]. 그러나 (주 : 손해에 대한 주장책임이 면제되는 것은 아니다. 즉) 채권자가 금전채무의 불이행을 원인으로 손해배상을 구할 때에 지연이자 상당의 **손해가 발생하였다는 취지의 주장은 하여야 하는 것**[20(3)모]이지 주장조차 하지 아니하여 그 손해를 청구하고 있다고 볼 수 없는 경우까지 지연이자 부분만큼의 손해를 인용해 줄 수는 없다[08사법](대판 2000.2.11, 99다49644).

② (×) 불확정기한부 채무(예 甲이 乙에게 乙의 아버지가 사망하면 매월 200만원씩 지급하겠다고 약속한 경우)는 **채무자가 기한도래를 안 때(=다음 날)부터 이행지체에 빠진다**[19변호,09리리](제387조 제1항 2문).

③ (×) 채권액이 외국통화로 지정된 금전채권인 **외화채권을 채무자가 우리나라 통화로 변제함에 있어서는**(= 이것이 제378조가 규정하는 채무자의 代用給付權이다) 민법 제378조가 그 환산시기에 관하여 외화채권에 관한 민법 제376조, 제377조 제2항의 '변제기'라는 표현과는 다르게 '지급할 때'라고 규정한 취지에서 새겨볼 때, 그 환산시기는 이행기가 아니라 **현실로 이행하는 때, 즉 현실 이행시의 외국환시세에 의하여 환산한 우리나라 통화로 변제하여야 한다**[16변호,17(2)모](대판(전) 1991.3.12, 90다2147).

④ (×) 《지연손해금률에 관한 약정이 있는 경우》 그 약정 지연손해금률이 법정이율보다 낮은 경우에도 약정 지연손해금률이 적용된다 : 계약해제로 인한 원상회복의무가 이행지체에 빠진 이후의 지연손해금률에 관하여 당사자 사이에 약정이 있는 경우, 그 지연손해금률이 법정이율보다 낮더라도 약정에 따른 지연손해금률이 적용된다[15사법](대판 2013.4.26, 2011다50509).

⑤ (○) 사해행위의 취소에 따른 가액배상의무는 사해행위의 취소를 명하는 판결이 확정된 때에 비로소 발생하므로 그 판결이 확정된 다음날부터 (완제일까지) 이행지체 책임을 지게 되고[14(1)모], (장래의 이행을 청구하는 소에 해당하므로 소촉법 제3조 1항의 본문이 아니라 단서가 적용된다) 따라서 그 지연손해금에는 소촉법 소정의 이율(연 12%)은 적용되지 않고 **민법 소정의 법정이율**(연 5%)이 적용된다[18(1)모](대판 2009.1.15, 2007다61618).

정답 ⑤

19. 과실상계에 관한 설명으로 옳지 않은 것은? (다툼이 있는 경우 판례에 의함)

① 계약당사자 사이에 채무불이행으로 인한 손해배상액이 예정되어 있는 경우, 채무불이행으로 인한 손해의 발생에 채권자의 과실이 있더라도 이를 이유로 과실상계를 할 수 없다.

② 손해배상청구권 중 일부가 청구된 경우의 과실상계는 전체 손해액에서 과실비율에 의한 감액을 하고, 잔액이 청구액을 초과하면 청구액을 인용하고 잔액이 청구액을 초과하지 않으면 그 잔액을 인용한다.

③ 채권자가 연대보증인에 대하여 그 보증채무의 이행을 구하는 경우 과실상계의 법리가 적용될 수 있다.

④ 피해자의 부주의를 이용하여 고의로 불법행위를 저지른 일부의 공동불법행위자는 피해자의 부주의를 이유로 자신의 책임을 줄여 달라고 주장할 수 없지만, 그러한 사유가 없는 다른 불법행위자는 과실상계를 주장할 수 있다.

⑤ 사용자가 피용자의 고의에 의한 불법행위로 사용자책임을 부담하는 경우, 피해자에게 그 손해 발생에 기여한 과실이 있다면 사용자책임의 범위는 피해자의 과실을 고려하여 제한될 수 있다.

해설

① (○) 채무자의 채무불이행으로 인한 손해배상액이 예정되어 있는데 손해의 발생 및 확대에 채권자에게도 과실이 있는 경우, 민법 제398조 제2항에 따라 채권자의 과실을 비롯하여 채무자가 계약을 위반한 경위 등 제반 사정을 참작하여 손해배상 예정액을 감액할 수는 있지만, 채권자의 과실을 들어 과실상계를 할 수는 없다[20(3)모].(대판 2016.6.10, 2014다200763,200770).

② (○) 일개의 손해배상청구권중 일부가 소송상 청구되어 있는 경우에 과실상계를 함에 있어서는 손해의 전액에서 과실비율에 의한 감액을 한 잔액이 청구액을 초과하지 않을 경우에는 그 잔액을 인용할 것이고 잔액이 청구액을 초과할 경우에는 청구의 전액을 인용한다[17변호]. 이는 소위 외측설에 따른 이론이다(대판 1976.6.22, 75다819).

③ (×) 과실상계는 원칙적으로 채무불이행 내지 불법행위로 인한 손해배상책임에 대하여 인정되는 것이지 **채무내용에 따른 본래 급부의 이행을 구하는 경우에는 적용되지 않는다**[08사법, 08법행](대판 1996.5.10, 96다8468). 따라서 판례는 채권자가 보증채무의 이행을 청구하는 경우(대판 1996.2.23, 95다49141), 예금주가 정기예탁금 반환을 청구하는 경우(대판 2001.2.9, 99다48801), 근로자가 근로계약관계의 존속을 전제로 사용자의 수령지체로 인하여 근로하지 못한 기간 동안에 대한 임금지급을 청구하는 경우(대판 1993.7.27, 92다42743) 등에는 청구권자의 과실을 들어 과실상계를 할 여지가 없다고 한다.

④ (○) 불법행위로 인한 손해배상 사건에서 피해자의 과실을 들어 과실상계를 함에 있어서는 <u>피해자의 부주의를 이용하여 고의로 불법행위를 저지른</u> 자가 바로 그 피해자의 부주의를 이유로 자신의 책임을 감하여 달라고 주장할 수 없으나, 그러한 사유가 없는 불법행위자는 과실상계의 주장을 할 수 있다[19변호,14법행](대판 2009.8.20, 2008다51120).

⑤ (○) 사용자가 피용자의 과실에 의한 불법행위로 인한 사용자책임을 부담하는 경우와 마찬가지로 피용자의 고의에 의한 불법행위로 인하여 사용자책임을 부담하는 경우에도 피해자에게 그 손해의 발생과 확대에 기여한 과실이 있다면 사용자책임의 범위를 정함에 있어서 피해자의 과실을 고려하여 그 책임을 제한할 수 있다[18변호].(대판 2002.12.26, 2000다56952).

정답 ③

20. 甲은 乙에 대하여 대여금채권을 가지고 있고, 乙은 丙에 대하여 매매대금채권을 가지고 있다. 채무초과상태인 乙은 매매대금채권의 변제기가 도래하였음에도 불구하고 丙에 대하여 그 채권을 추심하지 않고 있다. 甲은 乙을 대위하여 丙을 상대로 매매대금의 지급을 구하는 소를 제기하였다. 이에 관한 설명으로 옳은 것을 모두 고른 것은? (다툼이 있는 경우 판례에 의함)

ㄱ. 乙의 무자력은 甲이 매매대금채권을 대위행사하는 소를 제기할 당시에만 존재하면 족하다.
ㄴ. 甲이 매매대금채권의 대위행사 사실을 乙에게 통지하지 않았더라도 乙이 그 사실을 알고서 丙과 합의해제를 한 경우, 丙은 이를 이유로 甲의 청구에 대항할 수 없다.
ㄷ. 甲이 매매대금채권의 대위행사 사실을 乙에게 통지하지 않았더라도 乙이 그 사실을 알게 되었다면 丙은 乙에 대한 매매대금 채무의 변제를 이유로 甲의 청구에 대항할 수 없다.
ㄹ. 甲이 매매대금채권의 대위행사 사실을 乙에게 통지하지 않았더라도 乙이 그 사실을 알게 되었다면 甲의 대위소송에 관한 종국판결이 있은 후 甲이 소를 취하한 경우에는 乙은 丙을 상대로 매매대금지급의 소를 제기할 수 없다.

① ㄱ ② ㄴ ③ ㄴ, ㄷ
④ ㄴ, ㄹ ⑤ ㄴ, ㄷ, ㄹ

해설

ㄱ. (×) 채권자대위권의 행사로서 채권자가 채권을 보전하기에 필요한지 여부는 변론종결당시를 표준으로 판단되어야 할 것[19(3)모]이며 (따라서 소송으로 채권자대위권을 행사하는 경우, 대위채권자가 자기의 채권을 보전할 필요가 있는지 여부는 채권자대위권을 행사한 시점이 아니라 변론종결당시를 기준으로 판단하여야 한다[16(1)모]) 그 (피보전)채권이 금전채권일 때에는 채무자가 무자력하여 그 일반재산의 감소를 방지할 필요가 있는 경우에 허용되고 채권자대위권 행사 요건의 존재 사실은 채권자가 주장·입증하여야 한다[19(3)모](대판 1976.7.13, 75다1086).

ㄴ. (○) 채무자가 채권자대위권의 행사 사실을 알게 된 이후에 그 부동산에 대한 매매계약을 합의해제함으로써 채권자대위권의 객체인 그 부동산의 소유권이전등기청구권을 소멸시켰다 하더라도 이로써 채권자에게 대항할 수 없다[17변호,16법행](대판 1996.4.12, 95다54167).

ㄷ. (×) ❀ (17(2)모) 채권자가 채무자를 대위하여 채무자의 제3채무자에 대한 권리를 행사하고 채무자에게 통지를 하거나(제405조 제2항) 채무자가 채권자의 대위권 행사사실을 안 후에는(다수설, 판례) 채무자는 그 권리에 대한 처분권을 상실하므로, 채무자가 제3채무자에 대하여 가지는 채권의 양도나 포기 등 처분행위를 할 수 없고 채무자와 그 처분행위의 상대방은 채무자의 처분행위에 기하여 취득한 권리로 채권자에게 대항할 수 없다[15사법]. 그러나 채무자의 변제수령은 처분행위라 할 수 없으므로 통지 후 제3채무자가 하는 변제를 채무자가 수령하는 것은 유효하다[16변호]. 또한 채무자의 명의로 소유권이전등기를 경료하는 것 역시 처분행위가 아니므로 소유권이전등기청구권의 대위행사 후에도 채무자는 자신 명의로 소유권이전등기를 경료하는 것도 유효하다[10사법.19(3)모]」(대판 1991.4.12, 90다9407).

ㄹ. (○) 채권자가 채권자대위권을 행사하는 방법으로 제3채무자를 상대로 소송을 제기하고 판결을 받은 경우에는 채권자 대위 소송이 제기된 사실을 채무자가 알았을 때에는 그 판결의 효력은 채무자(피대위자)에게 미친다. 따라서 채권자대위 소송이 제기되어 본안에 대한 종국판결을 받은 경우에는 피대위자는 대위소송이 제기된 사실을 안 이상 위 대위소송에 관한 종국판결이 있은 후 그 소가 취하되거나 위 소송이 상소심에서 소 취하된 때에는 피대위자도 민사소송법 제267조 제2항(=본안에 대한 종국판결이 있은 뒤에 소를 취하한 사람은 같은 소를 제기하지 못한다) 소정의 재소금지규정의 적용을 받아 위 대위소송과 동일한 소를 제기하지 못한다[20(3)모](대판 1981.1.27, 79다1618).

정답 ④

21. 甲은 乙에 대하여 금전채권(A채권)을 가지고 있고, 채무초과상태인 乙은 丙에 대하여 금전채권(B채권)을 가지고 있으며 자신의 X부동산을 丁에게 증여하였다. 甲은 丙을 상대로 乙을 대위하여 B채권의 지급을 구하는 소를 제기하고, 丁을 상대로 X부동산 양도행위의 취소와 원상회복을 구하는 소를 제기하였다. 이에 관한 설명으로 옳은 것은? (다툼이 있는 경우 판례에 의함)

① 乙이 甲의 B채권에 대한 대위행사 사실을 알게 된 이후 丙은 乙의 채무불이행을 이유로 B채권의 원인된 계약을 해제할 수 있으며 이 경우 甲의 대위청구는 각하된다.

② 乙이 甲의 B채권의 대위행사의 사실을 알게 된 이후에 乙의 다른 채권자 戊의 신청에 의해 B채권에 대한 전부명령이 행해졌다면 이러한 전부명령은 원칙적으로 유효하다.

③ 乙의 다른 채권자 戊는 丙이 B채권을 변제하기 전이라면 이를 압류할 수 있고, 甲의 채권자 己는 甲이 B채권의 대위행사를 통해 지급받을 금전채권에 대하여 압류할 수 있다.

④ 甲이 사해행위취소 소송에 의해 丁에 대하여 가액배상채권을 가지는 경우, 丁은 이를 乙에 대한 자신의 금전채권과 상계할 수 있다.

⑤ 丁은 자신의 甲에 대한 별개의 금전채권을 집행하기 위하여 사해행위취소 소송으로 甲의 丁에 대한 가액배상채권에 관하여 전부명령을 받을 수 있다.

해설

① (×) ❀ (17(2)모) 채무자의 채무불이행 사실을 채무자가 제3채무자에 대하여 가지는 채권을 소멸시키는 적극적인 행위로 파악할 수 없고, 법정해제는 채무자의 객관적 채무불이행에 대한 제3채무자의 정당한 법적 대응인 점, 채권이 압류·가압류된 경우에도 압류 또는 가압류된 채권의 발생원인이 된 기본계약의 해제가 인정되는 것과 균형을 이룰 필요가 있는 점 등을 고려할 때 **채무자가 자신의 채무불이행을 이유로 매매계약이 해제되도록 한 것을 두고 민법 제405조 제2항에서 말하는 '처분'에 해당한다고 할 수 없다. 따라서 채무자가 채권자대위권행사의 통지를 받은 후에 채무를 불이행함으로써 통지 전에 체결된 약정에 따라 매매계약이 자동적으로 해제되거나, 채권자대위권행사의 통지를 받은 후에 채무자의 채무불이행을 이유로 제3채무자가 매매계약을 해제한 경우 제3채무자는 그 계약해제로써 대위권을 행사하는 채권자에게 대항할 수 있다**[19변호](대판(전) 2012.5.17. 2011다87235). 이 경우 甲의 대위청구는 기각된다.

② (×) 《채권자대위소송이 제기되고 대위채권자가 채무자에게 대위권 행사사실을 통지하거나 채무자가 이를 알게 된 이후에는》 민사집행법 제229조 제5항이 유추적용되어 **피대위채권에 대한 전부명령은, 우선권 있는 채권에 기초한 것이라는 등의 특별한 사정이 없는 한, (원칙적으로) 무효이다**[19변호, 18(3)모]. ∵ 채권자대위소송이 제기되고 대위채권자가 채무자에게 대위권 행사사실을 통지하거나 채무자가 이를 알게 되면 제405조 제2항에 따라 채무자는 피대위채권을 양도하거나 포기하는 등 채권자의 대위권 행사를 방해하는 처분행위를 할 수 없게 되고 이러한 효력은 제3채무자에게도 그대로 미치는데, 그럼에도 그 이후 대위채권자와 평등한 지위를 가지는 채무자의 다른 채권자가 피대위채권에 대하여 전부명령을 받는 것도 가능하다고 하면, 채권자대위소송의 제기가 무익한 절차에 불과하게 되고, 대위채권자가 압류·가압류나 배당요구의 방법을 통하여 채권배당절차에 참여할 기회조차 가지지 못하게 한 채 전부명령을 받은 채권자가 대위채권자를 배제하고 전속적인 만족을 얻는 결과가 되어, 채권자대위권의 실질적 효과를 확보하고자 하는 제405조 제2항의 취지에 반하게 되기 때문(대판 2016.08.29. 2015다236547).

③ (×) i) 채권자가 자기의 금전채권을 보전하기 위하여 채무자의 금전채권을 대위행사하는 경우 제3채무자로 하여금 채무자에게 지급의무를 이행하도록 청구할 수도 있지만, **직접 대위채권자 자신에게 이행하도록 청구할 수도 있다**[18(1)17(3)모]. 그런데 채권자대위소송에서 제3채무자로 하여금 직접 대위채권자에게 금전의 지급을 명하는 판결이 확정되더라도, 대위의 목적인 권리, 즉 채무자의 제3채무자에 대한 피대위채권이 판결의 집행채권으로서 존재하고 **대위채권자는 채무자를 대위하여 피대위채권에 대한 변제를 수령하게 될 뿐 자신의 채권에 대한 변제로서 수령하게 되는 것이 아니므로, 피대위채권이 변제 등으로 소멸하기 전이라면 채무자의 다른 채권자는 이 피대위채권을 압류·가압류할 수 있다**[19변호](대판 2016.08.29. 2015다236547). 따라서 채무자 乙의 다른 채권자 戊는 丙이 B채권을 변제하기 전이라면 乙의 丙에 대한 금전채권(B채권)을 압류할 수 있다. ii) 그러나 **대위채권자 甲은 자신의 채권에 대한 변제로서 수령하게 되는 것이 아니므로, 甲의 채권자 己는 甲이 B채권의 대위행사를 통해 지급받을 금전채권에 대하여 압류할 수 없다.**

④ (×) 수익자가 채권자취소에 따른 원상회복으로서 가액배상을 할 때에 채무자에 대한 채권자라는 이유로 **채무자에 대하여 가지는 자기의 채권과의 상계를 주장할 수는 없다**[12사법,16(1)모](대판 2001.6.1. 99다63183).

⑤ (○) 상계가 금지되는 채권(사안의 경우 **가액배상채권**)이라고 하더라도 **압류금지채권에 해당하지 않는 한 강제집행에 의한 전부명령의 대상이 될 수 있다**. (따라서) 사해행위취소 소송의 **수익자(甲)가 원상회복으로서 채권자(乙)에게 가액배상을 할 경우, 수익자(甲)가 채권자취소권을 행사하는 채권자(乙)에 대해 가지는 별개의 다른 채권을 집행하기 위하여 그에 대한 집행권원을 가지고 채권자(乙)의 수익자(甲)에 대한 가액배상채권을 압류하고 전부명령을 받는 것은 수익자의 채무자에 대한 채권을 기초로 한 상계나 임의적인 공제가 인정되지 않는 것과는 내용과 성질이 다르므로 허용된다**[18(2)모](대결 2017.8.21. 2017마499). **정답** ⑤

22. 채권자취소권에 관한 설명으로 옳지 않은 것은? (다툼이 있는 경우 판례에 의함)

① 채권자취소소송을 제기한 채권자의 채권이 사해행위 이전에 성립되어 있는 이상 그 액수나 범위가 구체적으로 확정되지 않은 경우라고 하더라도 채권자취소권의 피보전채권이 될 수 있다.

② X건물을 각 1/2의 지분의 비율로 공유하는 甲과 乙은 X건물을 丙에게 공동으로 임대하고 丙으로부터 임대차보증금을 수령하였으며, 丙은 상가건물임대차보호법상 대항요건 및 우선변제요건을 갖추었다. 甲이 X건물의 공유지분을 丁에게 매도한 경우, 甲의 일반채권자들에게 공동담보로 제공되는 책임재산의 범위는 X건물의 전체가액에서 임대차보증금의 1/2을 공제한 부분이다.

③ 건물의 신축공사를 완료한 수급인 甲이 도급인 乙에 대한 공사대금채권을 丙에게 양도하고 그 사실을 乙에게 통지한 후, 乙이 丙의 청구에 의하여 위 건물에 대하여 저당권을 설정해 준 경우, 이는 특별한 사정이 없는 한 乙의 다른 채권자들에 대하여 사해행위가 되지 아니한다.

④ 甲이 채무초과 상태에서 자기 소유의 X부동산에 관하여 乙에게 매매예약에 기하여 가등기를 마쳐주었고, 乙이 위 가등기상의 권리를 丙에게 이전해 준 후에 丙이 가등기에 기한 본등기를 마친 경우, 甲의 일반채권자 丁은 甲과 乙 사이의 매매예약을 취소하고 가액반환을 구할 수 있다.

⑤ 甲의 채권자가 甲과 乙 사이의 X부동산의 매매를 사해행위라고 주장하면서 乙을 상대로 제기한 채권자취소소송에서 乙이 '丙을 대리인으로 내세워 X부동산을 매수한 것이며 자신은 위 매매가 사해행위임을 전혀 알지 못하였다'라고 항변하더라도 丙이 악의였다면 乙의 항변은 배척된다.

해설

① (O) 채권자취소소송을 제기한 채권자의 채권이 사해행위 이전에 성립되어 존재하고 있는 이상 그 액수나 범위가 구체적으로 확정되지 않은 경우라고 하더라도 채권자취소권의 피보전채권이 될 수 있다.
관련 판례 : ⅰ) 사해행위가 행하여지기 전에 발생한 채권은 원칙적으로 채권자취소권에 의하여 보호될 수 있는 (피보전)채권이 될 수 있고, 채권자의 채권이 사해행위 이전에 성립한 이상 사해행위 이후에 양도되었다고 하더라도 양수인은 채권자취소권을 행사할 수 있으며[16변호] 채권 양도일에 채권자취소권의 피보전채권이 새로 발생되었다고 할 수 없다(대판 2012.2.9, 2011다77146), ⅱ) 채권양도에 있어서 양도채권이 사회통념상 다른 채권과 구별하여 그 동일성을 인식할 수 있을 정도로 되어 있다면 그 채권은 특정된 것으로 보아야 하고 양도채권의 종류나 금액 등이 구체적으로 적시되어 있어야 하는 것은 아니다[02사법](대판 1998.5.29, 96다51110).

② (×) ☜ (18(2)20(3)모) 건물의 공유자인 甲과 乙이 공동으로 丙에게 건물을 임대하고 임차보증금을 수령한 경우 특별한 사정이 없는 한 그 임대는 각자 공유지분을 임대한 것이 아니라 임대목적물을 다수의 당사자로서 공동으로 임대한 것이고 그 임차보증금 반환채무는 성질상 불가분채무에 해당한다. 임차인 丙이 공유자 전원으로부터 상가건물을 임차하고 상가건물 임대차보호법 제3조 제1항에서 정한 대항요건을 갖추어 (확정일자도 받아 동법 제5조 2항에 의해) 임차보증금에 관하여 우선변제권을 가진 경우에, 상가건물의 공유자 중 1인인 채무자 甲이 처분한 지분 중에 일반채권자들의 공동담보로 제공되는 책임재산은 우선변제권이

있는 임차보증금 반환채권 전액을 공제한 나머지 부분이다[20(3)모](대판 2017.5.30, 2017다205073). ∵ 불가분채무에 대해서는 연대채무에 대한 제413조가 준용되므로(제411조) 불가분채무자 甲은 임차보증금 반환채무 전액을 이행할 의무가 있기 때문(제413조).

③ (O) 민법 제666조에서 정한 수급인의 저당권설정청구권은 공사대금채권을 담보하기 위하여 인정되는 채권적 청구권으로서 공사대금채권에 부수하여 인정되는 권리이므로, 당사자 사이에 공사대금채권만을 양도하고 저당권설정청구권은 이와 함께 양도하지 않기로 약정하였다는 등의 특별한 사정이 없는 한, 공사대금채권이 양도되는 경우 저당권설정청구권도 이에 수반하여 함께 이전된다[19(1)모]고 봄이 타당하다. 따라서 신축건물의 수급인으로부터 공사대금채권을 양수받은 자의 저당권설정청구에 의하여 신축건물의 도급인이 그 건물에 저당권을 설정하는 행위 역시 다른 특별한 사정이 없는 한 사해행위가 아니다[20(3)모](대판 2018.11.29, 2015다19827).

④ (O) 사해행위인 매매예약에 기하여 수익자 앞으로 가등기를 마친 후 전득자 앞으로 가등기 이전의 부기등기를 마치고 가등기에 기한 본등기까지 마친 경우, 위 부기등기는 사해행위인 매매예약에 기초한 수익자의 권리의 이전을 나타내는 것으로서 부기등기에 의하여 수익자로서의 지위가 소멸하지는 아니하며, 채권자는 수익자를 상대로 사해행위인 매매예약의 취소를 청구할 수 있다[18변호]. 그리고 설령 부기등기의 결과 가등기 및 본등기에 대한 말소청구소송에서 수익자의 피고적격이 부정되는 등의 사유로 인하여 《수익자의 원물반환의무인 가등기말소의무의 이행이 불가능하게 된다 하더라도》 달리 볼 수 없으며, 특별한 사정이 없는 한 수익자는 가등기 및 본등기에 의하여 발생된 채권자들의 공동담보 부족에 관하여 원상회복의무로서 가액을 배상할 의무를 진다[20(3)모](대판(전합) 2015.5.21, 2012다952).

⑤ (O) (대리인 표준의 원칙 : 대리에 있어서 법률행위는 대리인이 하므로) 의사표시의 효력이 의사의 흠결(=비진의 표시, 통정허위표시, 착오에 의한 의사표시), 사기, 강박 또는 어느 사정을 알았거나 과실로 알지 못한 것으로(=선의·악의, 과실로) 인하여 영향을 받을 경우에 그 사실의 유무는 대리인을 표준하여 결정한다(제116조 1항). 관련판례 : ❀ (13.사55) 丙의 대리인 A가 甲이 그 소유 부동산을 乙에게 매도한 사실을 알면서도 甲의 배임행위에 적극 가담하여 丙을 대리하여 이중으로 매수한 경우, 본인 丙이 그러한 사정을 몰랐거나 반사회성을 야기한 것이 아니라고 할지라도 甲과 丙의 매매계약은 사회질서에 반하여 무효이다[17변호](대판 1998.2.27, 97다45532).

정답 ②

23. 甲이 乙에 대한 자신의 대여금채권을 丙에게 양도한 경우에 관한 설명으로 옳은 것을 모두 고른 것은? (다툼이 있는 경우 판례에 의함)

> ㄱ. 채권양도에 대한 乙의 승낙은 이의를 보류하거나 조건을 붙여서도 할 수 있다.
> ㄴ. 丙이 甲의 대여금채권에 양도금지특약이 있다는 사실을 알았더라도 乙이 그 양도에 대하여 사후에 승낙을 하였다면 다른 약정이 없는 한 채권양도는 그 양도 당시로 소급하여 유효하게 된다.
> ㄷ. 乙에 대한 대항요건을 갖추지 않은 상태에서 丙이 乙을 상대로 양수금 지급의 소를 제기하더라도, 이는 소멸시효 중단사유인 재판상의 청구에 해당하지 않는다.
> ㄹ. 甲의 乙에 대한 대여금채권이 가압류된 상태에서 丙에게 양도된 경우, 가압류채권자가 본안소송에서 승소하여 대여금채권의 집행권원을 취득하였다면, 甲의 丙에 대한 채권양도는 무효가 된다.

① ㄱ ② ㄱ, ㄹ ③ ㄴ, ㄷ
④ ㄱ, ㄴ, ㄹ ⑤ ㄴ, ㄷ, ㄹ

해설

ㄱ. (○) 채권양도 통지에는 조건과 기한을 붙일 수 없지만,『지명채권 양도의 대항요건인 채무자의 승낙은 채권양도 사실을 채무자가 승인하는 의사를 표명하는 채무자의 행위로서 **채무자는 채권양도를 승낙하면서 조건을 붙여서 할 수 있고**(대판 2011.6.30, 2011다8614). 지명채권의 양도를 승낙함에 있어서는 이의를 보류하고 할 수 있고 양도금지의 특약이 있는 채권양도를 승낙함에 있어 조건을 붙여서 할 수도 있으며[12사법] 승낙의 성격이 관념의 통지라고 하여 조건을 붙일 수 없는 것은 아니다[04사법, 17(1)모]』(대판 1989.7.11, 88다카20866).

ㄴ. (×) 당사자의 양도금지의 의사표시로써 채권은 양도성을 상실하며, 양도금지의 특약에 위반해서 채권을 제3자에게 양도한 경우에 악의 또는 중과실의 채권양수인에 대하여는 채권이전의 효과가 생기지 아니하나, ❀ (13.사55) 악의 또는 중과실로 채권양수를 받은 후 채무자가 그 양도에 대하여 승낙을 한 때에는 **채무자의 사후승낙에 의하여 무효인 채권양도행위가 추인되어 유효하게 되며**, 이 경우 다른 약정이 없는 한 소급효가 없으므로(제139조) 양도의 효과는 승낙시부터 발생한다[20(3)모](대판 2000.4.7, 95다52817).

ㄷ. (×) ❀ (17(3)모) 채권의 양수인이 채권양도의 대항요건을 갖추지 못한 상태에서 채무자를 상대로 재판상의 **청구를 한 경우**, 이 양수인을 '권리 위에 잠자는 자'라고 할 수 없으므로 소멸시효 중단사유인 재판상의 **청구에 해당한다**[15변호](대판 2005.11.10, 2005다41818).

ㄹ. (○) ❀ (14.변3) (가압류된 채권이 양도된 경우) 채권가압류결정의 채권자가 본안소송에서 승소하는 등으로 집행권원을 취득하는 경우에는 가압류에 의하여 권리가 제한된 상태의 채권을 양수받는 양수인에 대한 **채권양도는 무효가 된다**[18(3)모, 12사법](대판 2002.4.26, 2001다59033).

정답 ②

24. 甲은 乙에게 1억 원의 대여금 채무를 부담하고 있으며, 이를 담보하기 위하여 丙과 丁은 乙과 연대보증계약을 체결하였다. 이에 대한 설명으로 옳은 것을 모두 고른 것은? (다툼이 있는 경우 판례에 의함)

> ㄱ. 丙이 乙의 기망으로 신원보증서류에 서명한다는 착각에 빠져 연대보증의 서면에 서명날인한 경우, 丙은 乙의 사기를 이유로 위 계약을 취소할 수 있으나 착오를 이유로 계약을 취소할 수는 없다.
> ㄴ. 丙이 乙과 연대보증계약을 체결하면서 甲의 채무를 중첩적으로 인수하기로 약정하였다면, 특별한 사정이 없는 한 丙은 대여금채무를 모두 변제하더라도 甲을 상대로 구상권을 행사할 수 없다.
> ㄷ. 乙이 甲에 대한 위 대여금채권을 戊에게 양도한 경우, 戊가 丁을 상대로 연대보증책임을 묻기 위해서는 甲에 대한 대항요건을 갖추면 되고 丁에 대한 대항요건을 갖출 필요는 없다.
> ㄹ. 丁이 대여금채무를 모두 변제한 경우, 丁의 丙에 대한 구상권은 면책된 날 이후의 법정이자 및 피할 수 없는 비용 기타 손해배상을 포함한다.

① ㄱ, ㄴ ② ㄷ, ㄹ ③ ㄱ, ㄴ, ㄷ
④ ㄴ, ㄷ, ㄹ ⑤ ㄱ, ㄴ, ㄷ, ㄹ

해설

ㄱ. (×) ⓐ 사기에 의한 의사표시의 의의 : 사기에 의한 의사표시란 타인의 기망행위로 말미암아 착오에 빠지게 된 결과 어떠한 의사표시를 하게 되는 경우이므로 거기에는 의사와 표시의 불일치가 있을 수 없고,

단지 의사의 형성과정 즉 의사표시의 동기에 착오가 있는 것에 불과하며, 이 점에서 고유한 의미의 착오에 의한 의사표시와 구분되는데, ⓑ (제3자의 기망행위에 의하여) 신원보증서류에 서명날인한다는 착각에 빠진 상태로 연대보증의 서면에 서명날인한 경우, 〈결국 위와 같은 행위는 강학상 기명날인의 착오(또는 서명의 착오), 즉 어떤 사람이 자신의 의사와 다른 법률효과를 발생시키는 내용의 서면에, 그것을 읽지 않거나 올바르게 이해하지 못한 채 기명날인을 하는 이른바 표시상의 착오에 해당하므로〉, 비록 위와 같은 착오가 제3자(사안의 경우 채무자 乙)의 기망행위에 의하여 일어난 것이라 하더라도 그에 관하여는 사기에 의한 의사표시에 관한 법리, 특히 상대방이 그러한 제3자의 기망행위 사실을 알았거나 알 수 있었을 경우가 아닌 한 의사표시자가 취소권을 행사할 수 없다는 제110조 제2항의 규정(=사기에 의한 의사표시의 법리)을 적용할 것이 아니라, 착오에 의한 의사표시에 관한 법리만을 적용하여 취소권 행사의 가부를 가려야 한다 [16변호](대판 2005.5.27, 2004다43824).

ㄴ. (✗) 채권자와 보증인 사이에 보증인이 주채무를 중첩적으로 인수하기로 약정한 경우 〈특별한 사정이 없는 한 보증인은 주채무자에 대한 관계에서는 종전의 보증인의 지위를 그대로 유지한다고 봄이 상당하므로〉, 채무인수로 인하여 보증인과 주채무자 사이의 주채무에 관련된 구상관계가 달라지는 것은 아니다[20(3)모] (대판 2003.11.14, 2003다37730).

ㄷ. (○) ✽ (18(2)모, 16(3)모) 보증채무는 주채무에 대한 부종성 또는 수반성이 있어서 주채무자에 대한 채권이 이전되면 당사자 사이에 별도의 특약이 없는 한 보증인에 대한 채권도 함께 이전하고, 이 경우 채권양도의 대항요건도 주채권의 이전에 관하여 구비하면 족하고, 별도로 보증채권에 관하여 대항요건을 갖출 필요는 없다[16변호]. (따라서 주채무자에 대하여 대항요건을 갖추었다면 연대보증인에 대하여 별도의 대항요건을 갖추지 않았더라도 양수인은 연대보증인에게 대항할 수 있다[15,19변호](대판 2002.9.10, 2002다21509).

ㄹ. (○) 분별의 이익이 없는 경우 구상의 범위는 연대채무자의 구상권 규정인 제425조 내지 제427조를 준용한다(제448조 제2항). 따라서 공동연대보증인 사이의 구상채무 내용은 (연대채무와 동일하므로) 면책한 원금과 면책된 날 이후의 법정이자 및 피할 수 없는 비용 기타 손해배상을 포함한다(제425조 제2항). 정답 ②

25. 甲이 乙에 대하여 부담하고 있는 외상대금채무를 담보하기 위하여 丙이 乙과 최고한도액을 5억 원으로 근보증계약을 체결하였다. 이에 관한 설명으로 옳은 것을 모두 고른 것은? (다툼이 있는 경우 판례에 의함)

ㄱ. 乙과 丙 사이의 근보증계약 체결 당시 甲과 乙 사이의 외상대금채무가 변제기에 있지 않았더라도 그 외상대금채무의 발생원인과 내용이 어느 정도 확정되어 있었다면, 乙과 丙은 이를 담보하기 위하여 보증계약을 유효하게 체결할 수 있다.

ㄴ. 乙의 甲에 대한 외상대금채권이 확정판결에 의하여 소멸시효기간이 10년으로 연장된 상태에서 이를 담보하기 위하여 丙이 乙과 근보증계약을 체결한 경우, 乙의 丙에 대한 근보증채권이 상사채권이라면 5년의 소멸시효기간이 적용된다.

ㄷ. 丙이 乙과 사이에 '甲의 乙에 대한 외상대금채무가 시효로 소멸하더라도 乙에 대한 근보증채무는 이행하겠다'는 내용의 약정을 하였다면 丙은 乙에 대하여 주채무의 시효소멸을 이유로 근보증채무의 소멸을 주장할 수 없다.

ㄹ. 丙이 근보증채무의 이행을 지체하여 발생한 지연손해금과 근보증채무액의 합계가 5억 2,000만 원이 된 경우에도 丙의 근보증책임은 5억 원으로 감축된다.

① ㄱ, ㄴ ② ㄱ, ㄴ, ㄷ ③ ㄱ, ㄷ, ㄹ
④ ㄴ, ㄷ ⑤ ㄴ, ㄷ, ㄹ

해설

ㄱ. (O) 근보증의 대상인 주채무는 근보증계약을 체결할 당시에 이미 발생되어 있거나 구체적으로 내용이 특정되어 있을 필요는 없고, 장래의 채무, 조건부 채무는 물론 장래 증감·변동이 예정된 불특정의 채무라도 이를 특정할 수 있는 기준이 정해져 있으면 된다[20(3)모](대판 2013.11.14, 2011다29987).

ㄴ. (O) 주채무자에 대한 확정판결에 의하여 민법 제163조 각 호의 단기소멸시효에 해당하는 주채무의 소멸시효기간이 10년으로 연장된 상태에서 주채무를 보증한 경우, 특별한 사정이 없는 한 보증채무에 대하여는 민법 제163조 각 호의 단기소멸시효가 적용될 여지가 없고[18(1)모, 15법행], 성질에 따라 보증인에 대한 채권이 민사채권인 경우에는 10년, 상사채권인 경우에는 5년의 소멸시효기간이 적용된다[18(3),15(2)모](대판 2014.6.12, 2011다76105).

ㄷ. (O) 보증채무에 대한 소멸시효가 중단되는 등의 사유로 완성되지 아니하였다고 하더라도 ※ (14,변3,16(3)모) 주채무에 대한 소멸시효가 완성된 경우에는 시효완성의 사실로 주채무가 소멸되므로 보증채무의 부종성에 따라 보증채무 역시 당연히 소멸되는 것이 원칙이다[18(2)모, 15법행]. 다만 보증채무의 부종성을 부정하여야 할 특별한 사정이 있는 경우에는 예외적으로 보증인은 주채무의 시효소멸을 이유로 보증채무의 소멸을 주장할 수 없으나, 특별한 사정을 인정하여 보증채무의 본질적인 속성에 해당하는 부종성을 부정하려면 보증인이 주채무의 시효소멸에도 불구하고 보증채무를 이행하겠다는 의사를 표시하거나 채권자와 그러한 내용의 약정을 하였어야[20(3)모] 하고, 단지 보증인이 주채무의 시효소멸에 원인을 제공하였다는 것만으로는 보증채무의 부종성을 부정할 수 없다(대판 2018.5.15, 2016다211620).

ㄹ. (X) 계속적 보증계약에 보증한도액의 정함이 있는 경우, 그 한도액을 주채무의 원본총액만을 기준으로 할 것인지 그 한도액에 (주 : 주채무의) 이자, 지연손해금 등의 부수채무까지도 포함될 것으로 할 것인지는 먼저 계약당사자의 의사에 따라야 하나, 특약이 없는 한 한도액 내에는 이자 등 부수채무도 포함되는 것으로 해석하여야 한다[14변호](대판 1995.6.30, 94다40444). (즉) 특별한 사정이 없는 한 보증한도 범위 안에서 확정된 주채무 및 그 이자, 위약금, 손해배상 기타 주채무에 종속한 채무를 모두 포함한다[06변리](대판 2000.4.11, 99다12123). (그러나) 보증채무는 주채무와는 별개의 채무이기 때문에 보증채무 자체의 이행지체로 인한 지연손해금은 보증한도액과는 별도로 부담한다[18변호](대판 2003.6.13, 2001다29803). 정답 ②

26. 변제에 관한 설명으로 옳지 않은 것은? (다툼이 있는 경우 판례에 의함)

① 이해관계 없는 제3자는 채무자의 의사에 반하여 변제하지 못하며, 이 경우 채무자의 반대의사의 증명책임은 이를 주장하는 자에게 있다.
② 채무자가 채무 전부를 변제한 때에는 채권자에게 채권증서의 반환을 청구할 수 있으며, 이러한 채권증서 반환청구권은 변제와 동시이행관계에 있지 않다.
③ 법정변제충당의 경우 주채무자가 변제한 금원은 보증인이 있는 채무와 보증인이 없는 채무 중 보증인이 있는 채무부터 변제충당되어야 한다.
④ 채무의 원본 이외에 비용, 이자가 있는 경우 변제의 충당은 비용, 이자, 원본 순으로 이루어지며, 이러한 충당순서는 당사자의 합의에 의하여 변경할 수 있다.
⑤ 당사자 사이에 변제충당에 관하여 합의가 없고 변제에 충당할 채무의 지정이 없는 경우에는 법정변제충당에 의하여 충당되며, 법정변제충당의 순위가 동일한 경우에는 각 채무액에 안분비례하여 각 채무의 변제에 충당된다.

해설

① (○) 이해관계 없는 제3자는 채무자의 의사에 반하여 변제하지 못한다(제469조 2항). 이 때 채무자의 반대 의사는 채무자 측에서 주장·입증해야 한다[20(3)모].

② (○) 채권증서 반환청구권은 채권 전부를 변제한 경우에 인정되는 것이고, 제3자가 변제를 하는 경우에는 제3자도 채권증서의 반환을 구할 수 있다. 변제와 영수증 교부는 동시이행관계에 있지만, (변제의 증명은 영수증으로 충분하므로) **변제와 채권증서 반환은 동시이행관계에 있지 않다**[20(3)모, 09법행][대판 2005.8.19, 2003다22042].

③ (×) 변제자가 주채무자인 경우, 보증인이 있는 채무와 보증인이 없는 채무 사이에 변제이익의 점에서 차이가 없으므로, **보증기간 중의 채무와 보증기간 종료 후의 채무 사이에서는 변제이익의 점에서 차이가 없고**[15변호], (변제의 이익이 같을 경우에는 제477조 제3호에 의해 변제금은 이행기가 먼저 도래한 채무나 먼저 도래할 채무의 변제에 충당해야 하므로) 주채무자가 변제한 금원은 이행기가 먼저 도래한 채무부터 법정변제충당하여야 한다[20(3)모][대판 1999.8.24, 99다26481].

④ (○) 비용, 이자, 원본에 대한 변제충당에 있어서는 제479조에 그 충당 순서가 법정되어 있고 지정 변제충당에 관한 민법 제476조는 준용되지 않으므로 원칙적으로 비용, 이자, 원본의 순서로 충당하여야 하고, 채무자는 물론 채권자라 할지라도 위 법정 순서와 다르게 일방적으로 충당의 순서를 지정할 수는 없다[16변호, 17(3)모]. 그러나 당사자 사이에 특별한 합의가 있는 경우이거나 당사자의 일방적인 지정에 대하여 상대방이 지체 없이 이의를 제기하지 아니함으로써 묵시적인 합의가 되었다고 보이는 경우에는 그 법정충당의 순서와는 달리 충당의 순서를 인정할 수 있다[17변호][대판 2009.6.11, 2009다12399].

⑤ (○) ⅰ) 합의충당과 지정충당이 없는 경우 또는 변제수령자가 지정했으나 변제자가 즉시 이의를 제기한 경우에는 제477조의 법정변제충당에 의한다. ⅱ) 민법 제477조 제4호에 의하면 법정변제충당의 순위가 동일한 경우에는 각 채무액에 안분비례하여 각 채무의 변제에 충당된다[대판 2009.2.12, 2007다77712].

정답 ③

27. 다음 설명 중 옳은 것을 모두 고른 것은? (다툼이 있는 경우 판례에 의함)

ㄱ. 변제할 정당한 이익을 갖는 제3자가 있는 경우에 채권자가 자신의 채권이나 담보권을 포기하였다면 원칙적으로 제3자에게 불법행위책임을 진다.

ㄴ. 동일한 채무에 대하여 물상보증인과 보증인이 수인인 경우 그들 사이에 변제자대위를 할 때에는 그 인원수에 비례하여 채권자를 대위하며, 보증인 외 물상보증인이 수인인 경우에는 보증인의 부담부분을 제외하고 그 잔액에 대하여 각 재산의 가액에 비례하여 대위한다.

ㄷ. 동일한 채무에 대하여 물상보증인과 보증인이 수인인 경우에 어느 1인의 보증인 또는 물상보증인은 자신의 대위변제가 부담부분을 넘는지 여부에 상관없이 다른 보증인이나 물상보증인을 상대로 변제자대위를 할 수 있다.

ㄹ. 물상보증인이 담보권의 실행으로 소유권을 잃은 때에는 채무자로부터 담보부동산을 취득한 제3자에 대하여 구상권의 범위 내에서 출재한 전액에 관하여 채권자를 대위할 수 있다.

① ㄱ, ㄴ   ② ㄴ, ㄷ   ③ ㄴ, ㄹ
④ ㄱ, ㄹ   ⑤ ㄷ, ㄹ

해설

ㄱ. (✕) 채권자가 자신의 채권이나 담보권을 행사할지 여부는 채권자가 자유롭게 선택할 수 있는 영역에 속하는 것이므로 〈채권자가 제3자에 대하여 자신의 채권이나 담보권을 성실하게 행사하여야 할 의무를 부담하는 특단의 사정이 없는 한〉 **채권자가 자신의 채권이나 담보권을 행사하지 않거나 포기하였다고 하여 이를 (제3자와의 관계에서) 불법행위에 해당한다고 할 수는 없고**[20(3)모], 대위변제의 정당한 이익을 갖는 자가 채권자의 담보상실 또는 감소 행위를 들어 민법 제485조의 면책을 주장할 수 있음은 별론으로 하더라도 **대위변제의 정당한 이익을 갖는 자가 있다는 사정만으로 채권자가 자신의 채권이나 담보권을 성실히 행사하여야 할 의무를 부담한다고는 할 수 없다**(대판 2001.12.24, 2001다42677).

ㄴ. (○) 동일한 채무에 대하여 물상보증인과 보증인이 수인인 경우 그들 사이에 변제자대위를 할 때에는 그 인원수에 비례하여 채권자를 대위하며, 보증인 외 물상보증인이 수인인 경우에는 보증인의 부담부분을 제외하고 그 잔액에 대하여 각 재산의 가액에 비례하여 대위한다(제482조 2항 5호).

ㄷ. (✕) 보증인과 물상보증인이 여럿 있는 경우 어느 누구라도 각자의 부담 부분을 넘는 대위변제 등을 하지 않으면 다른 보증인과 물상보증인을 상대로 채권자의 권리를 대위할 수 없다[20(3)모](대판 2010.6.10, 2007다61113).

ㄹ. (○) 물상보증인과 보증인은 그 지위가 같으므로 《물상보증인은》 채무를 변제하거나 담보권의 실행으로 소유권을 잃은 때에는 보증채무를 이행한 보증인과 마찬가지로 《채무자로부터 담보부동산을 취득한 제3자에 대하여》 구상권의 범위 내에서 출재한 전액[18(2)모]에 관하여 채권자를 대위할 수 있는 반면, ❀ (18(1)모) 《채무자로부터 담보부동산을 취득한 제3자는》 채무를 변제하거나 담보권의 실행으로 소유권을 잃더라도 《물상보증인에 대하여》 채권자를 대위할 수 없다[19(3)모]고 보아야 한다(대판 (전합) 2014.12.18, 2011다50233).

정답 ③

28. 매도인 甲과 매수인 乙 사이에 체결된 X토지의 매매계약의 해제에 관한 설명으로 옳지 <u>않은</u> 것은? (다툼이 있는 경우 판례에 의함)

① X토지가 토지거래허가구역으로 지정된 구역안의 토지인 경우, 위 매매계약이 체결된 후 계약금만 수수한 상태에서 당사자가 토지거래허가신청을 하여 관할관청으로부터 그 허가를 받았더라도 甲은 계약금의 배액을 상환하여 매매계약을 해제할 수 있다.

② 乙에게 이행이익이 인정되지 않는다면, 乙은 위 계약이 이행되리라고 믿고 지출한 비용을 계약해제에 따른 손해배상으로서 청구할 수 없다.

③ 乙의 채권자 丙이 X토지에 대한 乙의 소유권이전등기청구권을 가압류하였더라도 甲은 乙의 채무불이행을 이유로 기본적 계약관계인 매매계약 자체를 해제할 수 있다

④ 甲이 乙의 채무불이행에 기한 계약해제 및 원상회복청구권을 행사하는 경우, 乙은 甲이 위 채무불이행에 관하여 원인의 일부를 제공하였다는 사유를 들어 과실상계를 주장할 수 있다.

⑤ 甲이 소유권이전등기를 해주지 않은 상태에서 乙에게 X토지의 사용을 승낙하여 乙이 그 지상에 Y건물을 신축한 후 이를 丙에게 매도하고, 그 후 甲이 乙로부터 매매대금을 지급받지 못하여 X토지에 대한 매매계약을 해제한 경우, 丙은 위 계약해제로부터 보호받을 수 있는 제3자에 해당하지 않는다.

해설

① (O) 허가구역으로 지정된 구역 안의 토지에 관하여 매매계약이 체결된 후 계약금만 수수한 상태에서 당사자 쌍방이 협력의무에 기초해 토지거래허가신청을 하고 이에 따라 관할관청으로부터 그 **허가를 받았다는 사정만으로는 아직 이행의 착수가 있다고 볼 수 없어** 매도인으로서 민법 제565조에 의하여 계약금의 배액을 상환하여 매매계약을 해제할 수 있다[16변호](대판 2009.4.23, 2008다62427).

② (O) 채권자가 계약의 이행으로 얻을 수 있는 이익이 인정되지 않는 경우라면, 채권자에게 배상해야 할 손해가 발생하였다고 볼 수 없으므로, 당연히 지출비용의 배상을 청구할 수 없다[20(2)모](대판 2017.2.15, 2014다213684).

③ (O) 채권에 대한 (압류 또는) 가압류는 제3채무자에 대하여 채무자에게의 지급 금지를 명하는 것이므로 채권을 소멸 또는 감소시키는 등의 행위는 할 수 없고 그와 같은 행위로 채권자에게 대항할 수 없다. (따라서) 소유권이전등기청구권의 가압류나 압류가 행하여지면 제3채무자는 채무자에게 등기이전행위를 하여서는 아니되고, 그와 같은 행위로 채권자에게 대항할 수 없다. 그러나 소유권이전등기청구권과 같은 채권에 대한 압류 또는 가압류가 《가압류채권의 발생원인인 법률관계에 대한 채무자 (또는 제3채무자)의 처분까지도 구속하는 효력은 없으므로》 기본적 계약관계인 매매계약 자체를 해제할 수 있고[20(3)모], 〈채무자와 제3채무자가 아무런 합리적 이유 없이 채권의 소멸만을 목적으로 계약관계를 합의해제한다는 등의 특별한 경우를 제외하고는,〉《제3채무자는 채권에 대한 압류 또는 가압류가 있은 후라고 하더라도 채권의 발생원인인 법률관계를 (채무불이행을 이유로 또는) 합의해제하고 이로 인하여 가압류채권이 소멸되었다는 사유를 들어 가압류채권자에 대항할 수 있다》[19변호](대판 2001.6.1, 98다17930, 대판 2000.4.11, 99다51685).

④ (×) [1] 과실상계는 매매계약이 해제되어 소급적으로 효력을 잃은 결과 원상회복의무의 이행으로서 이미 지급한 매매대금 기타의 급부의 반환을 구하는 경우에는 적용되지 아니한다[19(2)모, 15법행]. [2] 계약의 해제로 인한 원상회복청구권에 대하여 해제자가 해제의 원인이 된 채무불이행에 관하여 '원인'의 일부를 제공하였다는 등의 사유를 내세워 신의칙 또는 공평의 원칙에 기하여 일반적으로 손해배상에 있어서의 과실상계에 준하여 권리의 내용이 제한될 수는 없다[20변호](대판 2014.3.13, 2013다34143).

⑤ (O) 계약당사자의 일방이 계약을 해제하여도 제3자의 권리를 침해할 수 없지만, 여기에서 제3자는 계약의 목적물에 관하여 취득한 권리를 가지고 계약당사자에게 대항할 수 있는 자를 말하므로, 토지를 매도하였다가 대금지급을 받지 못하여 그 매매계약을 해제한 경우에 있어 그 토지 위에 신축된 건물의 매수인은 위 계약해제로 권리를 침해당하지 않을 제3자에 해당하지 아니한다[13변호,13법행](대판 1991.5.28, 90다카16761).

정답 ④

29. 도급에 관한 설명으로 옳지 않은 것은? (다툼이 있는 경우 판례에 의함)

① 완성된 목적물의 하자가 중요하지 않으면서도 그 보수에 과다한 비용이 드는 경우, 도급인은 수급인에 대하여 하자보수나 하자보수에 갈음한 손해배상을 청구할 수 없다.

② 도급계약이 수급인의 채무불이행을 이유로 중도 해제되었으나 해제 당시 공사가 상당 정도 진척되어 이를 원상회복하는 것이 중대한 사회·경제적 손실을 초래하게 되고 완성된 부분이 도급인에게 이익이 되는 경우 도급계약은 미완성 부분에 대하여만 실효된다.

③ 수급인이 도급인으로부터 설계도면을 넘겨받아 설계도면의 기재대로 시공하였으나 완성된 부분에서 하자가 발생하였다면, 수급인은 그 설계도면의 부적당함을 알고서도 이를 고지하지 않은 경우 도급인에 대하여 하자담보책임을 진다.

④ 도급인이 수급인에 대하여 특정한 행위를 지휘하거나 특정한 사업을 도급시키는 노무도급의 경우에 도급인은 도급이나 지시에 중대한 과실이 없는 한 수급인의 과실에 대하여 손해배상책임을 부담하지 않는다.
⑤ 하자보수에 갈음하는 손해배상의 액수는 목적물의 완성시가 아니라 손해배상청구시를 기준으로 산정한다.

> 해설

① (O) ❀ (13(3)모) 하자가 중요하지 않고 동시에 보수에 과다한 비용을 요할 때에는 도급인은 하자의 보수나 하자의 보수에 갈음하는 손해배상을 청구할 수는 없고[19(1)모.11사법] 하자로 인한 손해의 배상만을 청구할 수 있다[09변리](대판 2009.6.25, 2008다18932).
② (O) 건축공사도급계약이 수급인의 채무불이행을 이유로 해제된 경우에 있어 《해제될 당시 공사가 상당한 정도로 진척되어 이를 원상회복하는 것이 중대한 사회적·경제적 손실을 초래하게 되고, 완성된 부분이 도급인에게 이익이 되는 것으로 보이는 경우》에는 도급계약은 미완성부분에 대하여만 실효되고[13모] 수급인은 해제한 상태 그대로 그 건물을 도급인에게 인도하고, 도급인은 특별한 사정이 없는 한 인도받은 미완성 건물에 대한 보수를 지급하여야 한다[19(2)모.11사법](대판 1992.3.3, 91다42630).
③ (O) 건축 도급계약의 수급인이 설계도면의 기재대로 시공한 경우, 이는 도급인의 지시에 따른 것과 같아서 수급인이 그 설계도면이 부적당함을 알고 도급인에게 고지한 경우 그로 인하여 목적물에 하자가 생겼다 하더라도 수급인에게 하자담보책임을 지울 수는 없다[20(3)모.10사법](대판 1996.5.14, 95다24975).
④ (×) ⅰ) 도급계약에 있어서 도급인은 도급 또는 지시에 관하여 중대한 과실이 없는 한 그 수급인이 그 일에 관하여 제3자에게 가한 손해를 배상할 책임은 없다(대판 1991.3.8, 90다18432). ⅱ) 일반적으로 도급인과 수급인 사이에는 지휘·감독의 관계가 없으므로 도급인은 수급인이나 수급인의 피용자의 불법행위에 대하여 사용자로서의 배상책임이 없지만, 도급인이 수급인에 대하여 특정한 행위를 지휘하거나 특정한 사업을 도급시키는 경우와 같은 이른바 노무도급의 경우에는 도급인은 (수급인이나 수급인의 피용자의 불법행위에 대하여) 사용자로서의 배상책임이 있다[18변호.13.16(1)모, 09.16사법](대판 2005.11.10, 2004다37676).
⑤ (O) 도급계약에서 완성된 목적물에 하자가 있는 경우에 도급인은 수급인에게 하자의 보수나 하자의 보수에 갈음한 손해배상을 청구할 수 있다. 이때 하자가 중요한 경우에는 비록 보수에 과다한 비용이 필요하더라도 보수에 갈음하는 비용, 즉 실제로 보수에 필요한 비용이 모두 손해배상에 포함된다. [하자가 중요한 경우의 그 손해배상의 액수 즉 하자보수비는 목적물의 완성시가 아니라 하자보수 청구시 또는 손해배상 청구시를 기준으로 산정함이 상당하다[16법행](대판 1998.3.13, 95다30345).] 나아가 완성된 건물 기타 토지의 공작물(이하 '건물 등'이라 한다)에 중대한 하자가 있고 이로 인하여 건물 등이 무너질 위험성이 있어서 보수가 불가능하고 다시 건축할 수밖에 없는 경우에는, 특별한 사정이 없는 한 건물 등을 철거하고 다시 건축하는 데 드는 비용 상당액을 하자로 인한 손해배상으로 청구할 수 있다(대판 2016.8.18, 2014다31691,31707).

정답 ④

30. 다음 설명 중 옳은 것을 모두 고른 것은? (다툼이 있는 경우 판례에 의함)

ㄱ. 계약이 의사의 불합치로 성립하지 아니한 경우, 그로 인하여 손해를 입은 당사자는 상대방이 계약의 불성립을 알았거나 알 수 있었음을 이유로 민법 제535조를 유추적용하여 계약체결상의 과실책임을 물을 수 있다.

ㄴ. 매매계약 내용의 중요 부분에 착오가 있는 경우, 매수인은 매도인의 하자담보책임이 성립하는지와 상관없이 착오를 이유로 매매계약을 취소할 수 있다.
ㄷ. 상인 간의 매매에서 매수인이 목적물의 하자통지를 게을리 한 경우 계약해제, 대금감액 또는 손해배상을 청구할 수 없도록 규정한 상법 제69조 제1항은 불완전이행으로 인한 손해배상책임을 묻는 경우에도 적용된다.
ㄹ. 보증금이 수수된 임대차계약에서 차임채권이 양도되었다고 하더라도, 임차인은 그 임대차계약이 종료되어 목적물을 반환할 때까지 연체한 차임 상당액을 보증금에서 공제할 것을 주장할 수 있다.

① ㄱ, ㄴ ② ㄴ, ㄷ ③ ㄱ, ㄷ
④ ㄴ, ㄹ ⑤ ㄴ, ㄷ, ㄹ

해설

ㄱ. (×) 계약이 의사의 불합치로 성립하지 아니한 경우 그로 인하여 손해를 입은 당사자가 상대방에게 부당이득반환청구 또는 불법행위로 인한 손해배상청구를 할 수 있는지는 별론으로 하고, **상대방이 계약이 성립되지 아니할 수 있다는 것을 알았거나 알 수 있었음을 이유로 민법 제535조를 유추적용하여 계약체결상의 과실로 인한 손해배상청구를 할 수는 없다**[20(3)모](대판 2017.11.14, 2015다10929).

ㄴ. (○) 착오로 인한 취소 제도와 매도인의 하자담보책임 제도는 취지가 서로 다르고, 요건과 효과도 구별된다. 따라서 **매매계약 내용의 중요 부분에 착오가 있는 경우 매수인은 매도인의 하자담보책임이 성립하는지와 상관없이 착오를 이유로 매매계약을 취소할 수 있다**[20(3)모](대판 2018.9.13, 2015다78703).

ㄷ. (×) 상인 간의 매매에서 매수인이 목적물을 수령한 때에는 지체 없이 이를 검사하여 하자 또는 수량의 부족을 발견한 경우에는 즉시, 즉시 발견할 수 없는 하자가 있는 경우에는 6개월 내에 매수인이 매도인에게 그 통지를 발송하지 아니하면 그로 인한 계약해제, 대금감액 또는 손해배상을 청구하지 못하도록 규정하고 있는 **상법 제69조 제1항은 민법상 매도인의 담보책임에 대한 특칙으로서, 채무불이행에 해당하는 이른바 불완전이행으로 인한 손해배상책임을 묻는 청구에는 적용되지 않는다**[20(3)모](대판 2015.6.24, 2013다522).

ㄹ. (○) 보증금이 수수된 임대차계약에서 《차임채권이 양도되었다고 하더라도》, 임차인은 임대차계약이 종료되어 목적물을 반환할 때까지 연체한 차임 상당액을 보증금에서 공제할 것을 주장할 수 있다[15법행.17변호](대판 2015.3.26, 2013다77225).

정답 ④

31. 부당이득에 관한 설명으로 옳지 <u>않은</u> 것은? (다툼이 있는 경우 판례에 의함)

① 타인 소유 부동산을 처분하여 수령한 매각대금을 부당이득으로 반환해야 할 수익자는 위 처분행위로 발생한 양도소득세 기타 비용을 가액반환의무에서 공제할 수 없다.
② 계약의 무효로 인한 각 당사자의 반환의무가 동시이행의 관계에 있는 한, 악의의 수익자라도 그 받은 이익에 이자를 가산하여 반환할 의무를 부담하지는 않는다.
③ 부당이득한 재산에 수익자의 행위가 개입되어 얻어진 이른바 운용이익의 경우, 그것이 사회통념상 수익자의 행위가 개입되지 아니하였더라도 부당이득된 재산으로부터 손실자가 통상 취득하였으리라고 생각되는 범위 내에서는 반환하여야 한다.

④ 불법의 원인으로 재산을 급여한 사람은 상대방이 그 불법의 원인에 가공하였다고 하더라도 특별한 사정이 없는 한 상대방의 불법행위를 이유로 그 재산의 급여로 인한 손해의 배상을 청구할 수 없다.

⑤ 양도담보설정자가 채권을 담보하기 위하여 그 소유의 동산을 채권자에게 양도한 후 그 동산을 계속 사용·수익하고 있다면, 그 동산이 타인의 토지 위에 권한없이 설치되어 있는 경우 양도담보설정자는 토지의 점유·사용에 따른 부당이득반환의무를 부담한다.

해설

① (O) ③ (O) 일반적으로 수익자가 법률상 원인 없이 이득한 재산을 처분함으로 인하여 원물반환이 불가능한 경우에 있어서 반환하여야 할 가액은 특별한 사정이 없는 한 그 처분 당시의 대가[17(1)모]이나, 이 경우에 수익자가 그 법률상 원인 없는 이득을 얻기 위하여 지출한 비용은 수익자가 반환하여야 할 이득의 범위에서 공제되어야 [할 것이나, **타인 소유의 부동산을 처분하여 매각대금을 수령한 경우, 수익자는 그러한 처분행위가 없었다면 부동산 자체를 반환하였어야 할 지위에 있던 사람이므로 자신의 처분행위로 인하여 발생한 양도소득세 기타 비용은 수익자가 이익 취득과 관련하여 지출한 비용에 해당한다고 할 수 없어 이를 반환하여야 할 이득에서 공제할 것은 아니다**[20(3)모,12법행](대판 2011.6.10, 2010다40239)] (그리고) 수익자가 자신의 노력 등으로 부당이득한 재산을 이용하여 남긴 이른바 운용이익도 그것이 사회통념상 수익자의 행위가 개입되지 아니하였더라도 부당이득된 재산으로부터 손실자가 당연히 취득하였으리라고 생각되는 범위 내의 것이 아닌 한 수익자가 반환하여야 할 이득의 범위에서 공제되어야 한다(=반환할 필요가 없다)[03사법](대판 1995.5.12, 94다25551).

② (X) 부당이득의 수익자가 선의이냐 악의이냐 하는 문제는 오로지 법률상 원인 없는 이득임을 알았는지의 여부에 따라 결정되는 것이므로, **매매계약이 매도인의 기망행위를 이유로 하여 취소된 것이라고 하더라도 그 사유를 들어 매수인의 수익자로서의 악의성을 부정할 수 없으며**[17(1)모] 또 매수인의 가액반환의무가 그와 대가관계에 있는 매도인의 매매대금반환채무와 서로 동시이행관계에 있다고 하여 이를 달리 볼 것도 아니다[20(3)모](대판 1993.2.26, 92다48635,48642). 악의의 수익자는 그 받은 이익에 이자를 붙여 반환하고 손해가 있으면 이를 배상하여야 한다[20(3)모](제748조 제2항).

④ (O) 불법의 원인으로 재산을 급여한 사람은 상대방 수령자가 그 '불법의 원인'에 가공하였다고 하더라도 〈상대방에게만 불법의 원인이 있거나 그의 불법성이 급여자의 불법성보다 현저히 크다고 평가되는 등으로 제반 사정에 비추어 급여자의 손해배상청구를 인정하지 아니하는 것이 오히려 사회상규에 명백히 반한다고 평가될 수 있는 특별한 사정이 없는 한〉 **상대방의 불법행위를 이유로 그 재산의 급여로 말미암아 발생한 자신의 손해를 배상할 것을 주장할 수 없다**[16변호]. 이 경우에 급여자의 손해배상청구를 인용한다면, 이는 급여자는 결국 자신이 행한 급부 자체 또는 그 경제적 동일물을 환수하는 것과 다름없는 결과가 되어, 민법 제746조에서 실정법적으로 구체화된 법이념에 반하게 되는 것이다(대판 2013.8.22, 2013다35412).

⑤ (O) 양도담보 설정자가 채권을 담보하기 위하여 그 소유의 동산을 채권자에게 양도한 경우 담보목적물을 누가 사용·수익할 수 있는지는 당사자의 합의로 정할 수 있지만 반대의 특약이 없는 한 양도담보 설정자가 동산에 대한 사용·수익권을 가진다. 따라서 그 동산이 일정한 토지 위에 설치되어 있어 토지의 점유·사용이 문제된 경우에는 특별한 사정이 없는 한 양도담보 설정자가 토지를 점유·사용하고 있는 것으로 보아야 한다(대판 2018.5.30, 2018다201429). 따라서 그 동산이 타인의 토지 위에 권한없이 설치되어 있는 경우 양도담보설정자는 토지의 점유·사용에 따른 부당이득반환의무를 부담한다[20(3)모]. **정답** ②

32. 甲은 음주상태에서 운전하는 乙의 승용차로 함께 이동하던 중 丙이 운전하던 승용차와 정면충돌하는 사고를 당하였고, 이 사고로 甲은 현장에서 사망하였다. 이에 甲의 단독상속인 A는 乙과 丙을 상대로 불법행위로 인한 손해배상의 지급을 구하는 소를 제기하였다(甲의 손해액은 2억 원이라고 가정함). 이에 관한 설명으로 옳지 않은 것은? (다툼이 있는 경우 판례에 의함)

① A가 취득한 민법 제752조에 기한 위자료청구권과 甲으로부터 상속받은 위자료청구권의 소멸시효 완성 여부는 각각 그 권리를 행사한 때를 기준으로 판단한다.
② 乙에게 호의동승으로 인한 책임제한이 인정되더라도 丙은 호의동승에 따른 책임제한을 주장할 수는 없다.
③ A의 乙에 대한 소송에서 乙의 과실이 일정한 비율로 인정되었더라도, 별소로 제기된 A의 丙에 대한 소송에서 법원은 현출된 자료를 통해서 丙의 과실비율을 달리 정할 수 있다.
④ 甲의 과실비율이 20%이고 乙과 丙의 부담부분의 비율이 1:3인 경우, 丙이 A에게 1억 5천만 원을 변제하면 乙에게 3천만 원을 구상할 수 있다.
⑤ 위 ④의 경우에서 A의 乙에 대한 손해배상채권이 시효로 소멸되었다고 하더라도 이미 취득한 丙의 구상권은 공동면책행위를 한 때로부터 기산하여 10년간 소멸되지 아니 한다.

해설

① (O) 소멸시효는 자신의 권리를 행사하지 않는 사람을 법적 보호에서 제외(=권리 위에 잠자는 자를 보호하지 않는다)함으로써 법적 안정성을 유지하는 데 중점을 두고 있다(대판 2020.7.9, 2016다244224). 따라서 소멸시효 완성 여부는 그 권리를 행사한 때를 기준으로 판단한다.
② (✕) 2인 이상의 공동불법행위로 인하여 호의동승한 사람이 피해를 입은 경우, 공동불법행위자 상호 간의 내부관계에서는 일정한 부담 부분이 있으나 **피해자에 대한 관계에서는 부진정연대책임을 지므로**, 동승자가 입은 손해에 대한 배상액을 산정할 때에는 먼저 **호의동승으로 인한 감액 비율을 참작하여 공동불법행위자들이 동승자에 대하여 배상하여야 할 수액을 정하여야 한다**[15변호]. ㅇ이 사건에서의 대법원의 판단 이 사건에서 丙의 사망과 관련한 공동불법행위자들인 **甲과 乙이 부담할 손해배상액을 산정함에 있어서도 먼저 丙의 호의동승으로 인한 감액 비율을 고려하여 두 사람(=甲과 乙)이 원고(丙의 어머니)에 대한 관계에서 연대하여 부담하여야 할 손해액을 산정하여야 하고**, 그 당연한 귀결로서 **위와 같은 책임제한은 동승 차량 운전자인 乙뿐만 아니라 상대방 차량 운전자인 甲 및 그 보험자인 피고에게도 적용된다**[20(3)모](대판 2014. 3.27, 2012다87263).
③ (O) 피해자가 공동불법행위자들을 모두 피고로 삼아 한꺼번에 손해배상청구의 소를 제기한 경우와 달리 《**공동불법행위자별로 별개의 소를 제기**》하여 소송을 진행하는 경우에는 각 소송에서 제출된 증거가 서로 다르고 이에 따라 교통사고의 경위와 피해자의 손해액산정의 기초가 되는 사실이 달리 인정됨으로 인하여 **과실상계비율과 손해액도 서로 달리 인정될 수 있다**[18(1)모, 12변호, 16사법]. 따라서 **피해자가 공동불법행위자들 중 일부를 상대로 한 전소에서 승소한 금액을 전부 지급받았다고 하더라도 그 금액이 나머지 공동불법행위자에 대한 후소에서 산정된 손해액에 미치지 못한다면 후소의 피고는 그 차액을 피해자에게 지급할 의무가 있다**[17,19변호](대판 2001.2.9, 2000다60227).
④ (O) ⅰ) 甲의 손해액은 2억 원인데 甲의 과실비율이 20%이므로 乙과 丙은 1억 6천만 원에 대해 **부진정연대책임을 진다**. ⅱ) 공동불법행위자 중 1인이 《**자기의 부담 부분 이상을 변제하여 공동의 면책을 얻게 하였을 때**》에는 다른 공동불법행위자에게 그 부담 부분의 비율에 따라 구상권을 행사할 수 있다[10사법,

14법행](대판 2005.7.8, 2005다8125). 그리고 乙과 丙의 부담부분의 비율이 1:3이므로 丙이 자신의 부담부분인 1억 2천만 원을 넘는 1억 5천만 원을 A에게 변제한 경우 丙은 乙에게 3천만 원을 구상할 수 있다.

⑤ (O) 피해자에게 손해배상을 한 공동불법행위자의 다른 공동불법행위자에 대한 구상권은 피해자의 다른 공동불법행위자에 대한 손해배상채권과는 그 발생 원인과 법적 성질을 달리하는 별개의 독립한 권리이므로, **공동불법행위자가 다른 공동불법행위자에 대한 구상권을 취득한 이후에 피해자의 그 다른 공동불법행위자에 대한 손해배상채권이 시효로 소멸되었다는 사정만으로 이미 취득한 구상권이 소멸된다고 할 수 없다** [13변호, 16사법]. **구상권의 소멸시효는** 그 구상권이 발생한 시점, 즉 〈**구상권자가 공동면책행위를 한 때** [(즉) 구상권자가 현실로 피해자에게 손해배상금을 지급한 때(대판 1997.12.12, 96다50896)]**로부터 기산하여야** 할 것이고, 그 기간도 일반 채권과 같이 **10년**〉이다[16사법, 14법행](대판 1996.3.26, 96다3791).　　　　　　 정답 ②

33. 약혼 및 혼인의 효과에 관한 설명으로 옳지 <u>않은</u> 것은? (다툼이 있는 경우 판례에 의함)

① 약혼예물의 수령자측이 혼인 당초부터 성실히 혼인을 계속할 의사가 없고 그로 인하여 혼인의 파국을 초래하였다고 하더라도, 혼인이 성립된 이상 약혼예물의 반환은 허용되지 않는다.
② 부부가 아직 이혼하지는 않았지만 부부공동생활이 파탄되어 실체가 더 이상 존재하지 아니하게 되고 객관적으로 회복할 수 없는 정도에 이른 경우에는 제3자는 부부의 일방과 성적인 행위를 하더라도 배우자에 대하여 손해배상책임을 부담하지 않는다.
③ 甲이 乙·丙과 중혼관계를 유지하고 있다면, 乙·丙은 甲을 상대로 재판상 이혼을 청구할 수 있을 뿐만 아니라 각자 상속권도 갖는다.
④ 부부간의 과거의 부양료에 관하여는 부양의무자가 이행청구에도 불구하고 부양의무를 이행하지 아니함으로써 이행지체에 빠진 이후의 것에 대하여만 청구할 수 있다.
⑤ 처(妻)가 제3자를 남편으로 가장시켜 관련서류를 위조하여 남편 소유의 부동산을 담보로 금원을 대출받은 경우, 남편에 대하여 제126조 소정의 표현대리의 책임을 묻지 못한다.

해설

① (×) ⓐ 혼인이 성립하지 않은 경우 : 약혼 예물의 수수는 약혼의 성립을 증명하고 혼인이 성립한 경우 당사자 내지 양가의 정리를 두텁게 할 목적으로 수수되는 것으로, (혼인의 성립을 예정하고 한 증여이므로) **혼인의 불성립을 해제조건(解除條件)으로 하는 증여**와 유사한 성질을 가지므로, (약혼이후에 혼인이 성립되지 않으면 해제조건의 성취로 인해 상대방에게 준 약혼예물은 서로 부당이득반환에 관한 법리에 따라 반환청구를 할 수 있다.) [(그러나) **약혼의 해제에 관하여 과실이 있는 유책자는 자신이 제공한 약혼예물은 이를 적극적으로 반환을 청구할 권리가 없다**[05 사시, 13모](대판 1976.12.28, 76므41·42).] ⓑ (혼인이 성립한 경우 : 해제조건은 성취불능이 되었으므로, 그 후에 혼인이 해소되더라도 원칙적으로 약혼예물은 반환하지 않아도 된다) **예물의 수령자측이 혼인 당초부터 성실히 혼인을 계속할 의사가 없고 그로 인하여 혼인의 파국을 초래하였다고 인정되는 등 특별한 사정이 있는 경우에는** 신의칙 내지 형평의 원칙에 비추어 혼인 불성립의 경우에 준하여 **예물반환 의무를 인정**[20(3)모]함이 상당하나, 그러한 특별한 사정이 없는 한 일단 부부관계가 성립하고 그 혼인이 상당 기간 지속된 이상 후일 혼인이 해소되어도 약혼예물의 반환을 구할 수는 없다. 따라서 혼인 파탄의 원인이 며느리에게 있더라도 혼인이 상당 기간 계속된 이상 약혼예물의 소유권은 며느리에게 있다(대판 1996.5.14, 96다5506).

② (O) [다수의견] 부부공동생활 관계가 회복할 수 없을 정도로 파탄되고 혼인생활의 계속을 강제하는 것이 일방 배우자에게 참을 수 없는 고통이 되는 경우에는 '혼인을 계속하기 어려운 중대한 사유가 있을 때'에

해당할 수 있다. 따라서 비록 부부가 아직 이혼하지 아니하였지만 실질적으로 부부공동생활이 파탄되어 회복할 수 없을 정도의 상태에 이르렀다면, 제3자가 부부의 일방과 성적인 행위를 하더라도 배우자에 대하여 불법행위가 성립한다고 보기 어렵다[15법행,17변호]. 그리고 이러한 법률관계는 재판상 이혼청구가 계속 중에 있다거나 재판상 이혼이 청구되지 않은 상태라고 하여 달리 볼 것은 아니다(대판 (전합) 2014.11.20, 2011 므2997).

③ (O) ⅰ) 중혼이라 하더라도 당연히 무효가 되는 것은 아니고 법원의 판결에 의하여 취소될 때에 비로소 그 효력이 소멸될 뿐이므로 그 혼인취소의 확정판결이 없는 한 법률상의 부부라 할 것이어서 재판상 이혼의 청구도 가능하다[20(3)모,03사법](대판 1991.12.10, 91므344). ⅱ) 중혼은 당연무효가 아니라 후혼의 취소원인[13모]가 될 뿐이므로(제816조 제1호) 중혼은 일단 유효하다. 따라서 중혼이 취소되지 않은 상태에서 중혼자가 사망하면 전혼배우자와 후혼배우자는 모두 상속권이 있다[18(1),17(1)모].

④ (O) 부부 사이의 부양의무와 부모와 성년의 자녀·그 배우자 사이의 부양의무의 경우 과거의 부양료에 관하여는 특별한 사정이 없는 한 부양을 받을 사람이 부양의무자에게 부양의무의 이행을 청구하였음에도 불구하고 부양의무자가 부양의무를 이행하지 아니함으로써 이행지체에 빠진 후의 것에 관하여만 부양료의 지급을 청구할 수 있을 뿐[15사법], 부양의무자가 부양의무의 이행을 청구받기 이전의 (과거의) 부양료의 지급은 청구할 수 없다[19변호,16(2),17(2)모](대결 2008.6.12, 2005스50 ; 대판 2012.12.27, 2011므96932. 대결 2013.8.30, 2013스96).

⑤ (O) 처가 제3자를 남편으로 가장시켜 관련 서류를 위조하여 남편 소유의 부동산을 담보로 금원을 대출받은 경우, 남편에 대한 민법 제126조의 표현대리책임을 부정한다[19(1)모,11변리](대판 2002.6.28, 2001다49814).
○ **판례해설** 기본대리권이 없는 경우이므로 제126조의 표현대리책임은 인정되지 않고 위 행위는 무권대리행위로서 본인에 대한 관계에서는 무효이다.

정답 ①

34. 친자관계에 관한 설명으로 옳은 것은? (다툼이 있는 경우 판례에 의함)

① 친생부인의 소의 원고적격이 있는 처(妻)에는 자(子)의 생모뿐만 아니라 부(夫)와 재혼한 처(妻)도 포함된다.
② 인지청구소송의 확정판결에 의하여 부(父)와 자(子) 사이에 친자관계가 창설되었다 하더라도 친생자관계부존재확인의 소로써 당사자 사이에 친자관계가 존재하지 않는다고 다툴 수 있다.
③ 甲의 사망 후 그의 자(子) 乙이 인지된 경우, 甲의 모(母) 丙은 甲을 상속할 수 없다.
④ 甲남과 乙녀의 혼인 중에 자녀 丙이 포태되어 출생한 경우, 丙의 생부 丁은 甲남과 乙녀가 이혼하면 丙을 인지할 수 있다.
⑤ 甲남과 乙녀의 혼인관계가 종료된 날부터 300일 이내에 출생한 자녀 丙에 대해 혼인 중의 자녀로 출생신고가 된 경우 甲남은 가정법원에 친생부인의 허가를 청구할 수 있다.

해설

① (×) 민법 제847조 제1항에서 정한 친생부인의 소의 원고적격이 있는 '처(妻)'는 자의 생모에 한정되고, 여기에 친생부인이 주장되는 대상자의 법률상 부(父)와 '재혼한 처(妻)'는 포함되지 않는다[20변호,16법행](대판 2014. 12.11, 2013므4591).

② (×) 인지의 소의 확정판결에 의하여 일단 부와 자 사이에 친자관계가 창설된 이상, 재심의 소로 다투는 것은 별론으로 하고, 확정판결에 반하여 친생자관계부존재확인의 소로써 당사자 사이에 친자관계가 존재하지 않는다고 다툴 수는 없다[20변호,16법행](대판 2015.6.11, 2014므8217).

③ (O) 甲의 친생자로 인지된 乙은 甲의 직계비속으로서 상속인이 된다. 『혼인 외의 출생자가 부의 사망 후 인지의 소에 의하여 친생자로 인지받은 경우 피인지자보다 후순위 상속인인 피상속인의 직계존속이나 형제자매는 제860조 단서에 따라 인지의 소급효 제한에 의하여 보호받게 되는 제3자의 기득권에 포함된다고는 볼 수 없으므로 피인지자의 출현으로 자신이 취득한 상속권을 소급하여 잃게 된다』(대판 1993.3.12, 92다48512).

④ (×) 父는 子가 타인의 친생자의 추정을 받고 있는 동안에는 子를 인지할 수 없다 : 법률상 타인의 친생자로 추정되는 자에 대하여서는 친생부인의 소의 판결이 확정되기 전에는 아무도 인지를 할 수 없다[13모](대판 1975.7.22, 75다65).

⑤ (×) 혼인관계가 종료된 날부터 300일 이내에 출생한 자녀는 혼인 중에 임신한 것으로 추정한다(제844조 제3항). 어머니 또는 어머니의 전(前) 남편은 제844조 제3항의 경우에 가정법원에 친생부인의 허가를 청구할 수 있다. 다만, 혼인 중의 자녀로 출생신고가 된 경우에는 그러하지 아니하다(제854조의2 제1항). 따라서 甲남은 가정법원에 친생부인의 허가를 청구할 수 없다.

정답 ③

35. 재산분할청구권에 관한 설명으로 옳지 <u>않은</u> 것은? (다툼이 있는 경우 판례에 의함)

① 배우자 일방이 상대방에 대하여 이혼소송에 병합하여 재산분할청구를 하는 경우, 판결이 확정되기 전이라면 비록 소를 제기한 이후라도 재산분할청구권을 양도할 수 없다.

② 재산분할의 액수를 정함에 있어서 성년에 달한 자녀들에 대한 부양의무부담의 사정은 참작사유가 되지 아니한다.

③ 재산의 일부에 대해서만 재산분할청구 후 제척기간이 지나면 그때까지 청구의 목적물로 하지 않은 재산에 대해서는 청구권이 소멸한다.

④ 재판상 이혼에 따른 재산분할을 할 때 분할의 대상이 되는 재산과 그 액수는 이혼소송의 사실심 변론종결일을 기준으로 하여 정하는 것이 원칙이므로, 혼인관계가 파탄된 이후 사실심 변론종결일 사이에 재산관계의 변동이 있다고 하더라도 이는 재산분할의 대상이 될 수 없다.

⑤ 부부 중 일방에 의하여 제3자 명의로 명의신탁된 재산이나 부부 중 일방이 제3자로부터 증여받은 재산도 재산분할의 대상이 될 수 있다.

해설

① (O) 당사자가 이혼이 성립하기 전에 이혼소송과 병합하여 재산분할의 청구를 한 경우에, 아직 발생하지 아니하였고 구체적 내용이 형성되지 아니한 재산분할청구권을 미리 양도하는 것은 성질상 허용되지 아니하며[19(1)모], 법원이 이혼과 동시에 재산분할로서 금전의 지급을 명하는 판결이 확정된 이후부터 채권 양도의 대상이 될 수 있다[20(1)모](대판 2017.9.21, 2015다61286).

② (O) 이혼하는 부부의 자녀들이 이미 모두 성년에 달한 경우, 부(父)가 자녀들에게 부양의무를 진다하더라도 이는 어디까지나 부(父)와 자녀들 사이의 법률관계일 뿐, 이를 부부의 이혼으로 인하여 이혼 배우자에게 지급할 위자료나 재산분할의 액수를 정하는 데 참작할 사정으로 볼 수는 없다[14법행, 18(3), 16(2)모](대판 2003.8.19, 2003므941).

③ (O) 민법 제839조의2 제3항, 제843조에 따르면 재산분할청구권은 협의상 또는 재판상 이혼한 날부터 2년이 지나면 소멸한다. 2년 제척기간 내에 재산의 일부에 대해서만 재산분할을 청구한 경우 청구 목적물로 하지 않은 나머지 재산에 대해서는 제척기간을 준수한 것으로 볼 수 없으므로, 재산분할청구 후 제척기간

이 지나면 그때까지 청구 목적물로 하지 않은 재산에 대해서는 청구권이 소멸한다[20(3)모]. 재산분할재판에서 분할대상인지 여부가 전혀 심리된 바 없는 재산이 재판확정 후 추가로 발견된 경우에는 이에 대하여 추가로 재산분할청구를 할 수 있다[18(1)모, 07법행]. 다만 추가 재산분할청구 역시 이혼한 날부터 2년 이내라는 제척기간을 준수하여야 한다(대결 2018.6.22. 2018스18).

④ (×) 재판상 이혼에 따른 재산분할을 할 때 분할의 대상이 되는 재산과 그 액수는 이혼소송의 사실심 변론종결일을 기준으로 하여 정하는 것이 원칙이다. 다만 혼인관계가 파탄된 이후 사실심 변론종결일 사이에 생긴 재산관계의 변동이 부부 중 일방에 의한 후발적 사정에 의한 것으로서 혼인 중 공동으로 형성한 재산관계와 무관하다는 등 특별한 사정이 있는 경우 그 변동된 재산은 재산분할 대상에서 제외하여야 하나, 부부의 일방이 혼인관계 파탄 이후에 취득한 재산이라도 그것이 혼인관계 파탄 이전에 쌍방의 협력에 의하여 형성된 유형·무형의 자원에 기한 것이라면 재산분할의 대상이 된다[20(3)모](대판 2019.10.31. 2019므12549,12556).

⑤ (O) i) 제3자 명의의 재산이라도 그것이 부부 중 일방에 의하여 명의신탁된 재산[20(3)모] 또는 부부의 일방이 실질적으로 지배하고 있는 재산으로서 부부 쌍방의 협력에 의하여 형성된 것, 부부 쌍방의 협력에 의하여 형성된 유형·무형의 자원에 기한 것 또는 그 유지를 위하여 상대방의 가사노동 등이 직·간접으로 기여한 것이라면 재산분할의 대상이 된다[11모, 12사법](대판 2009.11.12. 2009므2840,2857). ii) 부부 중 일방이 상속받은 재산이거나 이미 처분한 상속재산을 기초로 형성된 부동산이더라도 이를 취득하고 유지함에 있어 상대방의 가사노동 등이 직·간접으로 기여한 것이라면 재산분할의 대상이 되는 것[11모]이고, 이는 부부 중 일방이 제3자로부터 증여받은 재산도 마찬가지이다[20(3)모](대결 2009.06.09. 2008스111). 정답 ④

36. 관할 및 이송에 관한 설명 중 옳지 <u>않은</u> 것은? (다툼이 있는 경우 판례에 의함)

① 관할의 합의의 효력은 부동산에 관한 물권의 특정승계인에게는 미치지 않는다.
② 甲이 乙에게 1억 5천만 원의 지급을 구하는 소를 제기하였다가 소송계속 중 청구취지를 2억 5천만 원으로 확장하는 경우에도 乙이 관할위반의 항변을 하지 않고 본안에 관하여 변론하면 단독판사의 관할이 생기고 이 경우에는 합의부로 이송할 필요가 없다.
③ 고등법원으로 이송할 것을 심급관할을 위반하여 대법원으로 이송한 경우 그 이송결정의 기속력은 이송을 받은 대법원에는 미치지 않는다.
④ 당사자가 관할위반을 이유로 이송신청을 하는 것은 법원의 직권발동을 촉구하는 의미밖에 없으므로 법원이 이송결정을 하거나 이송신청 기각결정을 하여도 이에 대한 즉시항고는 허용되지 않는다.
⑤ 당사자의 관할위반을 이유로 한 이송신청에 대하여 법원이 이송결정을 하였다가 항고심에서 당초의 이송결정이 취소되었다 하여도 이에 대한 신청인의 재항고는 허용되지 않는다.

해설

① (O) 관할의 합의의 효력은 부동산에 관한 물권의 특정승계인에게는 미치지 않는다고 새겨야 할 것인바, 부동산 양수인이 근저당권 부담부의 소유권을 취득한 특정승계인에 불과하다면(근저당권 부담부의 부동산의 취득자가 그 근저당권의 채무자 또는 근저당권설정자의 지위를 당연히 승계한다고 볼 수는 없다), 근저당권설정자와 근저당권자 사이에 이루어진 관할합의의 효력은 부동산 양수인에게 미치지 않는다는 것에, 대법 1994.05.26. 94마536

② (O) 사물관할은 임의관할이므로 변론관할이 성립한다.

③ (O) 判例는 전속관할위반의 이송의 경우에도 원칙적으로 구속력이 있다고 하면서, 다만 심급관할을 위배하여 이송한 경우에 이송결정의 기속력이 이송받은 상급심 법원에도 미친다고 한다면 당사자의 심급의 이익을 박탈하여 부당할 뿐만 아니라, 이송을 받은 법원이 법률심인 대법원인 경우에는 직권조사 사항을 제외하고는 새로운 소송자료의 수집과 사실확정이 불가능한 관계로 당사자의 사실에 관한 주장, 입증의 기회가 박탈되는 불합리가 생기므로, 심급관할을 위배한 이송결정의 기속력은 이송받은 상급심 법원에는 미치지 않는다고 보아야 하나, 한편 그 기속력이 이송받은 하급심 법원에도 미치지 않는다고 한다면 사건이 하급심과 상급심 법원 간에 반복하여 전전이송되는 불합리한 결과를 초래하게 될 가능성이 있어 이송결정의 기속력을 인정한 취지에 반하는 것일 뿐더러 민사소송의 심급의 구조상 상급심의 이송결정은 특별한 사정이 없는 한 하급심을 구속하게 되는바 이와 같은 법리에도 반하게 되므로, 심급관할을 위배한 이송결정의 기속력은 이송받은 하급심 법원에는 미친다고 보아야한다는 것에, 대법 1995.05.15, 94마1059·1060.

④ (X) 大法院은 당사자가 관할위반을 이유로 한 이송신청을 한 경우, 법원의 직권발동을 촉구하는 의미 밖에 없는 것이기에 이에 대하여는 재판을 할 필요가 없고, 설사 법원이 이송신청을 거부하는 재판을 하였다 하여도 항고가 허용될 수 없으며 상고심에서는 이를 각하하여야 한다고 판시하여 당사자의 이송신청권을 부정하는 입장이다(대법(전) 1993.12.06, 93마524). 다만 이송결정이 내려진 경우에는 제39조에 따라 즉시항고로 불복할 수 있다.

⑤ (O) 법원이 당사자의 관할위반 이송신청에 따른 직권발동으로 이송결정을 한 경우에는 즉시항고가 허용되지만, 당사자에게 이송신청권이 인정되지 않는 이상 항고심에서 당초의 이송결정이 취소되었다 하더라도 이에 대한 신청인의 재항고는 허용되지 않는다는 것에, 대법 2018.01.19, 2017마1332 **정답 ④**

37. 당사자의 사망에 관한 설명 중 옳지 <u>않은</u> 것을 모두 고른 것은? (다툼이 있는 경우 판례에 의함)

ㄱ. 소 제기 후 소장 송달 전에 피고가 사망한 경우 제1심 판결이 선고되더라도 그 판결은 효력이 없다.
ㄴ. 소 제기 후 소장 송달 전에 피고가 사망한 경우, 1심판결 후 그 판결에 대한 상속인들의 소송수계신청은 적법하다.
ㄷ. 소 제기 후 소장 송달 전에 피고가 사망하였는데 사망한 자를 피고로 하여 제1심 판결이 선고된 경우, 그 판결에 대한 상속인들의 항소는 적법하다.
ㄹ. 원고가 사망사실을 모르고 그 사망자를 피고로 표시하여 소를 제기한 경우, 선순위 상속인이 상속을 포기한 경우에는 후순위 상속인으로 당사자표시정정을 할 수 있다.
ㅁ. 원고가 사망사실을 모르고 그 사망자를 피고로 표시하여 소를 제기하였다가 상속인들에 대하여 소송수계신청을 한 경우, 법원은 소송수계신청의 적부에 대해서만 판단하여야 하고, 이를 당사자표시정정신청으로 선해하여서는 안 된다.

① ㄱ, ㄴ, ㄷ   ② ㄴ, ㄷ, ㄹ   ③ ㄷ, ㄹ, ㅁ
④ ㄱ, ㄹ, ㅁ   ⑤ ㄴ, ㄷ, ㅁ

해설

ㄱ. (O) ㄴ. (X) ㄷ. (X) 사망자를 피고로 하는 소제기는 원고와 피고의 대립당사자 구조를 요구하는 민사소송법상의 기본원칙이 무시된 부적법한 것으로서 실질적 소송관계가 이루어질 수 없으므로, 그와 같은

상태에서 제1심판결이 선고되었다 할지라도 판결은 당연무효이며, 판결에 대한 사망자인 피고의 상속인들에 의한 항소나 소송수계신청은 부적법하다. 이러한 법리는 소제기 후 소장부본이 송달되기 전에 피고가 사망한 경우에도 마찬가지로 적용된다는 것에, 대법 2015.01.29, 2014다34041.

ㄹ. (O) 判例는 소제기전 사망한 사람을 상대로 한 소송에 있어서 判例는 실질적인 피고로 해석되는 사망자의 상속인이라 함은 실제로 상속을 하는 사람을 가리킨다 할 것이고, 상속을 포기한 자는 상속 개시시부터 상속인이 아니었던 것과 같은 지위에 놓이게 되므로 제1순위 상속인이라도 상속을 포기한 경우에는 이에 해당하지 아니하며, 후순위 상속인이라도 선순위 상속인의 상속포기 등으로 실제로 상속인이 되는 경우에는 이에 해당한다고 보고 있다(대법 2006.07.04, 2005마425).

ㅁ. (×) 설문과는 다르게 비록 원고측이 문제된 경우이나, 피상속인이 양도소득세부과처분에 대하여 이의신청, 심사청구를 거쳐 국세심판소장에게 심판청구를 한 후 사망하였고 그 사망 사실을 모르는 국세심판소장은 심판청구를 기각하는 결정을 하면서 그 결정문에 사망한 피상속인을 청구인으로 표시하였으며 그 상속인들이 기각결정에 승복하지 아니하고 망인 명의로 양도소득세부과처분 취소청구소송을 제기한 후 상속인들 명의로 소송수계신청을 하였다면, 비록 전치절차 중에 사망한 피상속인의 명의로 소가 제기되었다고 하더라도 실제 그 소를 제기한 사람들은 망인의 상속인들이고 다만 그 표시를 그릇한 것에 불과하다고 보아야 할 것이므로, 법원으로서는 그 소송수계신청을 당사자표시정정신청으로 보아 이를 받아들여 그 청구를 심리판단하여야 한다는 것에, 대법 1994.12.02, 93누12206. **정답 ⑤**

38. 법인 아닌 사단에 관한 설명 중 옳지 않은 것은? (다툼이 있는 경우 판례에 의함)

① 법인 아닌 사단은 단체 자체가 당사자가 될 수 있다.
② 법인 아닌 사단의 총유재산에 관한 소송은 보존행위인 경우에 한하여 구성원 각자가 소송을 수행할 수 있다.
③ 아파트 부녀회도 회원의 가입, 탈퇴와 상관없이 조직이 유지되고 있고 의사결정기관인 임원진이 구성되어 있으며 대외적으로 부녀회를 대표할 회장과 부회장 등의 대표자가 정해져 있는 경우에는 법인 아닌 사단으로서 당사자능력을 갖는다.
④ 법인 아닌 사단의 당사자능력은 법원의 직권조사사항이다.
⑤ 법인 아닌 사단이 당사자인 소송에서 판결의 기판력은 구성원이 아닌 사단에 대해서만 미친다.

해설

① (O) 법인이 아닌 사단이나 재단은 대표자 또는 관리인이 있는 경우에는 그 사단이나 재단의 이름으로 당사자가 될 수 있다(제52조).
② (×) 종래 대법 1994.04.26, 93다51591은 "총유물의 보존에 있어서는 공유물의 보존에 관한 민법 제265조의 규정이 적용될 수 없고, 특별한 사정이 없는 한 민법 제276조 제1항 소정의 사원총회의 결의를 거쳐야 하는 것인바, 이러한 법리는 비법인사단인 주택조합이 대표자의 이름으로 소송행위를 하는 경우에도 마찬가지이다"라고 판시하여, 총회의 결의를 거친 경우 구성원 개인명의의 제소도 가능하다고 판시한 바 있으나, 대법(전) 2005.09.15, 2004다44971에서 총유물의 보존행위에 해당하는 소송이라도 공유·합유와 달리 비법인사단의 구성원이 개별적으로 제소할 수는 없고 사원총회의 결의를 거쳐 사단 명의로 제소하거나 또는 그 구성원 전원이 당사자가 되어 필수적 공동소송의 형태로 제소하여야 한다고 하였다. 따라서 대표자가 원고가 되어 제기한 소는 당사자적격의 흠을 이유로 각하된다.
③ (O) 아파트에 거주하는 부녀를 회원으로 하여 입주자의 복지증진 및 지역사회 발전 등을 목적으로 설립

④ (○) 당사자능력은 본안판결을 받기 위한 소송요건이다. 집행판결을 청구하는 소도 소의 일종이므로 통상의 소송에서와 마찬가지로 당사자능력 등 소송요건을 갖추어야 한다. 위 법리와 기록에 비추어 살펴보면, 원심이 원고는 변호계로서 법인 아닌 사단으로서의 실체를 가지지 못하여 당사자능력이 없으므로 집행판결을 청구하는 원고의 이 사건 소는 부적법하다고 판단한 것은 정당하고, 거기에 상고이유의 주장과 같이 집행판결 또는 당사자능력에 관한 법리를 오해하는 등의 잘못이 없다는 것에, 대법 2015.02.26, 2013다87055.

⑤ (○) 비법인 사단·재단이 당사자가 된 경우에는 법인이 당사자일 때와 마찬가지로 소송상 취급을 한다. 비법인 사단·재단의 대표자나 관리인은 법정대리인에 준하여 취급된다(제64조). 나아가 판결의 기판력·형성력은 당사자인 사단이나 재단에 대해서만 미치기 때문에, 사단의 구성원·출연자 개인은 그 효력을 받지 아니하며, 강제집행의 대상은 사단이나 재단의 고유재산뿐이다.

정답 ②

39. 변론주의에 관한 설명 중 옳은 것은? (다툼이 있는 경우 판례에 의함)

① 원고 甲이 乙의 유권대리인 丙과 계약을 체결하였다고 주장하면서 피고 乙을 상대로 계약당사자로서의 계약이행 책임만을 주장하였는데, 법원이 표현대리 책임에 관하여 지적하지 않은 채 甲의 청구를 기각하였다면, 법원은 법적 관점 지적의무를 위반한 것이다.

② 원고가 피고를 상대로 대여원리금 지급청구의 소를 하였는데 심리 결과 청구원인 사실이 인정되고, 한편 피고가 대여원리금에 상응하는 액수의 변제공탁서를 증거로 제출하였을 뿐 변제항변은 하지 않았다면, 법원은 변제 사실은 고려하지 말고 원고의 청구를 전부 인용하여야 한다.

③ 원고의 대여금 청구에 대하여 피고가 2013. 8. 5.을 소멸시효 기산일로 주장하면서 그로부터 5년의 상사소멸시효가 도과하였다고 소멸시효 항변을 하는 경우, 법원이 피고 주장의 기산일보다 더 앞선 2013. 3. 5.을 기산일로 인정하는 것은 변론주의에 위배되나, 피고 주장보다 더 나중인 2013. 10. 5.을 기산일로 인정하는 것은 변론주의에 위배되지 않는다.

④ 인신사고로 인한 손해배상 사건에서 손해배상액을 산정하는 기초가 되는 피해자의 기대여명에 대하여 원고와 피고 간에 다툼이 없을 경우, 법원은 피해자의 기대여명에 관하여 감정인의 감정결과가 다르게 제출되었다 하더라도 쌍방이 다투지 않는 기대여명에 기하여 손해배상액을 판단하여야 한다.

⑤ 부제소 합의가 있었다는 사실은 변론주의가 적용되는 주요사실이므로 피고가 본안전 항변을 하여야만 법원이 심리, 판단할 수 있다.

해설

① (×) 유권대리에 있어서는 본인이 대리인에게 수여한 대리권의 효력에 의하여 위와 같은 법률효과가 발생하는 반면 표현대리에 있어서는 대리권이 없음에도 불구하고 법률이 특히 거래상대방 보호와 거래안전 유지를 위하여 본래 무효인 무권대리행위의 효과를 본인에게 미치게 한 것으로서 표현대리가 성립된다고 하여 무권대리의 성질이 유권대리로 전환되는 것은 아니므로, 양자의 구성요건 해당사실 즉 주요사실은 서로 다르다고 볼 수 밖에 없다. 그러므로 유권대리에 관한 주장 가운데 무권대리에 속하는 표현대리의 주장이 포함되어 있다고 볼 수 없으며, 따로이 표현대리에 관한 주장이 없는 한 법원은 나아가 표현대리의

성립여부를 심리판단할 필요가 없다고 할 것이라는 것에, 대법 1983.12.13, 83다카1489.

② (✕) 비록 피고들이 을 제3호증을 제출하였을 뿐 그에 기재된 금액 상당에 대한 변제주장을 명시적으로 하지 않았다고 하더라도, 피고들이 을 제3호증을 제출한 것은 그 금액에 해당하는 만큼 변제되었음을 주장하는 취지임이 명백하므로, 원심으로서는 그와 같은 주장이 있는 것으로 보고 그 당부를 판단하거나 아니면 그렇게 주장하는 취지인지 석명을 구하여 피고들의 진의를 밝히고 그에 대한 판단을 하였어야 할 것이므로, 이에 이르지 아니한 원심판결에는 판단유탈 또는 석명권불행사로 인한 심리미진의 위법이 있다는 것에, 대법 2002.05.31, 2001다42080.

③ (✕) 소멸시효의 기산일은 채무의 소멸이라고 하는 법률효과 발생의 요건에 해당하는 소멸시효기간 계산의 시발점으로서 소멸시효항변의 법률요건을 구성하는 구체적인 사실에 해당하므로 이는 변론주의의 적용대상이라 할 것이고, 따라서 본래의 소멸시효기산일과 당사자가 주장하는 기산일이 서로 다른 경우에는 변론주의의 원칙상 법원은 당사자가 주장하는 기산일을 기준으로 소멸시효를 계산하여야 한다는 것에, 대법 1983.07.12, 83다카437.

④ (○) 인신사고로 인한 손해배상 사건에서 손해배상액을 산정하는 기초가 되는 피해자의 기대여명은 변론주의가 적용되는 주요사실로서 재판상 자백의 대상이 된다. 그리고 일단 재판상 자백이 성립하면 그것이 적법하게 취소되지 않는 한 법원도 이에 구속되므로, 법원은 당사자 사이에 다툼이 없는 사실에 관하여 성립된 자백과 배치되는 사실을 증거에 의하여 인정할 수 없다는 것에, 대법 2018.10.04, 2016다41869.

⑤ (✕) 부제소 합의는 소송당사자에게 헌법상 보장된 재판청구권의 포기와 같은 중대한 소송법상의 효과를 발생시키는 것으로서 그 합의 시에 예상할 수 있는 상황에 관한 것이어야 유효하고, 그 효력의 유무나 범위를 둘러싸고 이견이 있을 수 있는 경우에는 당사자의 의사를 합리적으로 해석한 후 이를 판단하여야 한다. 따라서 당사자들이 부제소 합의의 효력이나 그 범위에 관하여 쟁점으로 삼아 소의 적법 여부를 다투지 아니하는데도 법원이 직권으로 부제소 합의에 위배되었다는 이유로 소가 부적법하다고 판단하기 위해서는 그와 같은 법률적 관점에 대하여 당사자에게 의견을 진술할 기회를 주어야 하고, 부제소 합의를 하게 된 동기 및 경위, 그 합의에 의하여 달성하려는 목적, 당사자의 진정한 의사 등에 관하여도 충분히 심리할 필요가 있다. 법원이 그와 같이 하지 않고 직권으로 부제소 합의를 인정하여 소를 각하하는 것은 예상외의 재판으로 당사자 일방에게 불의의 타격을 가하는 것으로서 석명의무를 위반하여 필요한 심리를 제대로 하지 아니하는 것이다(대법 2013.11.28, 2011다80449).

정답 ④

40. 송달에 관한 설명 중 옳지 않은 것은?

① 당사자에게 여러 명의 소송대리인이 선임되어 있는 경우, 법원은 여러 소송대리인들에게 각각 판결정본을 송달하여야 하고, 그 경우 상소기간은 그 중 1인에게 최초로 판결정본이 송달된 때부터 기산된다.

② 피고의 주소·거소·영업소 또는 사무소의 장소를 알지 못하거나 그 장소에서 송달할 수 없는 때에는 소장 부본을 피고가 직원으로 고용되어 근무하는 회사로 송달할 수 있으나, 소장에 기재된 피고의 위 주소 등에 대한 송달을 시도하지 않은 채 바로 근무장소로 한 송달은 위법하다.

③ 교부송달에 의하여 소장 기재 피고 주소로 소장 부본이 적법하게 송달된 후 제1회 변론기일 통지서가 폐문부재로 송달불능되어 등기우편에 의하여 우편송달하였다면, 그 후 새로 송달할 서류는 더 이상 교부송달 등을 거치지 않고 바로 우편송달할 수 있다.

④ 채무자가 그 고용주인 제3채무자 회사에 대하여 가지는 급여채권을 피압류채권으로 하는 채권가압류결정 정본이 제3채무자 회사로 송달되어 채무자가 제3채무자의 사무원으로서 이를 보충송달받은 경우, 위 보충송달은 이해가 대립하는 자에 대한 송달로 무효이다.

⑤ 원고가 피고의 주소를 허위로 기재하여 제소하였고, 위 주소로 송달을 시도하였으나 송달불능되어 법원이 공시송달명령을 하고 소장 및 소송서류와 판결정본을 모두 공시송달의 방법에 의하여 송달한 경우, 그 판결에 대하여 항소기간 내에 항소하지 않으면 판결은 형식적으로 확정된다.

해설

① (O) 당사자에게 여러 소송대리인이 있는 때에는 민사소송법 제93조에 의하여 각자가 당사자를 대리하게 되므로, 여러 사람이 공동으로 대리권을 행사하는 경우 그 중 한 사람에게 송달을 하도록 한 민사소송법 제180조가 적용될 여지가 없어 법원으로서는 판결정본을 송달함에 있어 여러 소송대리인에게 각각 송달을 하여야 하지만, 그와 같은 경우에도 소송대리인 모두 당사자 본인을 위하여 소송서류를 송달받을 지위에 있으므로 당사자에 대한 판결정본 송달의 효력은 결국 소송대리인 중 1인에게 최초로 판결정본이 송달되었을 때 발생한다는 것에, 대법 2011.09.29, 2011마1335

② (O) 송달은 받을 사람의 주소 등을 알지 못하거나 그 장소에서 송달할 수 없는 때에는 송달받을 사람의 고용·위임, 그 밖에 법률상 행위로 취업하고 있는 다른 사람의 주소 등 즉 '근무장소'에서 송달할 수 있다(제183조 2항). 다만 소장, 지급명령서 등에 기재된 주소 등에 송달을 시도하지도 아니한 채 근무장소로 한 송달은 무효라는 것에, 대법 2004.07.21, 2004마535

③ (X) 제187조의 우편송달은 당해 서류의 송달에 한하여 할 수 있는 것이지 그에 이은 별개의 서류 등의 송달에 관하여는 위 요건이 따로 구비되지 않는 한 당연히 우편송달을 할 수 있는 것은 아니라는 것에, 대법 1990.01.25, 89마939. 그러나 송달장소 변경신고를 하지 아니한 당사자 등에 대하여 제185조 2항의 발송송달의 요건이 갖추어지면, 그 뒤에 그 당사자에게 송달할 모든 서류를 발송송달할 수 있다.

④ (O) 소송서류를 송달받을 본인과 소송에 관하여 이해의 대립 내지 상반된 이해관계가 있는 수령대행인에게 보충송달을 할 수 없다. 따라서 채무자의 제3채무자에 대한 임금 및 퇴직금채권에 대해 압류 및 추심명령의 결정문이 제3채무자에 송달되자 채무자가 보충송달 받은 경우 송달은 무효라는 것에, 대법 2016.11.10, 2014다54366

⑤ (O) 제1심판결 정본이 공시송달의 방법에 의하여 피고에게 송달되었다면 비록 피고의 주소가 허위이거나 그 요건에 미비가 있다 할지라도 그 송달은 유효한 것이므로 항소기간의 도과로 그 판결은 형식적으로 확정되어 기판력이 발생한다는 것에, 대법 1994.10.21, 94다27922   **정답** ③

41. 증명에 관한 설명 중 옳지 <u>않은</u> 것은?

① 관습법은 당사자의 주장·증명을 기다림이 없이 법원이 직권으로 이를 확정하여야 한다.
② 법원이 다른 사건의 판결에서 인정한 사실관계를 법원에 현저한 사실로 그대로 인정하는 것은 변론주의 위반이다.
③ 간접사실에 대한 자백은 법원이나 당사자를 구속하지 않는다.
④ 정지조건부 법률행위에 해당한다는 사실은 그 법률행위로 인한 법률효과의 발생을 다투려는 자가 증명하여야 한다.

⑤ 판례에 의하면, 의료과오소송에서 피고(의사)가 제출한 진료기록의 기재 중 원고(환자)에 대한 진단명의 일부가 흑색볼펜으로 가필되어 원래의 진단명을 식별할 수 없도록 변조되어 있는 경우, 피고가 자기에게 과실 없음을 증명하여야 한다.

해설

① (○) 법규의 존부를 확정하고 적용하는 것은 법원의 전권사항이므로 증명의 대상이 되지 않는 것이 원칙이다. 다만, 외국법·지방법령·관습법·실효된 법률 등은 반드시 법원이 알고 있다고 할 수 없으므로 법원이 이를 알지 못하는 때에는 증명의 대상이 된다.

② (○) 피고와 제3자 사이에 있었던 민사소송의 확정판결의 존재를 넘어서 그 판결의 이유를 구성하는 사실관계들까지 법원에 현저한 사실로 볼 수는 없다는 것이, 대법 2019.08.09, 2019다222140

③ (○) 자백의 대상이 되는 구체적 사실은 주요사실에 한하며, 간접사실과 보조사실에 대해서는 자백이 성립되지 않는다.

④ (○) 정지조건부 법률행위에 해당한다는 사실은 그 법률행위로 인한 법률효과의 발생을 저지하는 항변이다(대법 1993.09.28, 93다20832). 따라서 정지조건부 법률행위에 해당한다는 사실은 그 법률행위로 인한 법률효과의 발생을 다투려는 피고가 증명하여야 한다.

⑤ (×) 의사 측이 진료기록을 사후에 가필·정정한 행위는, 그 이유에 대하여 상당하고도 합리적인 이유를 제시하지 못하는 한, 당사자 간의 공평의 원칙 또는 신의칙에 어긋나는 증명방해행위에 해당하나, 당사자 일방이 증명을 방해하는 행위를 하였더라도 법원으로서는 이를 하나의 자료로 삼아 자유로운 심증에 따라 방해자 측에게 불리한 평가를 할 수 있음에 그칠 뿐 증명책임이 전환되거나 곧바로 상대방의 주장사실이 증명된 것으로 보아야 하는 것은 아니며, 그 내용의 허위 여부는 의료진이 진료기록을 가필·정정한 시점과 그 사유, 가필·정정 부분의 중요도와 가필·정정 전후 기재 내용의 관련성, 다른 의료진이나 병원이 작성·보유한 관련 자료의 내용, 가필·정정 시점에서의 환자와 의료진의 행태, 질병의 자연경과 등 제반 사정을 종합하여 합리적 자유심증으로 판단한다는 것이, 대법 2010.05.27, 2007다25971; 대법 2010.07.08, 2007다55866

정답 ⑤

42. 甲은 乙에게 연대보증금채무의 이행을 구하는 소를 제기하면서 그 증거로 乙이 날인한 것으로 되어 있는 '연대보증계약서'를 제출하였다. 소송에서 乙은 연대보증계약 체결사실을 부인하면서 위 계약서에 관하여 다음과 같이 다투고 있다. 이와 관련한 설명 중 옳지 <u>않은</u> 것은? (다툼이 있는 경우 판례에 의함)

> ㄱ. 乙은 인영의 동일성을 인정하였으나, 자기가 날인한 사실은 부인하면서 주채무자 A가 자신의 인장을 도용하여 날인한 것이라고 주장하고 있으며, 甲은 A가 乙의 인장을 가져와 날인한 사실을 인정하였으나, A에게는 乙을 대리할 권한이 있었다고 주장하고 있다.
> ㄴ. 乙은 자기가 날인한 사실을 인정하였으나 날인 당시에는 백지문서였다고 주장하고 있다.

① 문서에 날인된 작성명의인의 인영이 작성 명의인의 인장에 의하여 현출된 인영임이 인정되는 경우에는 특단의 사정이 없는 한 그 인영의 성립, 즉 날인행위가 작성명의인의 의사에 기하여 진정하게 이루어진 것으로 추정되고, 일단 인영의 진정성립이 추정되면 민사소송법 제358조에 의하여 그 문서 전체의 진정성립까지 추정된다.

② 사문서의 작성명의인이 당해 문서에 날인한 인영 부분의 성립을 인정하는 경우에는 반증으로

그러한 추정이 번복되는 등의 다른 특별한 사정이 없는 한 그 문서 전체에 관한 진정성립이 추정된다.
③ ㄱ.의 경우 날인자인 A가 乙의 대리인이라는 점은 서증제출자인 甲이 증명하여야 한다.
④ ㄴ.의 경우 乙이 백지문서에 날인한 것이라는 점에 관하여 법원이 확신을 얻지 못하였다면 연대보증계약서 전체의 진정성립이 인정된다.
⑤ ㄴ.의 경우 甲이 스스로 乙이 백지문서에 날인한 사실을 인정하면서 자신이 乙로부터 권한을 수여받아 내용을 기재하였다고 주장한다면 乙은 그 권한을 수여하지 않았다는 점에 대하여 증명책임이 있다.

해설

① (O) 대법 2010.07.15, 2009다67276 등.
② (O) 날인 사실을 인정하면 제358조에 의해 진정성립이 추정되는 법률상 추정이 아닌 사실상 추정으로 반증으로 복멸될 수 있다.
③ (O) 문서에 날인된 작성명의인의 인영이 그의 인장에 의하여 현출된 것이라면 특별한 사정이 없는 한 그 인영의 진정성립, 즉 날인행위가 작성명의인의 의사에 기한 것임이 사실상 추정되고, 일단 인영의 진정성립이 추정되면 민사소송법 제358조에 의하여 그 문서전체의 진정성립이 추정되나, 위와 같은 사실상 추정은 날인행위가 작성명의인 이외의 자에 의하여 이루어진 것임이 밝혀진 경우에는 깨어지는 것이므로, 문서제출자는 그 날인행위가 작성명의인으로부터 위임받은 정당한 권원에 의한 것이라는 사실까지 입증할 책임이 있다는 것에, 대법 1995.06.30, 94다41324
④ (O) 일반적으로 문서의 일부가 미완성인 상태로 서명날인을 하여 교부한다는 것은 이례에 속하므로 그 문서의 교부 당시 백지상태인 공란 부분이 있었고 그것이 사후에 보충되었다는 점은 작성명의인이 증명하여야 한다는 것에, 대법 2013.08.22, 2011다100923. 乙이 백지문서에 날인했음을 입증해야 하나, 이것에 실패하면 제358조에 따라 진정성립이 추정된다.
⑤ (X) 작성명의인의 날인만 되어 있고 그 내용이 백지로 된 문서를 교부받아 후일 그 백지 부분을 작성명의자가 아닌 자가 보충한 문서의 경우에 있어서는 문서제출자는 그 기재 내용이 작성명의인으로부터 위임받은 정당한 권원에 의한 것이라는 사실을 입증할 책임이 있으며, 이와 같은 법리는 그 문서가 처분문서라고 하여 달라질 것은 아니라는 것에, 대법 2000.06.09, 99다37009. 즉 甲이 백지보충권을 수여받았음을 입증해야 한다.

정답 ⑤

43. 기일지정신청 및 소송종료선언에 관한 설명 중 옳지 않은 것은?

① 소취하에 의하여 소송이 종료된 것으로 처리된 후 당사자가 그 소의 취하가 무효라고 다투는 경우 당사자는 기일지정신청을 할 수 있다.
② 소취하의 효력을 다투는 기일지정신청에 대하여 법원은 소송이 유효하게 종료되었음이 명백한 경우에는 변론을 열지 않고 바로 판결로 소송의 종료를 선언할 수 있다.
③ 소취하간주의 경우에도 그 효력을 다투면서 기일지정신청을 할 수 있다.
④ 법원은 기일지정신청에 대한 심리 결과 신청이 이유 있다고 인정하는 경우 취하 당사자의 소송정도에 따라 필요한 절차를 계속하여 진행하고 중간판결 또는 종국판결에서 그 판단을 표시하여야 한다.

⑤ 종국판결이 선고된 후 상소기록을 보내기 전에 이루어진 소의 취하에 관하여 기일지정신청이 있는 때에는 상소의 이익이 있는 당사자 모두가 상소를 한 경우 상소법원이 기일지정신청에 대하여 재판한다.

> **해설**

① (O) ③ (O) 소의 취하 또는 상소의 취하가 부존재 또는 무효임을 주장하는 당사자는 기일지정신청을 할 수 있고(규칙 제67조), 제268조 2항과 3항의 소취하 간주의 경우에도 그 효력을 다투면서 기일지정신청을 할 수 있다.
② (X) 기일지정신청이 있으면 법원은 소송계속의 유무를 심리하기 위하여 변론을 열어 재판하지 않으면 안 된다.
④ (O) 법원은 기일지정신청에 대한 심리 결과 소송종료의 처리가 잘못되었다고 인정되는 경우 취하 당사자의 소송정도에 따라 필요한 절차를 계속하여 진행하고 중간판결 또는 종국판결에서 그 판단을 표시하여야 한다.
⑤ (O) 종국판결 선고 후 상소가 있기 전 또는 상소가 있은 후 소송기록이 상소심에 송부되기 전에 소취하가 있었는데 그 취하의 부존재 또는 무효를 주장하는 기일지정신청이 있은 경우에, ⅰ) 상소이익이 있는 당사자 전원이 상소한 경우에는 상소법원이 통상의 기일지정신청의 경우와 같은 절차에 의하여 그 당부를 심판하며, ⅱ) 상소이익이 있으면서도 아직 상소를 하지 않은 당사자가 남아있을 때에는 원심법원에서 그 당부를 심판하는데 이때 신청이 이유 없으면 소송종료선언을 하나 신청이 이유 있다고 인정하는 경우에는 소취하의 무효선언을 한다. 이에 의해 본안판결에 대해 상소의 이익이 있으면서도 소취하를 믿고 상소하지 않았던 당사자가 상소할 수 있게 된다.

정답 ②

44. 재판상 화해에 관한 설명 중 옳지 않은 것은? (다툼이 있는 경우 판례에 의함)

① 실재하지 않거나 사망한 사람을 당사자로 하여 화해조서가 작성되었다는 것은 화해조서의 당연무효사유이므로 당사자는 이러한 사유를 주장하면서 기일지정신청을 할 수 있다.
② '실질적 소유자가 이의하면 화해의 효력이 실효된다'는 방식의 실효조건부 화해가 있었고 그 조건이 성취되면 화해가 없었던 상태로 돌아가므로 화해 성립 전의 법률관계를 다시 주장할 수 있다.
③ 재판상 화해는 민법상의 화해계약과는 다르므로 재판장 화해에서는 당사자 일방이 양보한 권리가 소멸되고 상대방이 화해로 인하여 그 권리를 취득하는 효력을 인정할 수 없다.
④ 재판상 화해를 함에 있어 실체법상 무효사유가 있으면 화해의 효력을 다툴 수 있다는 입장에 선다면 이러한 경우에는 화해무효확인소송이 가능하다.
⑤ 재판상 화해가 이루어진 내용에 대하여 상대방이 이를 이행하지 않는 경우에도, 화해조항 불이행을 이유로 화해를 해제할 수 있다는 내용이 화해조항에 포함되어 있지 않은 이상, 이를 이유로 재판상 화해를 해제할 수 없다.

> **해설**

① (O) 청구의 포기·인낙과 화해는 기판력이 발생하므로 준재심(제461조)으로만 다툴 수 있으므로 당사자가

기일지정신청을 하면 각하한다(대법 1990.03.17, 90그3 참조). 그러나 확정판결의 당연무효사유를 주장하며 기일지정신청을 하였는데 무효사유가 존재하지 않으면 소송종료선언을 한다(대법 2001.03.09, 2000다58668).

② (O) 재판상 화해에서도 제3자의 이의가 있을 때에 화해의 효력을 실효시키기로 하는 약정이 가능하고 그 실효조건의 성취로 화해의 효력은 당연히 소멸된다는 것에, 대법 1993.06.29, 92다56056

③ (×) 판례는 소송행위설을 따르면서도 제소전화해에 대해 당사자간의 사법상의 화해계약이 그 내용을 이루는 것이어서 화해가 이루어지면 그 창설적 효력에 의해 종전의 권리관계는 소멸된다고 하여(대법 1988.01.19, 85다카1792) 소송행위설로 일관하지 못하는 문제점이 있다.

④ (O) 재판상 화해에 대해 양행위경합설은 실체법적인 법률행위와 소송법상의 소송상 계약이라는 두 가지 요소가 불가분적으로 결합된 것이라고 보아 이들을 일체적으로 파악하는 입장으로 학설의 다수설의 입장이다. 따라서 소송상 화해가 실체법적 이유로 무효가 되면 소송절차 역시 종료되지 않고 여전히 소송계속 상태를 유지하며, 그 결과 기일지정신청이나 화해무효확인의 소를 통해 구소송절차를 속행할 수 있다고 한다.

⑤ (O) 원·피고 간에 1960.3.23 재판상 화해를 하여 조서에 기재 하였으나 그 화해 내용에 따라 원고는 같은 해 4.30 까지 2,095,000환을 피고에게 지불 하여야 되는데 이를 이행하지 않았으므로 피고는 그 화해 계약을 해제하여 재판상 화해는 실효 되었다는 이유로써 피고가 기일 지정 신립을 한 것인 바 앞에서 설명한 바와 같이 재판상 화해를 한 당사자는 재심의 소송에 의하지 아니 하고서 그 화해를 사법상의 화해 계약 임을 전제로 하여 그 화해의 해제를 주장하는 것과 같은 화해 조서의 취지에 반하는 주장을 할 수 없다 할 것이고 이와 같은 뜻으로 한 원심 판단은 정당하다는 것에, 대법(전) 1962.02.15, 4294민상914

정답 ③

45. 청구의 병합에 관한 설명 중 옳지 <u>않은</u> 것은?

① 선택적 병합의 경우에는 수개의 청구가 하나의 소송절차에 불가분적으로 결합되어 있으므로 선택적 청구 중 하나만을 기각하고 다른 선택적 청구에 대하여 아무런 판단을 하지 아니한 것은 위법하다.

② 주위적 청구원인과 예비적 청구원인이 양립 가능한 경우에도 당사자가 심판의 순위를 붙여 청구를 할 합리적인 필요성이 있는 경우에는 심판의 순위를 붙여 청구할 수 있다.

③ 원고의 청구를 인용한 판결에 대하여 피고가 항소를 제기하여 사건이 항소심에 이심된 후 청구가 선택적으로 병합된 경우, 항소심은 제1심에서 인용된 청구를 먼저 심리하여 판단할 필요는 없고 선택적으로 병합된 수 개의 청구 중 제1심에서 심판되지 아니한 청구를 임의로 선택하여 심판할 수 있다.

④ 제1심법원이 원고의 주위적 청구와 예비적 청구를 병합심리한 끝에 주위적 청구는 기각하고 예비적 청구만을 인용하는 판결을 선고한 데 대하여 피고만 항소한 경우, 항소의 제기에 의한 이심의 효력은 사건 전부에 미쳐 주위적 청구도 항소심에 이심되나 그 주위적 청구는 심판 대상이 아니므로 피고는 항소심의 변론에서 원고의 주위적 청구를 인낙할 수 없다.

⑤ 논리적으로 전혀 관계가 없어 순수하게 단순병합으로 구하여야 할 수개의 청구를 선택적 또는 예비적 청구로 병합하여 청구하는 것은 부적법하여 허용되지 않는다.

해설

① (O) 선택적 병합의 경우에는 수개의 청구가 하나의 절차에서 불가분적으로 결합되어 있기 때문에 선택적 청구 중 하나만을 기각하는 일부판결은 선택적 병합의 성질에 반하는 것으로서 법률상 허용되지 않는다는 것에, 대법 2017.10.26, 2015다42599; 대법 1998.07.24, 96다99

② (O) 주위적 청구원인과 예비적 청구원인이 양립 가능한 경우에도 청구의 크기에 차이가 있어 심판의 순위를 붙여 청구할 합리적인 필요성이 있는 경우에는 예비적 병합이 허용된다. 이 경우 주위적 청구가 전부 인용되지 않을 경우에는 주위적 청구에서 인용되지 아니한 수액 범위 내에서의 양립이 가능한 예비적 청구에 대한 판단도 가능하다는 것에, 대법 2002.09.04, 98다17145

③ (O) 제1심부터 선택적 병합이 발생하여 그 중 어느 하나의 청구에 대해 인용판결을 한 경우든, 제2심에서 비로소 소의 추가적 변경에 의한 선택적 병합이 발생하는 경우든 항소법원은 임의의 청구를 선택하여 심판할 수 있다는 것에, 대법 1992.09.14, 92다7023

④ (X) 주위적 청구기각판결, 예비적 청구 인용판결에 피고만 항소한 경우 상소불가분원칙상 주위적 청구도 확정이 차단되고 이심한다. 따라서 피고는 주위적 청구를 인낙할 수 있으며, 인낙하면 예비적 청구를 심판할 필요 없이 종결된다는 것에, 대법 1992.06.09, 92다12032

⑤ (O) 논리적으로 전혀 관계가 없어 순수하게 단순병합으로 구하여야 할 수개의 청구를 선택적 또는 예비적 청구로 병합하여 청구하는 것은 부적법하여 허용되지 않는다 할 것이고, 따라서 원고가 그와 같은 형태로 소를 제기한 경우 제1심법원이 본안에 관하여 심리·판단하기 위해서는 소송지휘권을 적절히 행사하여 이를 단순병합 청구로 보정하게 하는 등의 조치를 취하여야 할 것인바, 법원이 이러한 조치를 취함이 없이 본안판결을 하면서 그 중 하나의 청구에 대하여만 심리·판단하여 이를 인용하고 나머지 청구에 대한 심리·판단을 모두 생략하는 내용의 판결을 하였다 하더라도 그로 인하여 청구의 병합 형태가 적법한 선택적 또는 예비적 병합 관계로 바뀔 수는 없다는 것에, 대법 2008.12.11, 2005다51495   **정답 ④**

46. 상소 및 재심에 관한 설명 중 옳은 것은? (다툼이 있는 경우 판례에 의함)

① 상소권은 상소의 제기 이전에만 포기할 수 있다.
② 상소장을 다른 법원이나 기관 또는 상소심 법원에 잘못 접수한 경우 상소기간의 준수 여부는 그 다른 법원이나 기관 또는 상소심 법원에 접수된 때를 기준으로 판단한다.
③ 소장 부본부터 공시송달의 방법으로 송달되었고, 피고가 귀책사유 없이 소나 항소가 제기된 사실조차 모르는 상태에서 피고의 출석 없이 변론기일이 진행된 경우, 절대적 상고이유가 된다.
④ 상고이유서 제출기간이 지난 후에 제출된 상고이유보충서에 기재된 새로운 상고이유는 직권조사사항에 관한 것이라도 대법원이 심리할 수 없다.
⑤ 환송판결은 재심의 대상인 확정된 종국판결에 해당하므로, 환송판결을 대상으로 하여 제기한 재심의 소는 적법하다.

해설

① (X) 상소권은 판결선고 후에나 구체적으로 발생하는 것이고, 상소의 이익의 존부나 그 범위도 판결의 선고가 있고 나서 알 수 있으므로 판결선고 후에야 포기할 수 있다.

② (✗) 상소장은 원심법원에 제출하지 않으면 안된다(제397조 제1항, 제425조, 제445조). 어기면 소송기록송부로 처리하고, 원법원에 상소장이 접수된 때가 상소기간준수 여부의 기준시가 된다.
③ (○) 원고는 항소장 부본부터 공시송달의 방법으로 송달되어 귀책사유 없이 이 사건에 관하여 항소가 제기된 사실조차 모르고 있었고, 이러한 상태에서 원고의 출석 없이 원심의 변론기일이 진행되어 원고는 당사자로서 절차상 부여된 권리를 침해당하였다고 할 것이며, 이와 같은 경우는 당사자가 대리인에 의하여 적법하게 대리되지 않았던 경우와 마찬가지로 보아 민사소송법 제424조 제1항 제4호의 규정을 유추적용할 수 있다고 할 것이므로 이 점에서 원심판결은 위법하여 더 이상 유지될 수 없게 되었다는 것에, 대법 2012.04.13, 2011다102172
④ (✗) 상고법원은 상고이유에 따라 불복신청의 한도 안에서 심리한다(제431조). 다만 법원이 직권으로 조사하여야 할 사항에 대하여는 제431조 내지 제433조의 규정을 적용하지 아니한다(제434조).
⑤ (✗) 대법원의 파기환송판결은 형식적으로는 종국판결에 해당하나, 실질적으로는 종국적 판단을 유보하여 기판력이 생기지 않는 중간판결의 성질을 가지므로 재심의 대상이 되지 않는다는 것에, 대법 1995.02.14, 93재다27

정답 ③

47. 통상공동소송에서의 공동소송인 독립의 원칙 및 그 수정에 관한 설명 중 옳지 <u>않은</u> 것은?

① 통상공동소송은 병합하여 심리되지만, 공동소송인 중 1인의 소송행위, 공동소송인 중 1인에 대한 상대방의 소송행위 및 공동소송인 1인에 관하여 생긴 사항은 다른 공동소송인에게 영향을 미치지 않는다는 것을 '공동소송인 독립의 원칙'이라 한다.
② 주장책임의 대상이 되는 사실을 반드시 주장책임을 지는 당사자가 진술해야 하는 것은 아니고 어느 당사자이든 변론에서 주장하기만 하면 된다는 것이 주장공통의 원칙인데, 이는 공동소송인 간에는 적용되지 않는다는 것이 판례의 입장이다.
③ 통상공동소송에서 1인의 공동소송인이 제출한 증거는 다른 공동소송인의 원용이 없더라도 그를 위한 사실인정자료로 삼을 수 있다는 법리가 증거공통의 원칙이다.
④ 甲이 乙에게 1억 원을 대여하고 丙이 이를 보증하였다고 주장하면서 乙, 丙을 상대로 제기한 소에서, 乙, 丙은 변제의 항변을 하였으며, 乙이 신청한 증인의 증언으로써 3천만 원 변제가 인정되는 경우, 공동소송인 독립의 원칙을 수정한 증거공통 원칙에 의하면 법원은 아무런 변제 증거를 제출하지 않은 丙에 대해서도 3천만 원 변제사실을 인정해야 한다.
⑤ 통상공동소송인 중의 1인이 한 자백은 다른 공동소송인에 대해서도 효력이 있다.

해설

① (○) 공동소송인 독립의 원칙이란 통상공동소송에 있어서 각 공동소송인은 다른 공동소송인에 의한 제한이나 간섭을 받지 않고 각자가 독립하여 소송수행을 할 수 있는 것을 말한다.
② (○) 통상공동소송에서는 당사자가 자주적으로 분쟁을 해결할 수 있게 마련된 변론주의가 적용되므로, 우연히 여러 개의 청구가 병합심리되었다 하여 본래부터 당사자가 가지고 있었던 자주적인 해결권이 다른 공동소송인 때문에 제한이나 간섭을 받을 수 없으며, 통상공동소송에서는 공동소송인 사이의 공격방어방법의 차이에 따라 모순되는 결론이 발생할 수 있는 것이고, 이는 변론주의를 원칙으로 하는 소송제도에서는 부득이한 일이므로 공동소송인 가운데 한 사람에 대한 상대방의 주장사실은 다른 공동소송인에게 영향을 미치지 아니한다는 것에, 대법 2009.04.23, 2009다1313

③ (O) ④ (O) 공동소송인 중 1인이 제출한 증거는 다른 공동소송인의 원용이 없어도 각 공동소송인 사이에 유리한 사실인정의 자료로 사용할 수 있다는 것이 증거공통원칙인데, 判例는 "공동소송에 있어서 입증 기타의 행위가 행위자를 구속할 뿐 다른 당사자에게는 영향을 주지 않는 것이 원칙이다"라고 하여 부정하는 듯한 판시를 내린 바 있다(대법 1959.02.19, 4291민항231).

⑤ (×) 각자 청구의 포기, 인낙, 화해, 소취하, 자백 등의 소송행위를 할 수 있고, 그 행위를 한 자에 대해서만 효력이 있다. 나아가 공동소송인 상호간에 그 주장이 일치하지 않는다고 하여 법원이 반드시 이에 관하여 석명하여야 하는 것은 아니다(대법 1982.11.23, 81다39). 그러나 1인의 자백의 경우 다른 공동소송인에 대해서는 변론 전체의 취지로 영향을 미칠 수 있다(대법 1976.08.24, 75다2152). 정답 ⑤

48. 고유필수적 공동소송에 관한 설명 중 옳은 것은?

① 합일확정의 필요는 있으나 소송공동수행의 필요는 없는 경우에도 고유필수적 공동소송에 해당할 수 있다.
② 고유필수적 공동소송을 "소송법상 이유에 의한 필수적 공동소송"이라고도 한다.
③ 고유필수적 공동소송에서 공동소송인 중 1인이 한 청구의 포기, 인낙, 화해는 효력이 없으나 1인이 한 소취하는 유효하다.
④ 공유물의 점유를 빼앗겼거나 방해당한 경우에, 공유자 측이 보존행위로서 공유물의 인도청구 또는 방해제거청구를 할 수 있는데, 이는 고유필수적 공동소송이다.
⑤ 합유재산이라도 현실적으로 점유하고 있는 합유자만을 상대로 명도청구를 할 수 있다.

해설

① (×) 필수적 공동소송이란 공동소송인 사이에 합일확정을 필수적으로 요하는 공동소송을 말한다(제67조). 이는 다시 각 공동소송인 사이에 소송공동이 법률상 강제되는지 여부에 따라 강제되는 고유 필수적 공동소송과 강제되지 않는 유사 필수적 공동소송으로 나눈다.

② (×) 고유필수적 공동소송은 각 공동소송인 사이에 합일확정의 필요가 있고 소송공동이 법률상 강제되는 공동소송으로서 실체법상의 관리처분권이 수인에게 공동으로 귀속하는 경우이므로 실체법상의 이유에 의한 필수적 공동소송이라고 한다.

③ (×) 공동상속인이 다른 공동상속인을 상대로 어떤 재산이 상속재산임의 확인을 구하는 소는 이른바 고유 필수적 공동소송이라고 할 것이고, 고유필수적 공동소송에서는 원고들 일부의 소 취하 또는 피고들 일부에 대한 소 취하는 특별한 사정이 없는 한 그 효력이 생기지 않는다는 것에, 대법 2007.08.24, 2006다40980

④ (×) 判例는 공유관계소송을 소유권의 지분형식에 의한 공존 내지 보존행위를 근거로 또는 다른 공유자의 소권보장을 위하여 원칙적으로 통상공동소송으로 보고 있다. 따라서 아파트에 발생한 하자와 관련된 손해배상청구는 구분소유자들 전원이 원고가 되어 소를 제기해야만 하는 필수적 공동소송이 아니며(대법 2012.09.13, 2009다23160), 부동산 공유자의 1인은 당해 부동산에 관하여 제3자 명의로 원인무효의 소유권이전등기가 경료되어 있는 경우 공유물에 관한 보존행위로서 제3자에 대하여 그 등기 전부의 말소를 구할 수 있다.

⑤ (O) 합유자가 피고가 된 경우 i) 조합의 채권자가 조합원에 대하여 조합재산에 의한 공동책임을 묻는 것이 아니라 각 조합원의 개인적 책임에 기하여 당해 채권을 행사하는 경우에는 조합원 각자를 상대로 하여 그 이행의 소를 제기할 수 있다(대법 1991.11.22, 91다30705). ii) 합유재산이라도 현실적으로 점유하고 있는 합유자만을 상대로 명도청구를 할 수 있고, 이 경우 합유자 전원을 상대로 할 필요적 공동소송이 아니다(대법 1969.12.23, 69다1053). 정답 ⑤

49. 소 제기 등 시효중단사유에 관한 설명 중 옳지 않은 것은?

① 토지 소유권을 기초로 하는 차임 상당 부당이득반환청구소송은 점유취득시효의 중단사유인 재판상 청구에 해당한다.
② 토지에 대한 압류 또는 가압류는 당해 토지에 대한 점유취득시효의 중단사유가 될 수 없다.
③ 임차권등기명령에 따른 임차권등기에는 임차보증금반환채권의 소멸시효 중단사유인 압류 또는 가압류, 가처분에 준하는 효력이 인정되지 않는다.
④ 채권자가 확정판결에 기한 채권의 실현을 위하여 채무자에 대하여 민사집행법상 재산명시신청을 하고 그 결정이 채무자에게 송달되었다면 거기에는 소멸시효 중단사유인 '최고'로서의 효력만이 인정된다.
⑤ 소송고지에는 최고로서의 효력만이 인정되므로, 소송고지신청일로부터 6월내에 재판상의 청구, 압류 또는 가압류, 가처분 등 다른 시효중단 조치를 취하지 않으면 시효중단의 효력이 없다.

해설

① (O) 취득시효의 중단사유가 되는 재판상 청구에는 시효취득의 대상인 목적물의 인도 내지는 소유권 존부 확인이나 소유권에 관한 등기청구소송은 말할 것도 없고, 소유권침해의 경우에 그 소유권을 기초로 하는 방해배제 및 손해배상 혹은 부당이득반환청구소송도 이에 포함된다는 것에, 대법 1997.04.25, 96다46484

② (O) 민법 제247조 제2항은 '소멸시효의 중단에 관한 규정은 점유로 인한 부동산소유권의 시효취득기간에 준용한다.'고 규정하고, 민법 제168조 제2호는 소멸시효 중단사유로 '압류 또는 가압류, 가처분'을 규정하고 있다. 점유로 인한 부동산소유권의 시효취득에 있어 취득시효의 중단사유는 종래의 점유상태의 계속을 파괴하는 것으로 인정될 수 있는 사유이어야 하는데, 민법 제168조 제2호에서 정하는 '압류 또는 가압류'는 금전채권의 강제집행을 위한 수단이거나 그 보전수단에 불과하여 취득시효기간의 완성 전에 부동산에 압류 또는 가압류 조치가 이루어졌다고 하더라도 이로써 종래의 점유상태의 계속이 파괴되었다고는 할 수 없으므로 이는 취득시효의 중단사유가 될 수 없다는 것에, 대법 2019.04.03, 2018다296878

③ (O) 주택임대차보호법 제3조의3에서 정한 임차권등기명령에 따른 임차권등기는 특정 목적물에 대한 구체적 집행행위나 보전처분의 실행을 내용으로 하는 압류 또는 가압류, 가처분과 달리 어디까지나 주택임차인이 주택임대차보호법에 따른 대항력이나 우선변제권을 취득하거나 이미 취득한 대항력이나 우선변제권을 유지하도록 해 주는 담보적 기능을 주목적으로 한다. 비록 주택임대차보호법이 임차권등기명령의 신청에 대한 재판절차와 임차권등기명령의 집행 등에 관하여 민사집행법상 가압류에 관한 절차규정을 일부 준용하고 있지만, 이는 일방 당사자의 신청에 따라 법원이 심리·결정한 다음 등기를 촉탁하는 일련의 절차가 서로 비슷한 데서 비롯된 것일 뿐 이를 이유로 임차권등기명령에 따른 임차권등기가 본래의 담보적 기능을 넘어서 채무자의 일반재산에 대한 강제집행을 보전하기 위한 처분의 성질을 가진다고 볼 수는 없다. 그렇다면 임차권등기명령에 따른 임차권등기에는 민법 제168조 제2호에서 정하는 소멸시효 중단사유인 압류 또는 가압류, 가처분에 준하는 효력이 있다고 볼 수 없다는 것에, 대법 2019.05.16, 2017다226629

④ (O) 채권자가 확정판결에 기한 채권의 실현을 위하여 채무자에 대하여 민사집행법상 재산명시신청을 하고 그 결정이 채무자에게 송달되었다면 거기에 소멸시효 중단사유인 '최고'로서의 효력만이 인정되

므로, 재산명시결정에 의한 소멸시효 중단의 효력은, 그로부터 6월 내에 다시 소를 제기하거나 압류 또는 가압류, 가처분을 하는 등 민법 제174조에 규정된 절차를 속행하지 아니하는 한, 상실된다는 것에, 대법 2012.01.12, 2011다78606

⑤ (X) 당해 소송이 계속중인 동안은 최고에 의하여 권리를 행사하고 있는 상태가 지속되는 것으로 보아 민법 제174조에 규정된 6월의 기간은 당해 소송이 종료된 때로부터 기산되는 것으로 해석한다는 것에, 대법 2009.07.09, 2009다14340

정답 ⑤

50. 계약의 해제 및 소송절차에 관한 설명 중 옳지 <u>않은</u> 것은?

① 특정 소송물에 관하여 당사자 쌍방이 제1심 판결선고 전에 불항소의 합의를 한 경우라도, 쌍방이 그 판결선고 후에 새로운 합의로써 불항소합의를 해제하고 소송계속을 부활시킬 수 있다.

② 민법상의 계약해제권을 행사하면, 굳이 소제기 없이도 당사자의 일방적 의사표시로써 법률관계를 변동시킬 수 있다.

③ 형성권의 행사를 소로써 하도록 정해진 경우를 제외하고, 해제권·취소권 등의 통상적인 형성권은, 이를 행사한다는 의사표시를 하고 나면 그 형성권에 따른 법률관계는 이미 만들어진 것이므로, 그 형성권을 행사하는 소를 다시 제기할 수는 없다.

④ 원고가 피고에 대한 계약해제의 의사표시를 소장·준비서면에 기재하여 행사한 후에, 소가 취하·각하되더라도 그 효과가 소급적으로 소멸하지는 않는다.

⑤ 원고가 소로써 계약상의 청구를 하는 데 대하여, 피고가 그 계약의 해제권을 행사하는 것은 피고의 항변 중에서 권리소멸항변에 속한다.

해설

① (X) 구체적인 어느 특정 법률관계에 관하여 당사자 쌍방이 제1심판결선고전에 미리 항소하지 아니하기로 합의하였다면, 제1심판결은 선고와 동시에 확정되는 것이므로 그 판결선고 후에는 당사자의 합의에 의하더라도 그 불항소합의를 해제하고 소송계속을 부활시킬 수 없다는 것에, 대법 1987.06.23, 86다카2728

② (O) 해제권은 소로써 행사해야 하는 형성소권이 아니고, 상대방에 대한 의사표시로 효력이 발생하는 형성권이다.

③ (O) 형성권을 행사한 효과를 다투는 소를 제기해야 한다. 즉 매매계약을 취소한 경우 상대방이 취소의 효과를 다투면 매매계약 취소를 구하는 소를 제기할 것이 아니라 취소로 인하여 법률상 원인 없음을 이유로 부당이득반환을 구하는 소를 제기하여야 한다.

④ (O) 소제기로써 계약해제권을 행사한후 그뒤 소송을 취하하였다 하여도 해제권은 형성권이므로 그 행사의 효력에는 아무런 영향을 미치지 않는다는 것에, 대법 1982.05.11, 80다916. 소송상 형성권 행사에 병존설을 따른 결과이다.

⑤ (O) 권리근거규정에 기하여 일단 발생한 권리를 소멸시키는 권리멸각규정의 요건사실을 주장하는 것을 권리멸각사실의 항변이라 한다. 채권의 소멸원인(변제·공탁·경개·면제 등)이나 소멸시효·취득시효의 완성 및 사법상 형성권의 행사(해제권·해지권·취소권·상계권 등) 등이 이에 속한다.

정답 ①

51. 상계와 소송절차에 관한 설명 중 옳지 <u>않은</u> 것은?

① 원래 판결이유 중의 판단에는 기판력이 생기지 않지만, 상계항변에 대해서는 그것이 비록 판결이유 중의 판단이더라도 기판력이 인정된다.
② 판례에 의하면, 甲이 乙을 피고로 매매대금 1천만 원의 승소확정판결을 받은 경우 乙은 그 변론종결 전부터 이미 甲에 대하여 가지고 있던 대여금 채권으로 상계할 수 있다.
③ 통상의 형성권은 그것이 소송상 행사되고 나서 소가 각하·취하되더라도 사법(私法)상의 효과가 유효하게 남지만, '상계권 행사' 후 수동채권의 존재 등 상계에 관한 법원의 실질적 판단이 이루어지지 않았다면 실체법상의 상계의 효과가 발생하지 않는다.
④ 토지매도인 甲이 매수인 乙을 상대로 소를 제기하여 매매계약을 해제하고 토지인도를 구함에 대하여 乙이 해제에 따른 중도금 반환채권으로써 동시이행항변을 하였고, 甲이 다시 그간의 토지점유사용에 따른 점용료채권으로써 상계재항변을 한 경우에, 그 상계재항변에 대한 판단에는 기판력이 발생한다.
⑤ 피고의 소송상 상계항변에 대하여 원고가 다시 피고의 자동채권을 소멸시키기 위하여 소송상 상계의 재항변을 할 수는 없다.

해설

① (O) 제216조 제2항에서 상계로써 대항한 수액의 한도내에서 기판력이 발생하는 것으로 규정하고 있는데, 그 이유는 상계는 소구채권과 무관계한 반대채권을 가지고 양채권을 대등액에 있어서 소멸시키는 효과를 항변으로 주장하는 것이므로 이에 대해 기판력을 인정하지 않으면 소구채권의 존부에 관한 분쟁이 반대채권의 존부에 관한 분쟁으로 모습을 바꾸어 반복되고, 그 결과 소구채권에 관한 판결이 의미를 잃게 될 염려가 있기 때문이다. 여기서 말하는 상계는 민법 제492조 이하에 규정된 단독행위로서의 상계를 의미하는 것으로, 원·피고 사이의 채권을 상계하여 정산키로 하는 합의를 하는 것은 포함하지 않는다는 것에, 대법 2014.04.10, 2013다54390

② (O) 채권 행사의 경우 확정판결의 변론종결 전에 상대방에 대하여 상계적상에 있는 채권을 가지고 있었다 하더라도 집행권원인 확정판결의 변론종결 후에 이르러 비로소 상계의 의사표시를 한 때에는 구민사소송법 제505조 2항이 규정하는 '이의원인이 변론종결 후에 생긴 때'에 해당하는 것으로서, 당사자가 채무명의인 확정판결의 변론종결 전에 자동채권의 존재를 알았는가 몰랐는가에 관계없이 적법한 청구이의의 사유로 된다고 판시하여 상계권은 실권되지 않는다는 것에, 대법 1998.11.24, 98다25344 등 참조

③ (O) 민사소송에서 상계항변이 예비적 항변임에 비추어 소송상 상계의 의사표시에 의하여 확정적으로 효과가 발생하는 것이 아니라 당해소송에서 수동채권의 존재 등 상계에 관한 실질적 판단이 이루어진 경우에 비로소 실체법상 상계의 효과가 발생한다고 하여 신병존설적 입장을 보인 것에, 대법 2014.06.12, 2013다95964

④ (×) 상계 주장의 대상이 된 수동채권이 동시이행항변에 행사된 채권일 경우에는 그러한 상계 주장에 대한 판단에는 기판력이 발생하지 않는다고 보아야 할 것이다. 이와 같이 해석하지 않는다면 동시이행항변이 상대방의 상계의 재항변에 의하여 배척된 경우에 그 동시이행항변에 행사된 채권을 나중에 소송상 행사할 수 없게 되어 법 제216조가 예정하고 있는 것과 달리 동시이행항변에 행사된 채권의 존부나 범위에 관한 판결 이유 중의 판단에 기판력이 미치는 결과가 되기 때문이라는 것에, 대법 2005.07.22, 2004다17207

⑤ (○) 법원이 원고의 소송상 상계의 재항변과 무관한 사유로 피고의 소송상 상계항변을 배척하는 경우에는 소송상 상계의 재항변을 판단할 필요가 없고, 피고의 소송상 상계항변이 이유 있다고 판단하는 경우에는 원고의 청구채권인 수동채권과 피고의 자동채권이 상계적상 당시에 대등액에서 소멸한 것으로 보게 될 것이므로 원고가 소송상 상계의 재항변으로써 상계할 대상인 피고의 자동채권이 그 범위에서 존재하지 아니하는 것이 되어 이때에도 역시 원고의 소송상 상계의 재항변에 관하여 판단할 필요가 없게 된다. 또한, 원고가 소송물인 청구채권 외에 피고에 대하여 다른 채권을 가지고 있다면 소의 추가적 변경에 의하여 그 채권을 당해 소송에서 청구하거나 별소를 제기할 수 있다. 그렇다면 원고의 소송상 상계의 재항변은 일반적으로 이를 허용할 이익이 없다. 따라서 피고의 소송상 상계항변에 대하여 원고가 소송상 상계의 재항변을 하는 것은 다른 특별한 사정이 없는 한 허용되지 않는다고 보는 것이 타당하다는 것에, 대법 2014.06.12, 2013다95964.

정답 ④

52. 회사와 관련한 확인의 소에 관한 설명 중 옳지 않은 것은? (다툼이 있는 경우 판례에 의함)

① 종전에 甲 주식회사의 주주명부에 乙이 주주로 등재되어 있다가 丙 명의로 명의개서가 되었는데 乙이 위 丙 앞으로의 명의개서가 위조된 서류에 의한 것이라고 주장하면서 甲 주식회사를 상대로 주주권 확인의 소를 제기하는 경우, 확인의 이익이 있다.

② 주권발행 전 주식에 관하여 주주명의를 신탁하였는데 주주명부에 등재된 형식상 주주명의인이 실질적인 주주의 주주권을 다투는 경우, 명의신탁자가 수탁자에 대하여 명의신탁계약을 해지하면서 수탁자를 상대로 제기하는 주주권 확인의 소는 확인의 이익이 있다.

③ 甲 주식회사의 주주 乙이 甲 주식회사의 대표이사 丙을 상대로 그 대표이사 지위부존재확인을 구하는 경우, 甲 회사를 상대로 丙의 대표이사 지위 부존재확인을 받아야만 丙이 甲 회사의 경영이나 업무에 참여하는 것을 배제할 수 있으므로, 丙을 상대로 한 위 소는 확인의 이익이 없다.

④ 주식회사의 주주가 그 주식회사와 제3자 간의 계약이 회사에 손해가 된다고 주장하면서 회사를 상대로 그 계약을 승인한 주주총회 결의의 부존재확인을 구하는 경우, 확인의 이익이 없다.

⑤ 이사가 무효인 주주총회 결의에 의하여 해임되었으나 그 후 새로 개최된 유효한 주주총회 결의에 의하여 후임 이사가 선임되어 선임등기까지 마쳐진 경우, 당초의 이사해임 결의에 대한 무효확인을 구하는 것은 확인의 소로서의 권리보호요건을 결여하여 부적법하다.

해설

① (×) 乙이 甲 회사를 상대로 직접 자신이 주주임을 증명하여 명의개서절차의 이행을 구할 수 있으므로, 주주권 확인을 구하는 것은 乙의 권리 또는 법률상 지위에 현존하는 불안·위험을 제거하는 유효·적절한 수단이 아니라는 것에, 대법 2019.05.16, 2016다240338

② (○) 주권발행 전 주식에 관하여 주주명의를 신탁한 사람이 수탁자에 대하여 명의신탁계약을 해지하면 그 주식에 대한 주주의 권리는 해지의 의사표시만으로 명의신탁자에게 복귀하는 것이고, 이러한 경우 주주명부에 등재된 형식상 주주명의인이 실질적인 주주의 주주권을 다투는 경우에 실질적인 주주가 주주명부상 주주명의인을 상대로 주주권의 확인을 구할 이익이 있다. 이는 실질적인 주주의 채권자가 자신의 채권을 보전하기 위하여 실질적인 주주를 대위하여 명의신탁계약을 해지하고 주주명의인을 상대로 주주권의 확인을 구하는 경우에도 마찬가지이고, 그 주식을 발행한 회사를 상대로 명의개서절차의 이행을

구할 수 있다거나 명의신탁자와 명의수탁자 사이에 직접적인 분쟁이 없다고 하여 달리 볼 것은 아니라는 것에, 대법 2013.02.14, 2011다109708.

③ (O) 단체의 대표자선출결의의 무효·부존재확인의 소의 경우 判例는 피고를 단체 내지 회사 자체로 하여야 하고 당해 결의에 의해 선출된 대표자 개인을 피고로 해서는 확인의 이익이 없다고 한다.

④ (O) 주식회사의 주주는 주식의 소유자로서 회사의 경영에 이해관계를 가지고 있다고 할 것이나, 회사의 재산관계에 대하여는 단순히 사실상, 경제상 또는 일반적, 추상적인 이해관계만을 가질 뿐, 구체적 또는 법률상의 이해관계를 가진다고는 할 수 없고, ……직접 제3자와의 거래관계에 개입하여 회사가 체결한 계약의 무효를 주장할 수는 없다.[1] 【12,15.모의】【19.모의】

⑤ (O) 이사가 임원 개임의 주주총회 결의에 의하여 임기 만료 전에 이사직에서 해임당하고 후임 이사의 선임이 있었다 하더라도 그 후에 새로 개최된 유효한 주주총회 결의에 의하여 후임 이사가 선임되어 선임등기까지 마쳐진 경우라면, 그 새로운 주주총회의 결의가 무권리자에 의하여 소집된 총회라는 하자 이외의 다른 절차상, 내용상의 하자로 인하여 부존재 또는 무효임이 인정되거나 그 결의가 취소되는 등의 특별한 사정이 없는 한, 당초의 이사개임 결의가 무효라 할지라도 이에 대한 부존재나 무효확인을 구하는 것은 과거의 법률관계 내지 권리관계의 확인을 구하는 것에 귀착되어 확인의 소로서의 권리보호요건을 결여한 것으로 보아야 한다는 것에, 대법 1996.10.11, 96다24309.

정답 ①

53. 회사관계소송에 관한 설명 중 옳지 않은 것은? (다툼이 있는 경우 판례에 의함)

① 대표소송을 제기한 주주가 소송의 계속 중에 주주의 지위를 상실하면 특별한 사정이 없는 한 그 주주가 제기한 소는 부적법하게 된다.

② 파산절차가 진행 중인 회사의 주주는 회사의 이사 또는 감사를 상대로 대표소송을 제기할 수 없다.

③ 이사회결의에 대한 무효확인소송의 확정판결에는 대세적 효력이 있다.

④ 퇴직한 감사도 주주대표소송의 피고가 될 수 있다.

⑤ 이사가 주주총회결의 취소의 소를 제기하였다가 소송 계속 중에 사망한 경우 그 소송은 중단되지 않고 그대로 종료한다.

해설

① (O) 대표소송을 제기한 주주 중 일부가 주식을 처분하는 등의 사유로 주식을 전혀 보유하지 아니하게 되어 주주의 지위를 상실하면, 특별한 사정이 없는 한 그 주주는 원고적격을 상실하여 그가 제기한 부분이 소는 부적법하게 되고, 이는 함께 대표소송을 제기한 다른 원고들이 주주의 지위를 유지하고 있다고 하여 달리 볼 것은 아니라는 것에, 대법 2013.09.12, 2011다57869.

② (O) 회사가 이사 또는 감사에 대한 책임추궁을 게을리 할 것을 예상하여 마련된 주주의 대표소송의 제도는 파산절차가 진행 중인 경우에는 그 적용이 없고, 주주가 파산관재인에 대하여 이사 또는 감사에 대한 책임을 추궁할 것을 청구하였는데 파산관재인이 이를 거부하였다고 하더라도 주주가 상법 제403조, 제415조에 근거하여 대표소송으로서 이사 또는 감사의 책임을 추궁하는 소를 제기할 수 없다고 보아야 할 것이며, 이러한 이치는 주주가 회사에 대하여 책임추궁의 소의 제기를 청구하였지만 회사가 소를 제기하지 않고 있는 사이에 회사에 대하여 파산선고가 있은 경우에도 마찬가지라는 것에, 대법 2002.07.12, 2001다2617

---

[1] 대법원 2001. 2. 28. 선고 2000마7839 결정

③ (✕) 이사회결의에 대한 무효확인소송의 확정판결에는 주주총회결의에 대한 상법상의 소송(제376조, 제380조)과 달리 대세적 효력이 없다. 【변시 제8회】

④ (O) 대표소송의 피고는 **이사, 감사 또는 이사, 감사였던 자**이다. 이사가 퇴임한 경우에도 그 재임 중에 발생한 책임에 대해서는 대표소송이 가능하다. 【변시 제4회】 한편 본래 소송수행은 대표이사가 하지만, 이사가 상대방인 경우 중립성을 확보하기 위해 **감사에게 회사의 대표권이 부여**된다. 대표소송을 제기하기 전에 회사에 대해 이사의 책임추궁을 하는 경우에도 감사가 회사를 대표한다. 【15.모의】 감사를 두지 않는 소규모회사의 경우에는 **법원이** 회사를 대표할 자를 정한다(제409조 제5항).

⑤ (O) 이사가 그 지위에 기하여 주주총회결의 취소의 소를 제기하였다가 소송 계속 중에 사망하였거나 사실심 변론종결 후에 사망하였다면, 그 소송은 이사의 사망으로 중단되지 않고 그대로 종료된다. 이사는 주식회사의 의사결정기관인 이사회의 구성원이고, 의사결정기관 구성원으로서의 지위는 일신전속적인 것이어서 상속의 대상이 되지 않기 때문이라는 것에, 대법 2019.02.14, 2015다255258. **정답 ③**

54. 어음·수표에 관한 설명으로 옳은 것은? (다툼이 있는 경우 판례에 의함)

① 어음이 위조된 경우에는 민법상 표현대리에 관한 규정의 유추적용을 통하여 피위조자에게 어음상의 책임을 지울 수 없다.

② 피용자가 사용자의 업무집행과 관련한 위법한 행위로 어음을 위조한 경우 피위조자인 사용자는 어음상의 책임을 부담하고, 민법상 사용자의 배상책임은 부담하지 않는다.

③ 위조된 수표를 할인에 의하여 취득한 자가 그로 인하여 입게 되는 손해액은 특별한 사정이 없는 한 그 수표가 진정한 것이었더라면 지급받았을 것으로 인정되는 수표의 액면금 상당액이다.

④ 어음의 상환청구권보전을 위한 지급제시기간은 주채무자에 대하여 어음상 권리를 행사하기 위한 지급제시기간과 동일하고, 발행인은 그 기간을 임의로 단축 또는 연장할 수 없다.

⑤ 어음의 발행인이 사기 등 의사표시의 하자를 이유로 어음발행행위의 직접 상대방이 아닌 소지인을 상대로 취소의 의사표시를 할 수 있더라도 소지인이 선의이면 그 소지인에 대하여는 취소의 효과를 주장할 수 없다.

해설

① (✕) 위조행위에 대하여 피위조자에게 외관작출의 귀책사유가 인정될 경우 피위조자에게 상법이나 민법상의 표현책임을 물을 수 있을 것인지가 문제된다. 판례는 "민법상의 표현대리에 관한 규정이 **어음행위의 위조에 관하여 유추 적용**되기 위하여서는 상대방이 위조자에게 어음행위를 할 권한이 있다고 믿거나 피위조자가 진정하게 당해 어음행위를 한 것으로 믿은 것만으로는 부족하고, 그와 같이 믿은 데에 정당한 사유가 있어야 한다"고 판시하여 위조의 경우 표현책임을 긍정하고 있다.[2] 【제9회 변시】

② (✕), ③ (✕) 통설에 따르면 위조자가 피위조자의 지휘·감독을 받는 피용자이고 어음의 위조가 사무집행과 관련하여 이루어진 것일 때에는 피위조자는 사용자로서의 불법행위책임(민법 제756조)을 진다고 한다. 판례도 같은 태도이다.[3] / 또한 위조어음의 소지인이 피위조자에게 사용자책임을 묻는 경우 자신이 취득한 어음의 액면금액 전액을 청구할 수 있는지 문제된다. 판례는 과거 '어음금전액설'의 입장에 있었으나[4],

---

2) 대법원 2000. 2. 11. 선고 99다47525 판결
3) 대법원 1994. 11. 8. 93다21514 판결 외 다수의 판례가 있다.
4) 대법원 1985. 12. 10. 85다카578 판결.

1992년 전원합의체 판결로 태도를 변경하여 위조된 수표를 할인에 의하여 취득한 사람이 그로 인하여 입게 되는 손해의 액은 특별한 사정이 없는 한 그 위조수표를 취득하기 위하여 **현실적으로 출연한 할인금**에 상당하는 금액이라고 하여 '**출연액한도설**'을 취하였다[5]. 【13,16.모의】【제5회 변시】

④ (✗) 상환청구권보전기간은 '**지급을 할 날 또는 이에 이은 2거래일**' 내이다(어 제38조 제1항). 여기서 지급을 할 날이란 통상 만기와 일치하지만 만기가 휴일인 경우에는 그 이후의 제1거래일이 지급을 할 날이 된다 (어 제72조 제1항). 【10.모의】 다만 일람출급의 환어음은 제시된 때를 만기로 한다. 이 어음은 발행일부터 1년 내에 지급을 받기 위한 제시를 하여야 한다. **발행인은 이 기간을 단축하거나 연장할 수 있고 배서인은 그 기간을 연장할 수는 없으나 단축할 수는 있다**(어 제34조 제1항). 【18. 모의】 / 지급제시기간이 넓은 의미로서 주채무자로부터 어음금을 지급받기 위한 기간의 뜻으로 사용되는 경우도 있는데 이는 결국 어음상 권리의 소멸시효기간을 말한다. 어음상 권리는 '만기로부터 3년'이 경과하면 주채무자에 대한 관계에서 소멸시효가 완성된다. 이러한 의미의 지급제시기간은 단축이나 연장이 불허된다.

⑤ (O) 어음행위도 하자있는 의사표시의 일반론이 적용되어 취소의 주장이 가능한데, 그 취소의 상대방이 직접상대방에 한정되는지 문제된다. 판례는 "사기와 같은 의사표시의 하자를 이유로 어음발행행위를 취소하는 경우에 그 취소의 의사표시는 어음발행행위의 직접 상대방에 대하여 뿐만 아니라 어음발행행위의 직접 상대방으로부터 어음을 취득하여 그 어음금의 지급을 청구하고 있는 소지인에 대하여도 할 수 있다"고 판시하여 '**제3취득자포함설**'의 입장이다.[6] 【12.모의】 / 또한 "어음행위에 착오, 사기, 강박 등 의사표시의 하자가 있다는 항변은 어음행위 상대방에 대한 인적항변에 불과한 것이므로, 어음채무자는 소지인이 채무자를 **해할 것을 알고 어음을 취득한 경우**가 아닌 한 소지인이 중대한 과실로 **그러한 사정을 몰랐다**(선의)고 하더라도 종전 소지인에 대한 인적항변으로써 소지인에게 대항할 수 없다"고 판시한 바 있다.[7] 【11, 12.모의】【변시 제4회】 **정답 ⑤**

55. 소멸시효 기간이 같은 것끼리 묶인 것은? (각 지문은 독립적이며, 다툼이 있는 경우 판례에 의함)

> ㄱ. 매수인인 甲 주식회사가 매도인인 乙 의료법인과의 부동산매매계약의 이행으로서 그 매매대금을 매도인에게 지급하였으나, 乙 의료법인을 대표하여 위 매매계약을 체결한 대표자의 선임에 관한 이사회결의가 부존재하는 것으로 확정됨에 따라 위 매매계약이 무효로 되었음을 이유로 甲 회사가 乙 의료법인에게 이미 지급하였던 매매대금 상당액의 부당이득반환청구권을 행사하는 경우
> ㄴ. 아파트 시공회사인 甲 건설회사와 분양회사인 乙 주식회사 사이의 건설공사 도급계약에 기한 하자담보책임을 묻기 위해 乙 회사가 甲회사에 손해배상청구권을 행사하는 경우
> ㄷ. 가맹상인 甲이 가맹업자인 乙 유한회사를 상대로 乙 회사가 가맹계약상 근거를 찾을 수 없는 'Administration Fee'라는 항목으로 甲에게 내장 매출액의 일정 비율에 해당하는 금액을 청구하여 지급받은 것은 부당이득에 해당한다며 그 금액 상당의 부당이득반환청구권을 행사하는 경우
> ㄹ. 甲이 乙 주식회사와 재건축사업을 위한 지분제 공사도급계약을 체결하였는데, 乙 주식회사의 실질적인 경영주로서 재건축사업을 사실상 주도한 丙이 재건축사업의 공사대금 등의 명목으로 丁으로부터 돈을 차용한 사안에서 丁이 丙에게 대여금반환청구권을 행사하는 경우

---
[5] 대법원 1992. 6. 23. 91다43848 전합판결.
[6] 대법원 1997. 5. 16. 선고 96다49513
[7] 대법원 1997. 9. 15. 94다5856 판결

ㅁ. 건설자재 등 판매업을 하는 甲이 乙 주식회사를 상대로 제기한 물품대금청구소송에서 원고 승소판결이 확정된 후 丙이 乙 주식회사의 물품대금채무를 연대보증한 사안에서 甲이 丙에게 보증채권을 행사하는 경우

① ㄱ, ㄴ, ㄷ   ② ㄴ, ㄷ, ㄹ   ③ ㄷ, ㄹ, ㅁ
④ ㄱ, ㄹ, ㅁ   ⑤ ㄴ, ㄷ, ㅁ

해설

ㄱ. **(소멸시효 10년)** 법인의 이사회결의가 부존재함에 따라 발생하는 제3자의 부당이득반환청구권은……이사회결의부존재확인판결의 확정과 같이 객관적으로 청구권의 발생을 알 수 있게 된 때로부터 소멸시효가 진행된다고 보는 것이 타당하다. ……주식회사인 부동산 매수인이 의료법인인 매도인과의 부동산매매계약의 이행으로서 그 매매대금을 매도인에게 지급하였으나, 매도인 법인을 대표하여 위 매매계약을 체결한 대표자의 선임에 관한 이사회결의가 부존재하는 것으로 확정됨에 따라 위 매매계약이 무효로 되었음을 이유로 민법의 규정에 따라 매도인에게 이미 지급하였던 매매대금 상당액의 반환을 구하는 부당이득반환청구의 경우, 거기에 상거래 관계와 같은 정도로 신속하게 해결할 필요가 있다고 볼 만한 합리적인 근거도 없으므로 위 부당이득반환청구권에는 상법 제64조가 적용되지 아니하고, 그 소멸시효기간은 민법 제162조 제1항에 따라 10년이다.[8] 【14.모의】

ㄴ. **(소멸시효 5년)** 건설공사에 관한 도급계약이 상행위에 해당하는 경우 그 도급계약에 기한 수급인의 하자담보책임은 상법 제64조 본문에 의하여 원칙적으로 5년의 소멸시효에 걸리는 것으로 보아야 한다.[9]

ㄷ. **(소멸시효 5년)** 가맹점사업자인 갑 등이 가맹본부인 을 유한회사를 상대로 을 회사가 가맹계약상 근거를 찾을 수 없는 'SCM Adm'(Administration Fee)이라는 항목으로 갑 등에게 매장 매출액의 일정 비율에 해당하는 금액을 청구하여 지급받은 것은 부당이득에 해당한다며 그 금액 상당의 반환을 구한 사안에서, 갑 등이 청구하는 부당이득반환채권은 갑 등과 을 회사 모두에게 상행위가 되는 가맹계약에 기초하여 발생한 것일 뿐만 아니라, 을 회사가 정형화된 방식으로 가맹계약을 체결하고 가맹사업을 운영해 온 탓에 수백 명에 달하는 가맹점사업자들에게 갑 등에게 부담하는 것과 같은 내용의 부당이득반환채무를 부담하는 점 등 채권 발생의 경위나 원인 등에 비추어 볼 때 그로 인한 거래관계를 신속하게 해결할 필요가 있으므로, 위 부당이득반환채권은 상법 제64조에 따라 5년간 행사하지 않으면 소멸시효가 완성된다.[10]

ㄹ. **(소멸시효 10년)** 어떠한 자가 자기 명의로 상행위를 함으로써 상인자격을 취득하고자 준비행위를 하는 것이 아니라 다른 상인의 영업을 위한 준비행위를 하는 것에 불과하다면, 그 행위는 행위를 한 자의 보조적 상행위가 될 수 없다. 여기에 회사가 상법에 의해 상인으로 의제된다고 하더라도 회사의 기관인 대표이사 개인은 상인이 아니어서 비록 대표이사 개인이 회사 자금으로 사용하기 위해서 차용한다고 하더라도 상행위에 해당하지 아니하여 차용금채무를 상사채무로 볼 수 없다.[11][12] 【변시 제4회,7회】【18.모의】

ㅁ. **(소멸시효 5년)** 보증채무는 주채무와는 별개의 독립한 채무이므로 보증채무와 주채무의 소멸시효기간은 채무의 성질에 따라 각각 별개로 정해진다. 그리고 주채무자에 대한 확정판결에 의하여 민법 제163조 각 호

---

8) 대법원 2003. 4. 8. 선고 2002다64957 판결.
9) 대법원 2011. 12. 8., 선고, 2009다25111 판결
10) 대법원 2018. 6. 15. 선고 2017다248803, 248810 판결
11) 대법원 2018. 4. 24. 선고 2017다205127 판결.
12) 본 사안은 건설회사 대표이사인 피고가 회사 운영자금으로 사용하려고 '갑'으로부터 돈을 투자받았는데, 이후 '갑'이 사망하자 상속인인 원고들에게 투자금을 반환하기로 약정한 사안에서, 대표이사인 피고는 상인이 아니고, '갑'은 상인이지만 자신의 영업(컨테이너 제조·판매·대여)과 무관하게 개인적으로 돈을 투자한 것으로 '갑'의 영업을 위한 보조적 상행위로 볼 수도 없어 원고들의 피고에 대한 채권은 10년의 소멸시효가 적용되는 민사채권으로 보아야 한다고 판결한 사례이다.

의 단기소멸시효에 해당하는 주채무의 소멸시효기간이 10년으로 연장된 상태에서 주채무를 보증한 경우, 특별한 사정이 없는 한 보증채무에 대하여는 민법 제163조 각 호 의 단기소멸시효가 적용될 여지가 없고, 성질에 따라 보증인에 대한 채권이 민사채권인 경우에는 10년, 상사채권인 경우에는 5년의 소멸시효기간이 적용된다.13) 【변시 제7회】 즉 상인 甲이 乙 회사를 상대로 제기한 물품대금청구소송에서 원고승소판결이 확정된 후 비상인 丙이 乙 주식회사의 물품대금채무를 연대보증한 경우 甲이 비상인 丙에게 대해 행사하는 **일방적 상행위로써 보증채권은 소멸시효가 5년**이다. 정답 ⑤

56. 주식회사의 배당에 관한 설명으로 옳은 것을 모두 고른 것은?

> ㄱ. 주주의 구체적인 이익배당청구권은 이사회결의 또는 정기총회의 배당승인결의 시에 비로소 발생한다.
> ㄴ. 결산대차대조표상 순자산액이 없거나 자본금 결손이 있는 때에는 이익배당을 할 수 없다.
> ㄷ. 회사가 종류주식을 발행한 경우에는 각 종류의 주식마다 이익배당률을 달리 정할 수 있다.
> ㄹ. 배당가능이익이 없는데도 배당이 승인되어 주주에게 지급된 경우 회사는 주주에 대하여 위법배당액의 반환을 청구할 수 있으나 회사채권자는 위법배당액을 회사에 반환할 것을 청구할 권리가 없다.
> ㅁ. 중간배당은 영업연도가 1년인 회사에서만 할 수 있으며, 정관에 규정이 없더라도 이사회결의를 거치면 할 수 있다.

① ㄱ, ㄴ, ㄷ
② ㄴ, ㄷ, ㄹ
③ ㄷ, ㄹ, ㅁ
④ ㄱ, ㄹ, ㅁ
⑤ ㄴ, ㄷ, ㅁ

해설

ㄱ. (O) 주주총회의 승인결의가 있으면 이익배당이 확정되나, 이러한 절차가 없다면 비록 배당가능한 당기순이익이 발생하였다고 하더라도 주주의 배당금지급청구권이 당연히 존재하는 것은 아니다.14) 이러한 구체적 이익배당청구권을 '배당금지급청구권'이라 할 수 있는데, 주주권과는 독립된 채권적 권리이어서 **독립적인 양도성**이 긍정된다. 이익배당은 재무제표승인권이 있는 **주주총회 보통결의**로 정한다(제462조 제2항 본문). 반면에 구체적 이익배당청구권으로 변하기 전의 상태를 추상적 이익배당청구권이라 하는데, 이는 주주권의 지분적 일부에 불과한 것으로서 독립적인 양도성은 부정되고, 회사에 대하여도 이익배당금의 지급을 청구할 수 없다.15) 【변시 제2회】

ㄴ. (O) 회사가 영업연도의 영업활동으로 얻은 당기순이익을 주주에게 배당하는 것을 이익배당이라고 한다. 상법은 회사채권자의 이익을 위하여 엄격한 이익배당의 요건을 요구하고 있다. ㄱ 실제적 요건으로 '배당가능이익'이 있을 것이 요구된다(제462조 제1항). 【6회 변시】 여기서 '배당가능이익'이란 순자산에서 ① 자본금액, ② 결산기에 적립된 법정준비금, ③ 결산기에 적립할 이익준비금, ④ 미실현이익을 차감한 금액이므로 이를 한도로 이익배당 할 수 있다.16) 따라서 순자산액이 없거나 자본금 결손이 있는 때에는 이익배당을 할 수 없다.

---

13) 대법원 2014. 6. 12. 선고 2011다76105 판결
14) 대법원 1983. 3. 22. 선고 81다343 판결.
15) 서울고법 1976. 6. 11. 75나1555 제2민사부판결 "주주의 이익배당청구권은 주주총회의 배당결의 전에는 추상적인 것에 지나지 않아 주주에게 확정적인 이익배당청구권이 없으며 배당결의가 없다하여 상법상 회사의 채무불이행이나 불법행위가 될 수 없다."
16) 총자산, 순자산, 당기순이익, 배당가능이익의 산출식

▶ 배당가능이익 ◀

배당가능이익 = 순자산 − (자본금액+결산기에 적립된 법정준비금+결산기에 적립할 이익준비금 + 미실현이익)

ㄷ. (O) 상법 464조는 이익배당의 기준에 관하여 "이익배당은 각 주주가 가진 주식의 수에 따라 한다. 다만, 제344조 제1항을 적용하는 경우에는 그러하지 아니하다"고 규정하고 있습니다. 한편 상법 제344조 제1항은 "회사는 이익의 배당, 잔여재산의 분배, 주주총회에서의 의결권의 행사, 상환 및 전환 등에 관하여 내용이 다른 종류의 주식(이하 종류주식)을 발행할 수 있다"고 규정하고 있다. 【15,17.모의】 따라서 회사가 종류주식을 발행한 경우에는 각 종류의 주식마다 이익배당률을 달리 정할 수 있다.

ㄹ. (X) 금전배당이 위법하게 이루어진 경우 이는 당연무효로서 회사는 **부당이득반환**의 법리(민법 제741조)에 의하여 주주에게 이익배당금의 반환을 청구할 수 있다. 또한 회사가 주주에게 위법배당금의 반환을 청구하지 않으면 회사채권자는 **채권자대위권**(민법 제404조)을 행사하여 반환청구를 할 수 있다. 그러나 채권자대위권의 요건을 충족시키지 못 할 때에도 회사채권자는 **제462조 제3항에 따라** 위법배당금을 **자신이 아니라 회사에** 반환할 것을 주주에게 청구할 수 있다. 【변시 제2회】【19.모의】

ㅁ. (X) 중간배당이란 ① **연 1회의 결산기**를 정한 회사가 ② **정관으로** ③ 영업연도 중 1회에 한하여 ④ **이사회의 결의**로 일정한 날을 정하여 그 날의 주주에 대하여 ⑤ 금전으로 하는 이익배당을 의미한다(제462조의3 제1항). 이는 직전 결산기의 미처분이익을 재원(財源)으로 하는 배당으로서 당해 년도의 손익이 확정되기 전에 회사재산을 유출하는 것인데 **이사회 결의만으로 가능**하므로 자본충실을 해할 염려가 크다. 【변시 제2회】【18.모의】【19.모의】

정답 ①

57. 표현대표이사에 관한 설명으로 옳지 <u>않은</u> 것은? (다툼이 있는 경우 판례에 의함)

① 표현대표이사의 성립에는 이사의 자격을 요하지 않기 때문에 회사의 사용인은 표현지배인 또는 표현대표이사가 될 수 있다.

② 표현대표이사의 행위로 인정되더라도 만일 그 행위에 이사회의 결의가 필요하고 거래의 상대방인 제3자의 입장에서 이사회의 결의가 없었음을 알았거나 알 수 있었을 경우라면 회사는 그 행위에 대한 책임을 지지 않는다.

③ 표현대표이사가 임의로 표현적 명칭을 사용하면서 회사도 그 사실을 모른 경우에는 원칙적으로 회사는 귀책사유가 없다.

④ 규모가 큰 주식회사와의 거래에 있어서 거래상대방이 단지 전무이사 또는 상무이사 등의 명칭을 사용하는 이사에게 대표권이 있다고 신뢰한 경우에는 중과실이 인정되지 않는다.

⑤ 회사의 이사들이 표현적 명칭의 사용을 알고 있었으나 아무 조치를 취하지 못하였던 경우 회사의 귀책사유가 인정된다.

---

1. 총자산 = 부채 + 자본금 + 기적립법정준비금 + 기적립임의준비금 + 미실현이익 + 임의준비금 + 당기이익준비금 (A×1/10) + 금전, 현물배당(A)
2. 순자산 = 총자산 − 부채
3. 당기순이익= 임의준비금 + 당기이익준비금 + 금전, 현물배당
4. 배당가능이익 = 기적립임의준비금 + 미실현이익 + 임의준비금 + 금전, 현물배당

해설

① (○) 표현대표이사제도는 **대표이사 아닌 자가** 회사를 대표할 권한이 있는 것으로 인정될 만한 명칭을 사용한 행위에 대하여 회사가 선의의 제3자에게 책임을 지는 법리이다(제395조). 【6회 변시사례】 법문에는 '이사의 행위'라고 하여 마치 이사의 자격은 있어야 하는 듯이 규정하고 있으나, 이사의 자격이 표현적 상태에 영향을 주는 것이 아니므로 **이사의 자격이 없는 자의** 행위도 본조를 유추적용할 수 있다는 것이 대체적 견해이다.17) 【11,16.모의】【18.모의】

② (○) 진정한 대표이사라고 하더라도 할 수 없는 행위(예컨대 이사의 선임, 검사인의 선임 등)에 대하여는 본조가 적용되지 않는다. 판례는 ① 대표이사 아닌 자가 회사의 유일한 재산을 양도담보로 제공한 사안에서 진정한 대표이사도 **주주총회의 특별결의** 없이는 그러한 행위를 할 수 없음을 이유로 본조의 적용을 부정하였다. 【16.모의】 ② 표현대표이사의 행위로 인정되는 경우라도 당해 행위에 이사회의 결의가 필요하고, 상대방 입장에서 **이사회의 결의가 없었음을 알았거나 알 수 있었을 경우**라면 회사는 책임을 면한다고 하였다.18) 【16.모의】

③ (○), ⑤ (○) 회사는 표현적 명칭사용을 허락하여야 한다. 이때의 허락은 **명시, 묵시적으로 모두 가능하다.** 다만 묵시적 허락에 관하여 어느 정도 귀책사유가 필요한지 문제된다. 판례는 "제3자가 임의로 명칭을 참칭한 경우에는 회사가 이를 **알면서도 방치한 경우에 한하여 묵시적 허락과 동일하게 취급한다**"고 판시한바 있다.19) 【11,14,16.모의】

> **참고판례**
> 표현대표자의 행위에 대하여 회사가 책임을 지는 것은 회사가 표현대표자의 명칭 사용을 **명시적으로나 묵시적으로 승인**할 경우에 한하는 것이고, 회사의 명칭 사용 승인 없이 임의로 명칭을 참칭한 자의 행위에 대하여는 **비록 그 명칭 사용을 알지 못하고 제지하지 못한 점에 있어 회사에게 과실이 있다고 할지라도 그 회사의 책임으로 돌려 선의의 제3자에 대하여 책임을 지게 할 수 없다.**

④ (✕) 상법 제395조가 표현대표이사의 명칭으로 사장, 부사장, 전무, 상무 등의 명칭을 나란히 예시하고 있다 하더라도 그 각 명칭에 대하여 거래통념상 제3자가 가질 수 있는 신뢰의 정도는 한결같다고 할 수 없으므로 … 규모가 큰 주식회사에 있어서 '대표이사 전무' 또는 '대표이사 상무' 등의 명칭을 사용하지 아니하고, 단지 '전무이사' 또는 '상무이사' 등의 명칭을 사용하는 이사에 대하여는 제3자가 악의라거나 중과실이 있다는 회사측의 항변을 배척함에 있어서는 구체적인 당해 거래의 당사자와 거래 내용 등에 관하여 신중한 심리를 필요로 하고, 함부로 그 항변을 배척하여서는 아니된다.20) 【18.모의】 **정답** ④

58. 주주총회에 관한 설명으로 옳지 <u>않은</u> 것은? (다툼이 있는 경우 판례에 의함)

① 회사는 정관에 규정이 없더라도 이사회의 결의로 주주가 총회에 출석하지 아니하고 서면 또는 전자적 방법에 의하여 의결권을 행사할 수 있음을 정할 수 있다.

② 비상장회사에서 의결권 있는 발행주식총수의 100분의 3 이상의 주식을 가진 주주는 임기 중 이사의 해임에 관한 사항을 주주제안의 내용으로 할 수 있고, 회사는 그 내용이 법령 또는 정관을 위반하지 않는 한 이를 거절할 수 없다.

③ 주주총회는 정관 또는 법률에 규정된 사항에 한하여 권한이 있다.

---

17) 대법원 1992. 7. 28. 선고, 91다35816 판결.
18) 대법원 1964. 5. 19. 선고 63다293판결. 대법원 1998. 3. 27. 선고 97다34709 판결.
19) 대법원 1995. 11. 21. 선고, 94다50908 판결.
20) 대법원 1999.11.12. 선고 99다19797 판결

④ 자본금 총액이 10억 원 미만인 회사에서는 총주주의 동의가 있으면 서면에 의한 결의를 할 수 있다.

⑤ 감사의 회사에 대한 책임면제에 관한 주주총회의 결의에서 당사자인 감사가 주주인 경우 의결권이 제한된다.

> **해설**

① (×) 주주는 '**정관**'이 정한 바에 따라 총회에 출석하지 아니하고 **서면에 의하여 의결권을 행사**할 수 있다(제368조의3 제1항). 【14.모의】【4회 변시】【19.모의】 주주는 '**이사회 결의**'에 따라 총회에 출석하지 않고 전자적 방식으로 의결권을 행사할 수 있다.[21] 서면투표는 **정관**에 규정이 있어야 시행할 수 있는 반면에 전자투표는 정관의 규정 없이도 **이사회의 결의**만으로 채택할 수 있다. 【11, 14, 17.모의】【4회 변시】【19.모의】

② (O) 주주제안권이란 발행주식총수의 **100분의 3** 이상의 주식을 가진 주주가 일정한 사항을 주주총회의 목적사항으로 할 것을 이사에 대하여 제안할 수 있는 소수주주권을 말한다(제363조의2 제1항). 【변시 제2회】 일반 상장회사의 경우 6개월 전부터 계속하여 의결권이 있는 발행주식총수의 **1천분의 10** 이상에 해당하는 주식을 보유한 자는 주주제안권을 행사할 수 있고, 대통령령으로 정하는 상장회사(자산규모 1천억 이상)의 경우에는 **1천분의 5** 이상의 보유주식을 요한다(제542조의6 제2항). 【변시 제2회】 주주제안은 법령(ex, 상법 시행령 제12조) 또는 정관에 위반하는 사항이 아닌 한 가능하다.

③ (O) 주주총회는 주주로 구성된 회사의 기본적 사항을 결정하는 필요상설의 기관이다. 제361조에서는 "주주총회는 상법 또는 정관에 정하는 사항에 한하여 결의할 수 있다"고 규정하고 있다.

④ (O) (a) 자본금 총액이 10억원 미만인 회사는 **주주 전원의 동의**가 있을 경우 **서면에 의한 결의**로써 주주총회의 결의를 갈음할 수 있고, 또한 (b) 결의의 목적사항에 대하여 **주주 전원이 서면으로 동의**를 한 때에는 **서면에 의한 결의가 있는 것으로 간주한다**. 이 경우 서면결의에 대해서는 **주주총회와 동일한 효력**이 있다(제363조 제5항).[22] 【16.모의】

⑤ (O) 총회의 결의에 관하여 특별한 이해관계가 있는 주주는 의결권을 행사하지 못한다(368조 제3항). 【17.모의】 '개인법설(個人法設), 통설, 판례'에 의하면 회사의 지배(支配)에 관한 결의는 주주에게 특별이해관계가 없는 것이나, 주주 개인의 경제적 이익(利益)에 관한 결의는 특별이해관계가 있는 것이라고 한다. 따라서 주주 개인의 경제적 이익과 관련되는 ① **영업양도에서 상대방인 주주** ② **주주 겸 이사 보수의 결정** ③ **주주 겸 이사 및 감사의 책임면제**에 관한 결의는 의결권행사가 제한된다. [양/보/면] 【19.모의】　　**정답** ①

59. 부동산임대업을 하려는 甲은 준비행위로서 부동산임대업을 하는 상인 乙로부터 건물을 매수하였는데, 점유이전일로부터 6개월이 지난 후 건물의 하자를 발견하였다. 甲은 乙에게 하자로 인한 손해배상을 구하였다. 이에 관한 설명으로 옳지 <u>않은</u> 것은? (다툼이 있는 경우 판례에 의함)

① 매수인의 목적물검사 및 하자통지의무는 당사자 쌍방이 상인이고 쌍방에게 상행위가 되는 경우에 한하여 적용되므로 상인간의 매매라 하더라도 어느 일방에게 전혀 상행위가 되지 않는다면 매수인은 그 의무를 부담하지 않는다.

---

[21] 이는 2009년에 신설된 제도로서 정보통신환경의 발달로 전자적 방식에 의해 주주총회개최가 가능하게 된 현실을 반영한 제도이다.

[22] '서면결의제도'는 '서면에 의한 의결권의 행사'(제368조의3)와는 다른 것이다. 후자는 주주총회가 개최된 경우에 이에 현실적으로 출석하지 못한 주주들이 서면으로 의결권을 행사하는 것인 데 반해, 전자는 주주총회 자체를 개최하지 않고 표결 전부를 서면으로 하는 것을 말한다.

② 점포구입은 영업을 위한 준비행위로서 영업의사를 상대방이 주관적으로 인식한 경우에만 보조적 상행위로서 상행위에 관한 상법의 규정이 적용된다.
③ 甲이 부동산임대업의 준비행위로서 같은 영업을 하던 乙로부터 건물을 매수한 경우 위 매수행위는 甲에게는 보조적 상행위에 해당하므로 甲은 상인자격을 취득한다.
④ 매수인 甲이 상인에게 통상 요구되는 객관적인 주의의무를 다하여도 6월내에 그 목적물의 하자를 발견할 수 없어서 하자의 통지를 할 수 없었던 경우라도 甲은 매도인 乙에게 하자담보책임을 물을 수 없다.
⑤ 어느 행위가 영업을 위하여 하는 행위인지 여부가 불분명한 경우 당사자는 영업을 위하여 하는 행위가 아님을 증명하여 상행위성을 배제할 수 있다.

해설

① (O) 민법에 의하면 매수인은 매매목적물에 하자가 있음을 안 날로부터 6월 이내에 매도인에게 담보책임을 추궁할 수 있지만(민법 제580조, 제582조), 상사매매에 대해서는 다음과 같은 특칙이 적용된다. 상법 제69조에 따르면 매수인은 ① 목적물을 수령하면 **지체 없이 이를 검사**하여야 하고(검사의무), ② 만약 하자가 있으면 그 하자를 **즉시 매도인에게 통지**하여야 한다(통지의무). ③ 목적물에 즉시 발견할 수 없는 하자가 있더라도 최소한 **6월 이내에** 이를 검사하여 **통지**해야 한다. 이와 같은 상사매매에서의 매수인의 '목적물 검사 및 하자통지의무'라고 한다. 본 조가 적용되기 위해서는 거래의 **양 당사자가 모두 상인**이어야 한다. 따라서 일방만이 상인인 경우에는 본조가 적용되지 아니한다.23) 【변시 제3회】【17.모의】

② (×), ③ (O) 회사와 달리 자연인은 **태생(胎生)적 상인이 아니므로** 어느 시점에 상인자격을 취득하는지 문제된다. 판례는 '영업의사 **객관적** 인식가능설' 입장에서 "【1】 영업의 목적인 기본적 상행위를 개시하기 전에 영업을 위한 준비행위를 하는 자는 영업으로 상행위를 할 의사를 실현하는 것이므로 ① **그 준비행위를 한 때 상인자격을 취득함과** ② 아울러 이 개업준비행위는 영업을 위한 행위로서 그의 최초의 보조적 상행위가 되는 것이고, 이와 같은 개업준비행위는 반드시 상호등기·개업광고·간판부착 등에 의하여 영업의사를 일반적·대외적으로 표시할 필요는 없으나, ③ 점포구입·영업양수·상업사용인의 고용 등 그 **준비행위의 성질(性質)로 보아** 영업의사를 상대방이 객관적으로 인식할 수 있으면 당해 준비행위는 보조적 상행위로서 여기에 상행위에 관한 상법의 규정이 적용**된다. [준/최/준/성]【2】 부동산임대업을 개시할 목적으로 그 준비행위의 일환으로 당시 같은 영업을 하고 있던 자로부터 건물을 매수한 경우, 위 매수행위는 보조적 상행위로서의 '개업준비행위'에 해당하므로 **위 개업준비행위에 착수하였을 때 상인 자격을 취득한다**"라고 판시한바 있다.24)【11.모의】【제8회 변시】

④ (O) 하자의 성질상 6월 이내에 도저히 발견될 수 없는 경우(숨은 하자)에도 매수인은 본 조에 의하여 하자담보책임을 추궁할 수 없는지 문제된다. 판례는 "설령 매매의 목적물에 상인에게 통상 요구되는 객관적인 주의의무를 다하여도 즉시 발견할 수 없는 하자가 있는 경우에도 매수인은 6월 이내에 그 하자를 발견하여 지체 없이 이를 통지하지 아니하면 **매수인은 과실의 유무를 불문하고 매도인에게 하자담보책임을 물을 수 없다**"고 하여 '**부정설**'의 입장이다.25)【11.모의】【7회 변시】【6회 변시 사례】【19.모의】

⑤ (O) '**영업을 위하여**' 하는 행위를 **보조적 상행위**라 한다(제47조 제1항). 보조적 상행위는 **행위의 객관적 성질**에 의해 결정된다는 것이 판례의 입장이다.26) 다만, 상인의 행위가 영업을 위하여 하는 것인지 **판별이**

---

23) 대법원 1993. 6. 11. 선고, 93다7174, 7181 판결
24) 대법원 1999. 1. 29. 선고 98다1584 판결.
25) 대법원 1999. 1. 29. 선고 98다1584 판결.
26) 대법원 2008. 12. 11. 선고 2006다54378 판결.

애매(曖昧)한 경우에는 보조적 상행위로 '추정'된다(제47조 제2항). 따라서 당사자는 영업을 위하여 하는 행위가 아님을 증명하여 상행위성을 배제할 수 있다.

> 참조조문
> 제47조 (보조적 상행위)
> ① 상인이 영업을 위하여 하는 행위는 상행위로 본다(간주).
> ② 상인의 행위는 영업을 위하여 하는 것으로 추정(推定)한다.

정답 ②

60. 보험가액에 관한 설명으로 옳은 것은?

① 보험금액이 보험가액을 현저하게 초과한 때에 보험자는 보험금액의 감액을 청구할 수 있지만, 보험계약자는 보험료의 감액을 청구할 수 없다.
② 기평가보험의 경우 협정보험가액이 사고발생시의 가액을 현저하게 초과할 때에는 협정보험가액을 보험가액으로 한다.
③ 일부보험은 어느 경우에도 보험자가 보험가액을 한도로 실제손해 전부를 보상할 책임을 진다.
④ 당사자 간에 보험가액을 정하지 아니한 미평가보험의 경우에는 계약당시의 가액을 보험가액으로 한다.
⑤ 보험가액이 보험기간 중에 현저하게 감소된 때에는 보험자는 보험금액의 감액을 청구할 수 있다.

> 해설

※ 보험가액이란 손해보험에 있어서 피보험이익의 금전적 평가액을 말한다(ex, 건물의 가액). 이는 보험자가 **보상할 법률상의 최고한도**가 된다. 【16.모의】 반면에 보험금액이란 보험사고가 발생하면 보험자가 지급하기로 보험계약에서 약정한 금액을 의미한다. 손해보험과 인보험을 불문하고 보험금액은 보험자의 책임의 **계약상 최고한도**가 된다. 【16.모의】

① (×), ⑤ (○) 초과보험이란 보험금액이 보험가액을 현저하게 초과한 보험을 말한다(제669조 제1항 본문 전단). 보험을 투기의 목적으로 이용할 우려로 상법은 일정한 규제를 가하고 있다. 예를 들면 시가 1억원 건물에 대해 보험금액을 2억원으로 정하는 경우이다. / 초과보험이라는 사실에 대하여 당사자가 선의였던 경우에는 보험자 또는 보험계약자는 보험료와 보험금액의 감액(減額)을 청구할 수 있는데(제669조 제1항 본문) 이는 **형성권(形成權)**이며, 보험료의 감액은 장래에 대하여서만 그 효력이 있다. 가액은 **계약당시**(사고당시×)의 가액에 의하여 정한다(제669조 1항, 제2항). 【14,16.모의】 / 보험계약자의 사기로 인해 초과보험이 체결된 때에는 그 계약은 **전부무효**로 한다(제669조 제4항 본문). 이러한 무효에 대한 **입증책임은 보험자가 부담**한다. 【14.모의】 그러나 계약이 무효임에도 불구하고 보험계약자를 보호할 필요가 없으므로 보험자는 **초과보험의 사실을 안 때**까지의 보험료를 청구할 수 있다(동항 단서). 【15.모의】

② (×), ④ (×) (a) '미평가보험'은 보험계약 체결시 보험가액을 미리 정하지 않은 보험을 의미하며, '기평가보험'은 보험계약 체결시 보험가액을 미리 정한 보험을 의미한다(제670조, 671조). (b) 당사자 간에 보험가액을 정하지 아니한 때에는 **사고발생시의 가액을 보험가액**으로 한다(제671조). 따라서 보험가액의 약정이 없었다고 하더라도 보험금액이 보험가액으로 되는 것은 아니다. 【16.모의】 다만 운송보험이나 해상보험 등의 경우 보험기간이 단기간이고 사고발생 시점을 특정하기 곤란하므로 선적시나 발송시 가액을 보험가액으

로 한다(제680조, 696조, 제697조, 제698조 ; 보험가액불변주의). (c) 당사자 간에 이미 보험가액을 정한 때에는 그 가액은 **사고발생시의 가액으로 정한 것으로 추정한다**(제670조). 이러한 것을 **협정가액**이라고 하는데, 보험가액의 입증을 용이하게 하기 위하여 인정하고 있는 취지이다. 【14,16.모의】【19.모의】 다만 이득금지원칙상 제670조 단서에서 **협정가액이 사고발생시의 가액을 현저하게 초과할** 때에는 **사고발생시의 가액을** 보험가액으로 하도록 규정하고 있다. 【13.모의】

③ (✗) 일부보험이란 보험금액이 보험가액에 미달하는 보험을 말한다. 예컨대 보험가액이 1억원인 건물에 대하여 보험금액을 7,000만원으로 약정한 보험이 이에 해당한다.

[1] 전부멸실(전손) - 일부보험의 경우 보험의 목적이 전부멸실 했다면 보험자는 약정한 보험금액(7천만원)을 지급하면 족하다.

[2] 일부멸실(분손) - 상법은 보험자가 **보험금액의 보험가액에 대한 비율**에 따라 손해를 보상하는 것을 원칙으로 하고 있다(**비례부담의 원칙** : 제674조 본문). 만약 손해액이 5,000만원이라면 보험자는 3,500만원을 보상하면 되는 것이다. 【12.모의】 다만 당사자 간에 합의로 **보험금액 내에서 손해액 전부**를 지급하기로 약정도 가능하다(제674조). 만약 실손해액이 5,000만원이라면 보험자는 3,500만원을 보상하면 되지만, 특약으로 실손해액 5,000만원의 보험금지급도 가능하다. 【14.모의】 정답 ⑤

61. X는 2010년부터 서울특별시에서 컴퓨터 하드웨어의 제조·판매업을 영위하는 자로 "오렌지 컴퓨터"라는 상호로 등기되어 있다. Y는 2017년부터 부산광역시에서 소프트웨어의 개발 및 컴퓨터 하드웨어의 제조·판매업을 영위하는 자로서 "오렌지 PC"라는 상호를 사용하고 있다. X와 Y는 모두 매출액의 40% 이상이 컴퓨터 하드웨어의 제조·판매에서 발생한다. X는 2019년 매출액이 20억 원이고, Y는 2019년 약 200억 원의 매출을 거두었다. 이에 관한 설명으로 옳은 것은? (다툼이 있는 경우 판례에 의함)

① X의 상호가 등기되어 있으므로 타인은 X의 상호를 사용할 수 없다.
② X는 그 영업을 폐지하지 않고 그 상호만을 분리하여 양도할 수 있다.
③ X는 Y에 대해 부정한 목적을 입증하면 상호사용폐지청구권을 행사할 수 있다.
④ Y의 매출액 규모가 X보다 월등히 크기 때문에 X가 Y의 신용에 편승하여 X의 제품이 Y의 제품인 것처럼 오해를 받아 X의 신용이 훼손된 경우에도 X는 Y에게 그에 따른 손해의 배상을 청구할 수 없다.
⑤ Y의 상호가 등기된 경우 Y가 부정한 목적으로 유사한 상호를 사용하고 있음을 입증하지 않아도 X는 Y의 등기상호의 말소를 청구할 수 있다.

해설

① (✗) 누구든지 부정한 목적으로 타인의 영업으로 오인할 수 있는 상호를 사용하지 못한다(제23조 제1항). 동일한 특별시·광역시·시·군에서 동종영업으로 타인이 등기한 상호를 사용하는 자는 부정한 목적으로 사용하는 것으로 추정한다(동조 제2항). 즉 반드시 '상호등기'를 해야만 부정목적의 상호사용이 금지되는 것이 아니다. 미등기 상호든 등기상호든 누구든지 부정목적의 상호사용은 금지된다.

② (✗) 상호는 원칙적으로 **영업과 함께 양도**할 수 있을 뿐이지만, 예외적으로 **영업을 폐지**한 경우에는 상호만을 독립적으로 양도할 수 있다(제25조 제1항). 여기서 영업의 폐지는 행정절차를 모두 거칠 것을 요하지 않으며, **사실상의 영업을 중단**하는 것으로도 충분하다. 【12.모의】【제6회 변시】

③ (○) 상호전용권은 타인이 부정한 목적으로 자신의 상호와 동일 또는 유사한 상호를 사용하는 경우 이를 배척할 수 있는 권리이다(제23조 제1항). 부정목적에 대해서는 동 청구권자가 입증을 함이 원칙이지만,

동일지역(특별시·광역시·시·군)에서 동종영업으로 타인이 등기한 상호를 사용하는 경우에는 부정한 목적으로 사용하는 것으로 **추정(推定)**한다(제23조 제4항). 설문의 경우 X는 '오렌지 컴퓨터'라는 상호를 먼저 사용하고 등기까지 한 자이므로, '오렌지 PC'라는 **유사상호**를 사용하는 후사용자 Y에게 상호전용권으로써 상호사용폐지를 청구할 수 있다. 다만 **X,Y가 동일지역이 아니고 동일상호도 아니므로** 부정목적이 되지 아니하므로 X는 스스로 입증해야 한다.

④ (✕) 소위 "상호의 역혼동(逆混同)"이란 유사한 상호의 후사용자가 선사용자보다 훨씬 저명한 경우에는 선사용자가 오히려 후사용자의 명성에 편승하여 소비자를 기망하려 했던 것과 같은 오해가 생길 수 있는 경우를 의미한다. 【18.모의】 최근 대법원은 ① "이른바 '역혼동'에 의한 후사용자의 손해배상책임을 인정할 여지가 있다"고 하였으나, ② 이 사안의 경우에는 "서주반도체의 자회사(파워컴)의 영업과 한전의 자회사의 영업(파워콤)은 그 **종류가** 다를 뿐만 아니라 **수요자층**에서도 **밀접한** 관련이 없으므로, 서주반도체측에게 역혼동으로 인한 피해를 인정할 수 없다"고 판시하여 손해배상청구(민법 제750조)를 받아들이지 않았다.[27] 【18.모의】 [종/수/밀] 설문의 경우 두 회사의 영업의 종류가 동일하므로 X가 Y의 신용에 편승하여 X의 제품이 Y의 제품인 것처럼 오해를 받아 X의 신용이 훼손된 경우라면, X는 Y에게 그에 따른 불법행위에 기한 손해의 배상을 청구할 수 있다.

⑤ (✕) 타인이 이미 먼저 등기한 상호는 **동일지역**(특별시·광역시·시·군)에서 **동종영업**의 동일상호로 **등기**하지 못한다(제22조).[28] 이 경우 먼저 상호를 등기한 자가 갖는 권리를 등기배척청구권이라고 한다. [동/동/동/기] 이러한 선등기자의 등기배척청구권은 제23조와 비교하여 볼 때, ① 상호등기를 한 자만이 행사가 가능하고, ② **지역적인 제한**이 있고, ③ 유사상호가 아니라 '**동일상호**'에 대해서만 **적용된다**는 점을 유의해야 한다.[29] 【18.모의】 두 회사의 경우 동일상호가 아니므로 본조가 적용되지 아니한다.　　　　　정답 ③

62. 회사에 대한 설명으로 옳은 것은? (다툼이 있는 경우 판례에 의함)

① 합자회사의 유한책임사원은 다른 사원의 동의가 없으면 자기 또는 제3자의 계산으로 회사의 영업부류에 속하는 거래를 할 수 없다.

② 합명회사는 법인격을 가지므로 회사에 대한 채권에 대하여는 회사의 재산만이 책임재산이 되고, 합명회사 사원의 재산은 책임재산이 되지 않는다.

③ 합자회사가 설립된 후에 사원이 되려는 자는 무한책임사원인 대표사원과 입사계약을 체결하는 방식으로는 사원이 될 수 없고, 기존의 사원으로부터 지분을 양수하는 방식으로 사원의 지위를 취득하여야 한다.

④ 합명회사의 사원이 출자한 채권이 변제기에 변제되지 아니한 때에는 그 사원은 그 채권액을 변제할 책임을 지며, 이 경우 이자를 지급하는 이외에 이로 인하여 생긴 손해를 배상하여야 한다.

⑤ 합자회사의 유한책임사원은 신용 또는 노무를 출자의 목적으로 할 수 있다.

해설

① (✕) 합자회사의 무한책임사원은 '경업금지의무'와 '자기거래금지의무'를 진다(제269조, 제198조, 제199조).

---

27) 대법원 2002. 2. 26. 2001다73879 판결
28) 제23조와 달리 제22조는 **동일지역**에서만 인정되는 권리이다.
29) 2009년 상업등기법 제29조가 개정되어 종래 유사상호까지 포함하던 태도를 변경하여 상법 제23조는 오로지 **동일상호**에 대해서만 적용하게 되었다. 따라서 **유사상호는 제23조만의 문제가** 되었다.

그러나 유한책임사원은 업무집행권이 없어 권한남용의 위험이 없으므로 이러한 의무가 없다.

② (×) 합명회사의 사원은 회사의 채권자에 대하여 **직접, 연대, 무한의 책임**을 진다(제212조). 즉 합명회사의 사원은 그의 지분과는 무관하게 전재산으로써 회사채무에 대하여 책임을 진다는 점에서 **무한**책임을 부담한다.

③ (×) [1] 합자회사 설립 후 제3자가 합자회사의 사원으로 되는 방법으로는 입사에 의하여 **원시적으로 사원자격을 취득하는 방법**과 기존의 사원으로부터 지분을 양수하는 방법이 있는데, 전자의 입사 방법은 입사하려는 자와 회사 사이의 **입사계약으로** 이루어지고 후자의 입사 방법은 입사하려는 자와 기존 사원 개인 사이의 **지분매매계약**으로 이루어진다.
[2] 합자회사의 무한책임사원인 대표사원과 제3자 사이의 동업계약이 그 내용에 비추어 제3자가 대표사원 개인에게 대금을 주고 그로부터 합자회사에 대한 지분 일부를 양수하기로 하는 지분매매계약이 아니라 제3자가 합자회사와 사이에 합자회사에 출자금을 출자하고 새로 유한책임사원의 지위를 원시취득하기로 하는 입사계약이라고 본 사례.30)

④ (O) 합명회사의 경우 채권을 출자의 목적으로 한 사원은 그 채권이 **변제기에 변제되지 아니한 때**에는 그 채권액을 변제할 책임을 진다. 이 경우에는 이자를 지급하는 외에 이로 인하여 생긴 손해를 배상하여야 한다(제196조).

⑤ (×) 합자회사의 경우 ① 무한책임사원은 금전 기타의 재산 외에 **신용 또는 노무**를 출자의 목적으로 할 수 있지만, ② 유한책임사원은 **금전을 비롯한 재산출자만** 할 수 있을 뿐 신용이나 노무를 출자의 목적으로 하지 못한다(제272조). 【11.모의】 　　　　　　　　　　　　　　　　**정답 ④**

63. 합병에 관한 설명으로 옳은 것을 모두 고른 것은?

> ㄱ. 존속회사를 제외한 합병당사회사는 청산절차를 거치지 않고 소멸한다.
> ㄴ. 간이합병의 경우에는 소멸회사의 주주총회를, 소규모합병의 경우에는 존속하는 회사의 주주총회를 생략할 수 있다.
> ㄷ. 소규모 합병에 반대하는 존속회사의 주주에게는 주식매수청구권이 인정되지 아니한다.
> ㄹ. 간이합병의 경우 합병반대주주의 주식매수청구권은 인정되지 아니한다.
> ㅁ. 흡수합병시 합병의 대가로 소멸회사의 주주에게 존속회사의 자기주식을 교부하는 것은 허용되지 않는다.

① ㄱ, ㄴ, ㄷ　　　　② ㄴ, ㄷ, ㄹ　　　　③ ㄷ, ㄹ, ㅁ
④ ㄱ, ㄹ, ㅁ　　　　⑤ ㄴ, ㄷ, ㅁ

해설

ㄱ. (O) 합병이란 2개 이상의 회사가 **청산절차를 거치지 않고** 합쳐지면서, 존속회사 또는 신설회사가 소멸회사의 **권리의무를 포괄적으로 승계**하는 회사법상의 법률사실을 말한다.31)

ㄴ. (O) 주식회사 간에 '**흡수합병(신설합병×)**'을 함에 있어서 소멸회사의 **총주주의 동의**가 있거나 소멸회사의 발행주식총수의 **100분의 90 이상**을 존속회사가 소유하고 있는 때에는 **소멸회사의 주주총회의 승인**은 이를

---

30) 대법원 2002. 4. 9. 선고 2001다77567 판결
31) 2개 이상의 회사가 청산절차를 거쳐 남은 재산으로 새로운 회사를 설립하는 것을 사실상의 합병이라 한다.

이사회의 승인결의로 갈음할 수 있다(제527조의2 제1항).32) / 주식회사 간에 '흡수합병(신설합병×)'을 하는 경우에 있어서 합병 이후에 존속회사가 합병으로 인해 발행하는 신주 또는 이전하는 구주(자기주식)의 총수가 그 회사의 발행주식총수의 100분의 10를 초과하지 아니한 때에는 **존속회사의 주주총회의 승인은 이사회의 승인결의로 갈음할 수 있다**(제527조의3 제1항 본문). 【변시 제1회,제5회】【14,16.모의】(제449조의2 제1항) 주식회사의 흡수합병에 있어서 '**간이합병**'의 경우 '**소멸회사**'의, '**소규모합병**'의 경우 '**존속회사**'33)의 이사회로 갈음할 수 있다. (제449조의2 제1항)

▶ 합병결의 기관 ◀

간이합병		소규모합병	
소멸회사	존속회사	소멸회사	존속회사
이사회	주주총회 특별결의	주주총회 특별결의	이사회

ㄷ. (○) ㄹ. (×) 합병에 반대하는 주주가 승인결의 전에 회사에 대하여 **서면으로** 반대하는 의사를 통지한 때에는, 승인결의가 이루어진 경우에도 회사에 대하여 자기의 주식매수를 청구할 수 있다(제522조의3 제1항). 이는 합병반대주주로 하여금 **투하자본을 회수(回收)**할 수 있도록 하기 위해 부여된 것이다. 【변시 제1회】 상법은 **소규모합병**에 대해서는 **존속회사의 주주**에게 주식매수청구권을 인정하지 않고 있다(제527조의3 제5항). 【변시 제1회】

▶ 주식매수청구권의 인정여부 ◀

간이합병		소규모합병	
소멸회사 주주	존속회사 주주	소멸회사 주주	존속회사 주주
인정	인정	인정	**불인정**

ㅁ. (×) 주식회사의 **흡수합병**에 있어서 존속회사가 소멸회사의 주주에게 합병대가로 합병신주 또는 자기주식을 교부할 수도 있고, 합병대가의 **전부 또는 일부**를 주식이 아닌 '**금전**'이나 '**현물**'로 제공할 수 있게 하였다(제523조 4호, 교부금합병). 【14,16.모의】【18.모의】(제449조의2 제1항) 정답 ①

64. 주식회사의 변태설립사항에 관한 설명으로 옳지 않은 것은?

① 모집설립 시 변태설립사항이 주식청약서에 기재되지 않은 경우 그러한 청약서에 의한 청약은 무효이고, 이 경우 창립총회에 출석하여 그 권리를 행사한 바 없는 주식인수인은 회사의 성립 시까지 그 인수의 무효를 주장하여야 한다.
② 발기인들이 각각의 발기인이 부담하는 주금납입액 중 20%를 면제하기로 한 약정은 발기인이 받을 특별이익으로서 정관에 기재하여야 한다.
③ 제3자가 발행한 약속어음의 출자는 제3자에 대한 금전채권을 현물출자하는 것으로서 허용되지만, 은행이 지급보증한 수표는 현물출자의 목적물이 될 수 없다.
④ 회사가 성립 후 양수할 재산의 종류, 수량, 가격과 그 양도인의 성명을 정관에 기재하여야 한다.
⑤ 현물출자의 이행에 관한 검사인의 조사보고는 공인된 감정인의 감정으로 갈음할 수 있다.

---

32) 존속회사가 이미 소멸회사의 주식을 100%보유하고 있다면 소멸회사주주에게 신주를 발행할 필요가 없다. 이를 무증자합병이라고 한다.
33) 일반적으로 대규모회사에 해당한다.

> **해설**

① (O) 모집설립시 주식인수인은 ① 회사설립 이후(*以後*)에는 **주식청약서의 요건흠결**을 이유로 하여 인수의 **무효**를 주장하거나 **사기, 착오, 강박**을 이유로 하여 인수의 취소를 주장하지 못하고, ② 회사가 성립되기 이전(*以前*)이라도 **창립총회에서 권리를 행사**한 이후에는 무효나 취소를 주장할 수 없다(제320조). 【14.모의】 【18. 모의】특히 ③ 상대방이 **악의인 경우 비진의의사표시**(민법 제107조 제1항 단서)의 적용은 애초부터 주장하지 못한다(제302조 제3항).【12.모의】 ④ 다만, 제한능력자의 경우에는 **제한능력자의 보호**라는 사법의 이념상 의사표시의 취소가 회사설립 이후(*以後*)라도 여전히 가능하다.[34]

② (×) 발기인의 특별이익 및 이를 받을 자의 성명은 정관에 기재되어야 한다(제290조 제1호). 발기인은 설립에 따르는 일정한 위험을 부담하고 설립사무를 주관하는 수고를 하므로 이에 대한 대가를 상법이 인정하고 있는 것이다. 예를 들면 ① 회사설비이용의 특혜, ② 신주인수의 우선권, ③ 회사와 계속적인 거래의 약속 등이 그 예이다. 그러나, ① 의결권에 대한 특혜, ② 발기인이 보유할 주식에 대한 납입의무의 면제, ③ 이사 지위의 보장 등을 부여하는 것은 허용되지 아니한다.

③ (O) 주식인수인은 **인수 후에 지체 없이 전액**(*全額*)을 납입하여야 한다(제305조 제1항). 자본충실의 원칙상 납입으로써 **대물변제**(*代物辨濟*)**나 경개**(*更改*)**는** 허용되지 아니하고, 어음이나 당좌수표로 납입한 경우에는 현실적인 **지급이 있어야만** 유효한 납입으로 된다.[35] 【변시 제1회】【제8회 변시】 / 제3자가 발행한 약속어음의 출자는 제3자에 대한 금전채권을 현물출자하는 것으로서 허용된다. 그러나 은행이 지급보증한 수표 또는 자기앞수표는 주금납입의무에 "지급에 갈음하여" 수수되는 경우인바 통설 및 판례는 **이를 '지급에 갈음하여'로 추정**한다.[36] 따라서 은행이 지급보증한 수표는 대물변제(*代物辨濟*)가 되므로 현물출자의 목적물이 될 수 없다.

④ (O) 재산인수라 함은 발기인이 성립후의 회사를 위하여 특정인으로부터 일정한 재산을 **양수**하기로 하는 개인법상의 계약을 의미한다(제290조 제3호).【제6회 변시】이러한 재산인수의 약정은 재산의 과대평가시에는 **회사의 자본충실을 저해**할 수 있다는 점 때문에 변태설립사항으로 규제되고 있다.【18.모의】

> **제290조(변태설립사항)** 다음의 사항은 정관에 기재함으로써 그 효력이 있다.
> 1. 발기인이 받을 특별이익과 이를 받을 자의 성명
> 2. 현물출자를 하는 자의 성명과 그 목적인 재산의 종류, 수량, 가격과 이에 대하여 부여할 주식의 종류와 수
> 3. 회사성립후에 양수(*讓受*)할 것을 약정한 재산의 종류, 수량, 가격과 그 양도인의 성명
> 4. 회사가 부담할 설립비용과 발기인 받을 보수액

⑤ (O) 이사는 변태설립사항의 조사를 위하여 검사인의 선임을 법원에 청구하여야 한다(제298조 제4항 본문). **법원에 의하여 선임된 검사인**은 '변태설립사항'을 조사하여 **법원에 보고**하여야 한다(제299조 제1항). 법원이 선임한 검사인의 조사·보고는 **발기인이 선임한 공증인**의 조사·보고 또는 **공인된 감정인**의 감정으로 **대체가 가능하다.** 따라서 발기인들은 **예외 없이** 더 **간편한 후자**를 택한다(제299조의2). 그러나 공증인·감정인은 조사 또는 감정결과를 **법원에** 보고는 해야 한다.[37]

정답 ②

---

34) 제한능력, 무권대리, 사해행위 등의 사유는 **제320조에 열거되어 있지 않으므로** 언제든지 주식인수에 취소, 무효를 주장할 수 있다. 그러나 이러한 주관적인 사유는 설립무효사유에 해당하지 않는다.
35) 대법원 1977. 4. 12. 선고 76다943 판결.
36) 대법원 1960. 5. 19. 선고 59다784 판결.
37) 발기인, 특별이익, 설립비용은 공증인의 조사·보고로 갈음하고, 현물출자, 재산인수는 감정인의 조사·보고로 갈음한다. [특/비/공 현/재/감]

65. 주식회사에서 이사의 종임으로 법률 또는 정관에서 정한 이사회 원수에 결원이 생긴 경우의 조치로서 옳은 것을 모두 고른 것은? (다툼이 있는 경우 판례에 의함)

> ㄱ. 이사의 임기가 결산기의 말일이 도래하기 전에 만료되는 경우 그 결산기에 관한 정기주주총회 종결일까지 임기를 연장할 수 있다.
> ㄴ. 임기만료 또는 사임한 이사는 새로 이사가 선임될 때까지 이사로서의 권리의무가 있다.
> ㄷ. 임시이사를 선임하기 위해서는 퇴임이사로 하여금 직무를 수행하도록 하는 것이 불가능하거나 부적당하다는 등 임시이사 선임의 필요성이 인정되어야 한다.
> ㄹ. 임시이사는 회사의 정상적 운영을 위하여 인정되는 것이므로 그 권한은 일상적인 업무로 제한된다.
> ㅁ. 법원이 임시이사를 선임할 때 결원의 원인이 이사의 사망·해임인 경우에 한하여 임시이사를 선임할 수 있다.

① ㄱ, ㄷ ② ㄴ, ㄷ ③ ㄱ, ㄷ, ㅁ
④ ㄱ, ㄹ, ㅁ ⑤ ㄴ, ㄷ, ㅁ

해설

ㄱ. (×) 이사의 임기는 3년을 초과하지 못한다(제383조 제2항). 이는 임기를 정하지 않은 경우 임기가 3년이 된다는 의미는 아니다. 【14,15.모의】【변시 제5회】 정관에 규정을 두어 **임기 중의 최종의 결산기**에 관한 정기주주총회의의 종결까지 연장 할 수 있다. 즉, "이사의 '임기 중의 결산기'에 관한 정기총회의 종결까지 연장되므로 '임기가 만료된 후'의 정기총회까지 연장되는 것은 아니라는 것"이 판례의 입장이다.38) 【15,16.모의】 【제5회 변시】【19.모의】

ㄴ. (O) 이사의 정원수에 이사가 부족하게 된 경우 임기만료 또는 사임(해임 ×)으로 인하여 퇴임한 이사(퇴임이사)는 정식이사가 취임할 때까지 이사로써 권리의무가 있다(제386조). 【19.모의】 다만 퇴임이사에게 **계속근무의무를 강제하는 범위는 최소화되는 것이 바람직**하므로 "이사의 결원으로 인하여 **회사가 정상적인 경영활동을 수행할 수 없는 상황이 아니라면 동 규정이 적용되지 않는 것**"으로 해석함이 타당하다.39)

ㄷ. (O) 상법 제386조가 규정한 '임시이사선임이 필요하다고 인정되는 때'라 함은 이사가 사임하거나 장기간 부재중인 경우와 같이 퇴임이사로 하여금 이사로서의 권리의무를 가지게 하는 것이 불가능하거나 부적당한 경우를 의미하는 것으로서 그의 필요성은 임시이사 제도의 취지와 관련하여 사안에 따라 개별적으로 판단되어야 한다.40)

ㄹ. (×) 법원은 이사의 결원시 '**필요하다고 인정할 때**'에는 이사, 감사 기타 이해관계인의 청구에 의하여(직권 ×) **일시이사의 직무를 행할 자를 선임할 수 있다**(동조 제2항).41) 일시이사 등은 상법 제407조에 의한 직무대행

---

38) 대법원 2010. 6. 24. 선고 2010다13541판결. 상법 제383조 제3항은 임기가 만료되는 이사에 대하여는 임기 중의 결산에 대한 책임을 지고 주주총회에서 결산서류에 관한 주주들의 질문에 답변하고 변명할 기회를 주는 한편, 회사에 대하여는 정기주주총회를 앞두고 이사의 임기가 만료될 때마다 임시주주총회를 개최하여 이사를 선임하여야 하는 번거로움을 덜어주기 위한 것에 그 취지가 있다. …… 위 규정은 결국 이사의 임기가 최종 결산기의 말일과 당해 결산기에 관한 정기주주총회 사이에 만료되는 경우에 정관으로 그 임기를 정기주주총회 종결일까지 연장할 수 있도록 허용하는 규정이라고 보아야 한다.
39) 대법원 1988. 3. 22. 선고 85누884 판결.
40) 대법원 2001. 12. 6. 자 2001그113 결정.
41) 대법원 2000. 11. 17. 선고 2000마5632 판결.

자와는 달라 본래의 이사나 대표이사와 **꼭 같은 권한**을 가지며, 회사의 상무(常務)에 속하지 아니하는 행위도 할 수 있다.42) 【16.모의】【19.모의】

ㅁ. (×) 상법 제386조는 이사의 퇴임으로 말미암아 법률 또는 정관에 정한 원수를 결한 경우에 임기의 만료 또는 사임으로 인하여 퇴임한 이사로 하여금 새로 선임된 이사가 취임할 때까지 이사의 권리의무를 행하도록 하는 한편, 필요하다고 인정할 때에는 법원은 이사, 감사, 기타의 이해관계인의 청구에 의하여 일시 이사의 직무를 행할 자를 선임할 수 있도록 규정하고 있는바, 여기에서 필요한 때라 함은 ① 이사의 **사망**으로 결원이 생기거나, ② 종전의 이사가 **해임**된 경우, ③ 이사가 **중병**으로 사임하거나 장기간 **부재**중인 경우 등과 같이 퇴임이사로 하여금 이사로서의 권리의무를 가지게 하는 것이 불가능하거나 부적당한 경우를 의미한다.43) 【16.모의】 [사/해/중/부]

정답 ②

66. A 주식회사는 감사위원회설치회사이며 집행임원설치회사이다. A 주식회사의 소송상 대표에 관한 설명으로 옳지 <u>않은</u> 것은? (다툼이 있는 경우 판례에 의함)

① 소송상대방이 감사위원회의 위원인 경우 소송상 회사의 대표는 감사위원회 또는 이사의 신청에 의해 법원이 대표할 자를 선임한다.

② 소송상대방이 사임한 이사인 경우 소송상 회사의 대표는 대표집행임원이 한다.

③ 소송상대방이 감사위원회의 위원이 아닌 이사인 경우 소송상 회사의 대표는 감사위원회 위원이 한다.

④ 소송상대방이 퇴임한 이사인 경우 소송상 회사의 대표는 대표집행임원이 한다.

⑤ 소송상대방이 집행임원인 경우 소송상 회사의 대표는 이사의 신청에 의해 법원이 대표할 자를 선임한다.

해설

① (O), ③ (O) 회사와 이사 간의 소송에서 **감사는 그 소에 관하여 회사를 대표(代表)**한다(제394조 제1항 전단). 한편 감사위원회의 위원이 소의 당사자인 경우에는 **감사위원회 또는 이사는 법원에** 회사를 대표할 자를 선임하여 줄 것을 신청하여야 한다(동조 제2항).44) 【17.모의】【제9회 변시】 / 나아가 감사위원회가 설치되어 있는 경우 회사와 이사(理事)간의 소에 있어서 **감사위원회(監事委員會)**가 회사를 대표한다(제415조의2 제7항, 제394조 제2항).

② (O), ④ (O) 집행임원 설치회사는 **대표이사를 두지 못하고, 대표집행임원이 그 지위를 대신한다.** 대표집행임원의 대표권은 대표이사의 대표권과 같이 영업에 관한 **재판상, 재판외**의 모든 행위에 미친다(제408조의5 제2항, 제389조 제3항, 제209조). 【제2회 변시】 한편 판례에 의하면 "회사의 이사로 등기되어 있던 사람이 회사를 상대로 사임을 주장하면서 이사직을 사임(辭任)한 취지의 변경등기를 구하는 소에서 상법 제394조 제1항은 적용되지 아니하므로 그 소에 관하여 **회사를 대표할 사람은 감사가 아니라 대표이사라고 보아야 한다.** …… 대표이사로 하여금 회사를 대표하도록 하더라도 '공정한 소송수행'이 이루어지지 아니할 염려는 거의

---

42) 대법원 1981. 9. 8. 선고 80다2511 판결.
43) 대법원 2000. 11. 17. 자 2000마5632 결정. 회사의 대표이사 및 이사의 임기 만료로 법률 또는 정관에 정한 원수에 결원이 발생한 경우, **회사 동업자들 사이에 동업을 둘러싼 분쟁이 계속되고 있다는 사정**만으로는 그 임기 만료된 대표이사 및 이사에게 회사의 대표이사 및 이사로서의 권리의무를 보유하게 하는 것이 불가능하거나 부적당한 경우에 해당한다고 할 수 없다고 한 사례.
44) 01년 세무사 기출지문

없기 때문이다.45)"라고 한다. 【18.모의】【제8회 변시】【19.모의】【19.모의】 또한 대법원은 소수주주들이 퇴임(退任)한 이사들을 상대로 대표소송을 제기하자 대표이사가 회사를 대표하여 위 소송에 공동소송참가한 사안에서 퇴임한 이사와 회사 사이의 소송에 관하여는 상법 제394조 제1항이 적용되지 아니하므로 대표이사를 대표자로 한 회사의 공동소송참가는 적법하다는 취지로 판단한바 있다.46) 【13.모의】

⑤ (×) 집행임원은 회사의 **업무를 집행할 권한**이 있고, 정관이나 **이사회로부터 위임받은 사항**에 관한 의사결정의 권한이 있다(제408조의4). 【제2회 변시】 다만, 다음의 사항은 집행임원에게 위임이 허용되지 않고, **이사회가 권한**을 갖는다(제408조의2 제3항). [선/감/대/위/분/수]

> ① 집행임원과 대표집행임원의 **선임**·해임
> ② 집행임원의 업무집행 **감독**
> ③ 집행임원과 집행임원 설치회사의 소송에서 집행임원 설치회사를 **대표**할 자의 선임 【제8회 변시】47)
> ④ 집행임원에게 업무집행에 관한 의사결정을 **위임**하는 것(상법에서 이사회 권한사항으로 정한 경우는 이사회가 위임하지 못하고 스스로 결정해야 함)48)
> ⑤ 집행임원이 여러 명인 경우 집행임원의 직무 **분담** 및 지휘·명령관계, 그 밖에 집행 임원의 상호관계에 관한 사항의 결정
> ⑥ 정관에 규정이 없거나 주주총회의 승인이 없는 경우 집행임원의 **보수** 결정

정답 ⑤

67. 보험에 관한 설명으로 옳은 것은?

① 甲이 乙 소유의 물건을 운송하기로 계약하면서 보험자 丙과의 사이에 피보험자를 乙로 하는 보험계약을 체결한 경우 乙의 위임이 없었다면 이러한 보험계약은 무효이다.
② 보험계약자의 사기로 중복보험을 체결한 경우에는 전체 보험계약이 무효가 되므로 보험계약자의 보험료지급의무도 소멸한다.
③ 보험목적의 전부가 멸실한 경우에 보험금액의 전부를 지급한 보험자는 그 목적에 대한 보험금액 상당의 피보험자의 권리를 취득한다.
④ 선박이 보험사고로 인하여 심하게 훼손되어 이를 수선하기 위한 비용이 수선하였을 때의 가액을 초과하리라고 예상될 경우 피보험자는 선박에 대하여 가지는 모든 권리를 보험자에게 무조건 이전하고 보험자에 대하여 전손에 해당하는 보험금을 청구할 수 있다
⑤ 보험계약자 또는 피보험자는 보험계약 체결 시 보험자에 대하여 중요한 사항을 고지해야 할 의무가 있으므로 보험자가 당연히 알 수 있는 일반적 사항이라 하더라도 보험계약상 중요한 사항이라면 고지할 의무가 있다.

---

45) 대법원 2013. 9. 9. 자 2013마1273 결정.
46) 대법원 2002. 3. 15. 선고 2000다9086 판결
47) 일반적인 경우처럼 감사가 대표하는 것이 아니다.
48) 신주발행(제416조), 사채발행(제469조), 경업·자기거래 등의 승인(제397조, 제398조), 재무제표 승인(제447조, 제449조의2) 등이 포함되며, 나아가 정관에서 이사회권한으로 정한 사항도 제393조 제1항의 중요자산의 처분 등에 해당하므로 집행임원에 위임할 수 있는 부분이 많지 않다.

해 설

① (×) 보험계약자가 타인의 이익을 위하여 자기의 명의로 체결한 보험계약을 '타인을 위한 보험계약'이라 한다(제639조). 여기서 타인이란 **손해보험에서는 '피보험자', 인보험에서는 '보험수익자'**를 의미한다. 따라서 ① 손해보험에서는 **보험계약자와 피보험자가 다른 보험계약**을 의미하고, ② 인보험에서는 **보험계약자와 보험수익자가 다른 보험계약**을 말하는 것이다.【18.모의】[49] 甲이 乙 소유의 물건을 운송하기로 계약하면서 보험자 丙과의 사이에 피보험자를 乙로 하는 보험계약을 체결한 경우 이는 제3자를 위한 보험인바, 乙의 위임이 없어도 유효하게 성립한다.

② (×) 피보험이익이 동일하고 보험사고와 보험기간을 공통으로 하는 보험계약을 체결함으로써 **수인의 보험자와 수개의 손해보험계약**이 병존하는 것을 중복보험이라 한다.[50] 사기적 중복보험이란 보험계약자가 보험가액을 넘어 위법하게 재산적 이익을 얻을 목적으로 체결한 중복보험계약을 말한다. 중복보험계약이 보험계약자의 사기로 인하여 체결된 때에는 그 계약은 **무효**로 하나, 보험자는 그 사실을 안 때까지의 보험료를 청구할 수 있다(제672조 제3항, 제669조 제4항).【11.모의】

③ (×) 잔존물대위란 보험의 목적이 **전부멸실**된 경우에 보험금액 **전부**를 지급한 보험자가 그 목적에 대한 피보험자의 권리를 법률의 규정에 의해 당연히 취득하는 제도를 말한다(제681조).【18.모의】예컨대 화재보험의 목적인 건물이 전소된 후에 석재의 조형물이 남은 경우 보험자가 보험금액 전부를 지급하면 원래는 피보험자의 소유이던 그 조형물에 대한 권리를 당연히 취득하게 되는 것이다.【14,15.모의】

④ (○) 보험위부라 함은 보험의 목적이 실제로 전부 멸실하지는 아니하였지만 법률의 해석 또는 의제에 의하여 **전손으로 추정되어지는 손해** 즉 **추정전손의 경우** 피보험자가 그 보험의 목적에 대한 모든 권리를 보험자에게 이전하고 보험금액의 전액을 청구할 수 있는 제도이다.

> **참조조문**
> **제710조 [보험위부의 원인]** 다음의 경우에는 피보험자는 보험의 목적을 보험자에게 위부하고 보험금액의 전부를 청구할 수 있다.
> 1. 피보험자가 보험사고로 인하여 자기의 선박 또는 적하의 점유를 상실하여 이를 회복할 가능성이 없거나 회복하기 위한 비용이 회복하였을 때의 가액을 초과하리라고 예상될 경우
> 2. 선박이 보험사고로 인하여 심하게 훼손되어 이를 수선하기 위한 비용이 수선하였을 때의 가액을 초과하리라고 예상될 경우
> 3. 적하가 보험사고로 인하여 심하게 훼손되어서 이를 수선하기 위한 비용과 그 적하를 목적지까지 운송하기 위한 비용과의 합계액이 도착하는 때의 적하의 가액을 초과하리라고 예상될 경우

⑤ (×) 보험자는 보험계약을 체결할 때에 보험계약에게 보험약관을 교부하고 그 약관의 중요한 내용을 알려주어야 하는데(제638조의3 제1항), 이를 보험자의 보험약관교부·설명의무라 한다. 판례에 의하면 "보험약관의 중요한 내용에 해당하는 사항이라 하더라도 보험계약자나 그 대리인이 그 내용을 ① **충분히 잘 알고 있거나**, ② **거래상 공통된** 것이어서 부험계약자가 별도의 설명 없이도 충분히 예상할 수 있었거나 (ex, 보험계약자에게 고지의무가 있다는 점), ③ 이미 **법령**에 의하여 정하여진 것을 부연하는 정도에 불과한 사항이라면 그러한 사항에 대하여서까지 보험자에게 교부·설명의무가 인정된다고 할 수는 없다"고 한다.[51] [알/공/령]【17.모의】【제8회 변시】

정답 ④

---

49) 예를 들면, ① 손해보험에 있어서는 운송인이나 창고업자가 **피보험자인 고객**을 위하여 보험계약을 체결하는 경우가 대표적이며, ② 인보험에 있어서는 피보험자인 부모가 자식을 보험수익자로 하여 생명보험계약을 체결하는 경우 등에 자주 이용된다.【16.모의】
50) 예를 들면 건물의 임차인인 창고업자와 그 건물의 소유자가 각각 화재보험계약을 체결하더라도 피보험이익이 다르기 때문에 중복보험이 아니며, 동일 동산에 대하여 화재보험과 도난보험을 체결했더라도 보험사고가 달라 중복보험이 아니다.
51) 대법원 2006. 1. 26. 선고 2005다60017·60024 판결

68. 어음·수표행위에 관한 설명으로 옳지 <u>않은</u> 것은? (다툼이 있는 경우 판례에 의함)

① 수표발행의 직접 상대방에게 표현대리의 요건이 갖추어져 있는 이상 그로부터 수표를 전전 양수한 소지인으로서는 표현대리에 의한 위 수표행위의 효력을 주장할 수 있다.
② 원인채무의 지급확보를 위하여 약속어음을 발행한 경우 상사채무인 원인채무가 5년의 시효기간이 지나서 소멸하였다면, 약속어음의 발행인은 위 사유를 들어 약속어음의 수취인에 대하여 약속어음금의 지급을 거절할 수 있다.
③ 은행 지점장이 은행을 수취인으로 하는 약속어음의 배서인란에 지점의 주소와 지점 명칭이 새겨진 명판을 찍고 기명을 생략한 채 자신의 사인(私印)을 날인하는 방법으로 배서한 경우 배서의 연속에 흠결이 있다.
④ 소멸시효 완성으로 어음상의 채무를 면한 어음채무자에 대한 이득상환청구권이 성립하려면 해당 어음채무자가 원인관계에서 현실적으로 재산상의 이득을 얻어야 한다.
⑤ 약속어음의 소지인은 특단의 사정이 없는 한 지급일에 지급을 받지 못하였다면 소지인의 손해는 그 어음을 취득하기 위하여 현실적으로 출연한 할인금에 상당하는 금액이다.

해설

① (O) 표현대리(대표)의 성립근거가 **상법(商法)상의 외관주의규정**, 예컨대 표현지배인(제14조)이나 표현대표이사(제395조)인 경우에는, 학설과 판례는 그 표현적 명칭을 신뢰하여 당해 어음을 취득하는 **제3자취득자도 포함**된다고 한다. 반면에 표현대리의 성립근거가 **민법(民法)상의 표현대리규정**(동법 제125조, 제126조, 제129조)인 경우에는 어음행위와 관련하여 보호되는 제3자의 범위에 대하여 견해가 대립된다. 판례는 "직접상대방한정설"입장에서 "민법 제126조의 규정에서 제3자라 함은 당해 **표현대리행위의 직접 상대방이 된 자**만을 지칭하는 것이고, 이는 위 규정을 배서와 같은 어음행위에 적용 또는 유추적용할 경우에 있어서도 마찬가지로 보아야 할 것이며, **약속어음의 배서행위의 직접 상대방은 그 배서에 의하여 어음을 양도받은 피배서인만**을 가리키고 그 피배서인으로부터 **다시 어음을 취득한 자는 민법 제126조 소정의 제3자에는 해당하지 아니한다.**"고 한다.52)
② (O) 원인채무의 지급확보를 위하여 약속어음을 발행한 경우 상사채무인 원인채무가 5년의 시효기간이 지나서 소멸한 경우, **어음행위 무인성**에 의해 어음상 채무가 소멸하지는 않는다. 다만 **약속어음의 발행인은 상대방인 수취인**에 대해 어음상 청구에 관하여 원인관계상 권리소멸을 주장하여 지급을 거절할 수 있다. 그러나 만약 동 어음이 전전유통된 경우 어음소지인의 발행인에 대한 어음금지급청구에 대해서는 발행인은, 소지인이 해의가 아닌 한, 대항하지 못한다(어음법 제17조).
③ (O) 날인이란 어음행위자의 인장을 찍는 것을 의미한다. 판례는 "어음행위자의 진정한 의사에 의해 기명날인된 이상 **기명날인의 명의가 거래상 동일성이 인정되지 않는 때에도 유효**한 것으로 본다"는 입장이다.53)【변시 제3회】 반면에 **기명만 있고 날인이 없거나, 날인만 있고 기명이 누락**되었다면 그 어음행위는 **무효(無效)**이다.54)
④ (O) 이득상환청구권이란 어음상 권리가 **상환청구권보전절차의 흠결**이나 **시효의 완성**으로 인하여 소멸한 때에 어음소지인이 발행인, 배서인, 인수인, 지급보증인 등 증권상의 채무자 가운데 실질관계에 이득을

---

52) 대법원 1994. 5. 27. 93다21521 판결.
53) 대법원 1979. 2. 28. 선고 77다2489.
54) 대법원 1999. 10. 8. 선고 99다30367

취한 자에 대하여 이득을 상환해줄 것을 청구하는 권리를 말한다(어 제79조, 수 제63조).【13,16.모의】【제6회 변시】이득상환청구권의 의무자는 ① **실질관계에서 현실적으로 이득을 취한** ② **어음채무자**이다. 어음의 경우에는 **발행인, 배서인 및 인수인**(어 제79조)이, 그리고 수표의 경우에는 **발행인, 배서인 및 지급보증인**(수 제63조)이 각각 이득상환의무자가 될 수 있다.【15,16.모의】

⑤ (×) 위조어음의 소지인이 피위조자에게 **사용자책임(불법행위책임)**을 묻는 경우 자신이 취득한 어음의 액면 금액 전액을 청구할 수 있는지 문제된다. 판례는 위조된 수표를 할인에 의하여 취득한 사람이 그로 인하여 입게 되는 손해의 액은 특별한 사정이 없는 한 그 위조수표를 취득하기 위하여 **현실적으로 출연한 할인금**에 상당하는 금액이라고 하여 '**출연액한도설**'을 취하였다[55].【13,16.모의】【제5회 변시】그러나 이는 위조된 경우 불법행위청구에 한하여 적용되는 것이며, '어음금을 청구'하는 경우에는 어음금전액이 됨이 원칙이다.

정답 ⑤

69. 신주인수권부사채와 전환사채와의 비교에 관한 설명으로 옳지 않은 것은?

① 전환사채의 경우에는 사채발행총액이 신주의 발행가액총액으로 되지만, 신주인수권부사채의 경우 신주의 발행가액 합계액은 각 신주인수권부사채의 금액을 초과하지 않는 범위 내에서 자유롭게 정할 수 있다.
② 전환사채의 경우에는 전환사채권자가 전환을 청구한 때 신주발행의 효력이 발생한다.
③ 신주인수권부사채의 경우에는 신주인수권부사채권자가 신주인수권을 행사한 후 회사의 승낙을 얻어 주금납입을 함으로써 주주가 된다.
④ 신주인수권부사채의 질권자는 신주에 대하여 대용납입이 이루어지지 않는 이상 원칙적으로 물상대위권이 인정되지 않는다.
⑤ 분리형 신주인수권부사채의 경우 사채권자가 아닌 신주인수권증권의 정당한 소지인이 신주인수권을 행사할 수 있다.

해설

① (O) 신주인수권부사채는 사채권자에게 신주인수권이 부여되어 있는 사채를 의미한다. 이는 사채권자가 신주인수권을 행사하는 경우에도 사채권자의 지위와 주주의 지위를 **동시에 향유**한다는 점에서 전환권의 행사로 사채권자의 지위가 상실되는 '전환사채'와 구별된다.【12.모의】신주인수권의 행사로 인하여 발행될 **주식의 발행가액의 합계액은 각 신주인수권부사채의 금액을 초과할 수 없다**(제516조의2 제3항). 예를 들면 사채금액이 1억원이면 '발행가액' 1만원의 신주를 1만주 밖에 발행하지 못한다.【12,14,17.모의】즉 전환사채의 경우 전환전의 사채발행총액은 전환후 신주의 발행가액총액과 동액이어야 하지만(제516조 제2항, 제348조), 신주인수권부사채의 경우 신주의 발행가액 총액은 신주인수권부사채의 총액을 초과할 수 없다(제516조의 2).【14.모의】

② (O) 전환권은 **형성권(形成權)**이므로 사채권자의 **일방적 의사표시로 당연히 전환의 효력이 발생**한다(제516조 제2항, 제350조 제1항). 그에 따라 사채권자의 지위는 **주주로 변경**되며, 전환사채금액만큼 사채가 감소하고, 이에 상당하는 신주가 발행되므로 회사의 **자본금은 증가**하게 되어 **총자산의 변동은 없게 된다**.【11,14,16.모의】

③ (×) 신주인수권을 행사하는 자는 원칙적으로 신주의 발행가액의 **전액을 납입**하여야 한다(제516조의9 제1항). 즉 신주인수권을 행사하기 위한 조건으로써 '발행가전액납입'이라는 절차가 필요하다. 그리고

---

55) 대법원 1992. 6. 23. 91다43848 전합판결.

신주인수권을 행사한 자는 신주에 대한 '**발행가액의 납입을 한 때**'에 주주가 된다(제516조의10 전단). 신주인수권은 형성권(形成權)이므로 회사의 동의가 필요 없다.

④ (O) 전환사채와 달리 신주인수권부사채의 경우 **사채권이 소멸하지 않으므로** 질권자의 물상대위는 인정되지 아니하지만, 대용납입의 경우 **사채부분이 소멸하므로** 질권자의 물상대위가 허용된다.[56]

⑤ (O) 비분리형의 신주인수권부사채의 경우 사채권자가, 분리형의 경우 사채권자가 아닌 신주인수권증권의 정당한 소지인이 신주인수권행사기간 내에 언제나 신주인수권을 행사할 수 있다.

		전환사채	신주인수권부사채
공통점		① 이사회 결정으로 발행함 ② 인수권은 주주에게 부여하고 예외적으로 제3자에 부여함 ③ 인수권자(주주)에게 불공정하게 발행함으로써 불이익의 우려가 있으면 '그' 주주는 유지청구가능함 ④ 전환권 또는 신주인수권이 행사되면 자본이 증가함 ⑤ 전환권 또는 신주인수권은 둘 다 형성권임(회사의 동의 불요).	
차이점	증권의 별도발행	전환사채는 사채만 발행함(제418조 제1항)	분리형의 신주인수권부사채는 신주인수권증권이 발행됨(제516조의5 제1항)
	발행총액의 제한	전환전 사채발행총액은 전환후 신주 발행가액총액과 동액이어야 함(제516조 제2항, 제348조)	신주의 발행가액 총액은 신주인수권부사채의 총액을 초과할 수 없음(제516조의2 제3항)
	양도상의 차이	전환권만의 양도는 불가함	신주인수권증권이 발행된 경우 신주인수권만 양도가능
	행사상의 차이	전환권행사시 주금납입의무 없음	신주인수권행사시 주금납입의무 있음 (제516조의6 제1항)
	사채의 소멸 여부	전환사채는 사채가 소멸하고 자본이 증가함	신주인수권부사채는 사채는 유지되면서 자본이 증가함

정답 ③

70. 주식과 자본금에 관한 설명으로 옳은 것은?

① 액면주식을 무액면주식으로 전환하거나 무액면주식을 액면주식으로 전환할 때에는 상법상 채권자보호절차가 필요 없다.
② 액면주식의 발행가액이 액면가액을 초과하는 경우 그 초과금액은 이사회의 결의를 거치지 않으면 자본준비금으로 산입할 수 없다.
③ 무액면주식 1주의 발행가액은 상한과 하한에 대한 제한이 없지만, 직전 발행가액보다 높아야 한다.
④ 주식회사는 정관변경을 통하여 이미 발행한 액면주식의 일부를 무액면주식으로 전환할 수 있다.
⑤ 회사 설립 시 무액면주식을 발행하는 경우 그 1주의 발행가액은 정관기재사항이다.

---

[56] 물상대위란 담보 물권의 목적물이 매각, 임대, 멸실, 파손 등에 의해 금전이나 기타의 물건으로 목적물 소유자에게 귀속하게 되는 경우에, 담보권자가 우선 변제를 받을 수 있는 권리이다.

> 해설

① (O) 액면주식과 무액면주식 간에 전환하더라도 **회사의 자본금이 변경되어서는 안 된다**(제451조 제3항). 따라서 전환으로 인하여 **자본금의 변동이 없으므로 채권자보호절차는 불필요**하다. 【변시 제2회】【14,15.모의】

② (X) 자본준비금이란 **자본(資本)거래에서 발생한 잉여금**을 재원(財源)으로 적립하는 법정준비금이다. 즉, 영업거래가 아닌 **자본거래에서 발생한 것으로서 이는 주주에게 배당하는 이익이 아니므로 당연히 그리고 무제한 적립**해야한다(제459조 제1항). 액면주식의 발행가액이 액면가액을 초과하는 부분은 이사회의 결의를 거치는 것이 아니라 당연히 자본준비금으로 산입된다.

③ (X) 정관과 주권에 액면가가 기재되는지에 따라 액면주식과 무액면주식으로 나누어진다.【10.모의】【제2회,5회,6회 변시】【19.모의】액면주식의 경우 원칙적으로 발행가는 액면가보다 그 이상이어야 하는 하한의 제한이 있다. 그러나 무액면주식 1주의 발행가액은 **상한과 하한에 대한 제한이 없다**. 따라서 **직전 발행가액보다 높아야 한다는 제약은 존재하지 않는다**.[57]

④ (X) 우리 상법은 종래 무액면주식을 인정하지 않다가 2011년 개정시에 이를 도입하여, '정관'에 규정이 있는 경우에는 회사가 **주식 '전부'를 무액면주식으로** 발행할 수 있게 하였다. 【변시 제5회】【19.모의】 즉 회사는 **정관으로** 정하여 액면주식과 무액면주식 중 하나만 정할 수 있다. 따라서 액면주식을 무액면주식으로 전환하거나 또는 무액면주식을 액면주식으로 전환하는 경우 정관을 변경해야 한다(제289조 제1항 4호). 따라서 개별적인 주주의 청구에 의해 발행주식의 일부를 변경하는 것은 허용되지 않는다.[58] 【변시 제2회】

⑤ (X) 회사 설립 시 무액면주식을 발행하는 경우 그 1주의 발행가액은 정관에 달리 정함이 없다면, 이사회가 정함이 원칙이다.

> [참조조문]
> 제291조 (설립 당시의 주식발행사항의 결정) 회사설립 시에 발행하는 주식에 관하여 다음의 사항은 정관으로 달리 정하지 아니하면 **발기인 전원의 동의**로 이를 정한다.
> 1. 주식의 종류와 수
> 2. 액면주식의 경우에 액면 이상의 주식을 발행할 때에는 그 수와 금액(발행가)
> 3. 무액면주식을 발행하는 경우 주식의 발행가액과 주식의 **발행가액 중 자본금으로 계상하는 금액**【17.모의】

정답 ①

---

57) 주식의 가액에는 액면가, 발행가, 시가가 있음에 유의한다. 이 3개를 구분하지 못하면 시험에서 낭패를 볼 수 있다.
58) 일본의 경우 2001년 이전의 상법 하에서는 개별적인 주주의 청구에 의해 발행주식의 일부를 변경하는 것은 허용되었다.

Rainbow 2020년 제3차 모의시험해설 민사법

제2편
사례형

2020년도 제3차 변호사시험 모의시험 – 논술형(사례형)

시험과목	민사법(사례형)	응시번호		성 명	

응시자 준수사항

1. 시험 시작 전 문제지의 봉인을 손상하는 경우, 봉인을 손상하지 않더라도 문제지를 들추는 행위 등으로 문제 내용을 미리 보는 경우 모두 부정행위로 간주되어 그 답안은 영점 처리 됩니다.

2. **답안은 반드시 문제 번호에 대한 해당 답안지 내에만**(제1문은 제1문 답안지 내, 제2문은 제2문 답안지 내, 제3문은 제3문 답안지 내) **작성**하여야 하며, 각 문의 답안지를 바꾸어 작성하는 등 해당 문제 번호의 답안지에 답안을 작성하지 않으면 그 답안은 영점 처리 됩니다. 다만, 답안지를 제출하기 전에 시험관리관으로부터 답안지 번호를 정정받은 경우에는 정상적으로 채점됩니다.

3. 답안은 흑색 또는 청색 필기구(사인펜이나 연필 사용 금지) 중 한 가지 필기구만을 사용하여 답안 작성 난(흰색 부분) 안에 기재하여야 합니다.

4. 답안지에 성명과 수험 번호를 기재하지 않아 인적 사항이 확인되지 않는 경우에는 영점 처리 등 불이익을 받게 됩니다. 특히 답안지를 바꾸어 다시 작성하는 경우, 성명 등의 기재를 빠뜨리지 않도록 유의하여야 합니다.

5. 답안지에는 문제 번호만 기재하고 문제 내용을 기재할 필요가 없으며, 답안내용 이외의 사항을 기재하거나 밑줄 기타 어떠한 표시도 하여서는 안 됩니다. 답안을 정정할 경우에는 두 줄로 긋고 다시 기재하여야 하며, 수정액 등은 사용할 수 없습니다.

6. 시험 종료 시각에 임박하여 답안지를 교체 요구한 경우라도 시험시간 종료 후 즉시 새로 작성한 답안지를 회수합니다.

7. 시험 종료 후에는 답안지 작성을 일절 할 수 없으며, 이에 위반하여 시험시간이 종료되었음에도 불구하고 **시험관리관의 답안지 제출지시에 불응한 채 계속 답안을 작성하거나 답안지를 늦게 제출할 경우 그 답안은 영점 처리** 됩니다.

8. **배부받은 답안지는 백지 답안이라도 모두 제출**하여야 하며, **답안지를 제출하지 아니한 경우 그 시험시간 및 나머지 시험시간의 시험에 응시할 수 없습니다.**

9. 지정된 시간까지 지정된 시험실에 입실하지 아니하거나 시험관리관의 승인을 얻지 아니하고 시험시간 중에 그 시험실에서 퇴실한 경우 그 시험시간 및 나머지 시험시간의 시험에 응시할 수 없습니다.

10. 시험시간이 종료되기 전에는 어떠한 경우에도 문제지를 시험장 밖으로 가지고 갈 수 없고, 시험 종료 후 가지고 갈 수 있습니다.

법학전문대학원협의회
KOREAN ASSOCIATION OF LAW SCHOOLS

2020년도 제3차 변호사시험 모의시험 - 논술형(사례형) | 민사법

제 1 문

[제1문의 1]

甲은 2020. 4. 5. 丁, 丙을 상대로, "甲은 2010. 1. 5. 乙에게 1억 원을 변제기 2010. 3. 4. 이자 월 0.5%(월 50만 원, 매월 4일 지급)로 정하여 대여하였고, 丙은 乙의 위 채무를 연대보증하였다. 乙은 2016. 9. 30. 사망하였고, 그 유일한 상속자로는 아들 丁이 있다. 따라서 丁, 丙은 연대하여 위 채무를 변제할 의무가 있다."고 주장하면서, '丁, 丙은 연대하여 甲에게 1억 원 및 이에 대하여 2010. 1. 5.부터 갚는 날까지 월 0.5%의 비율로 계산한 돈을 지급하라.'는 소를 제기하였다.

丁에 대하여는 2020. 4. 20. 소장 부본이 적법하게 교부송달되었으나, 丙에 대하여는 이사불명으로 송달불능이 되었고, 법원은 2020. 5. 15. 공시송달명령을 하였다. 丙은 변론기일에 출석하지 않고, 甲, 丁만 출석하였는데, 丁은 "甲이 2010. 1. 5. 乙에게 1억 원을 변제기 2010. 3. 4. 이자 월 0.5%, 매월 4일 지급 조건으로 대여한 사실, 乙이 2016. 9. 30. 사망하여 丁이 乙을 단독상속한 사실은 다툼이 없으나, 위 대여금과 이자, 지연손해금은 민사채무로서 그 소멸시효기간은 10년이므로, 각 그 변제기로부터 10년이 도과하여 시효소멸하였다."고 항변하였다. 甲은 이에 대하여 "위 대여금과 이자, 지연손해금의 소멸시효기간이 10년인 사실은 다툼이 없으나, 甲은 2016. 9. 25. 乙을 채무자로 하고 위 대여금, 이자, 지연손해금을 피보전채권으로 하여 乙 소유의 X부동산에 관하여 부동산가압류신청을 하였고, 2016. 10. 4. 법원이 가압류결정을 하였으며, 2016. 10. 7. X부동산에 관하여 가압류기입등기가 마쳐졌으므로, 위 대여금과 이자, 지연손해금 채무의 시효는 중단되었다."고 재항변하였다.

법원은 심리 결과, 甲이 주장하는 대여일, 변제기, 이율은 인정되나 다만 대여금의 액수는 1억 원이 아니라 8,000만 원만 인정되고, 한편 위 가압류 관련 甲의 주장사실은 모두 진실하다는 확신을 갖게 되었다.

법원은 어떠한 판결을 하여야 하며(소 각하/청구 기각/청구 인용/청구 일부 인용, 단 일부 인용 시 피고별로 인용범위를 정확하게 기재), 그 근거는 무엇인가? (40점)

[제1문의 2]

甲은 주택을 신축하려고 2019. 2. 2. 乙로부터 그 소유의 X토지를 12억 원에 매수하였는데, 잔금 지급 및 토지인도는 2019. 3. 3.에 하기로 하되, 甲의 세금관계상 이전등기는 위 잔금일 후 甲이 요구하는 날에 마치기로 했으며(통지는 7일 전에 하기로 함), 위 3. 3.에 인도 및 잔금지급을 마쳤다.

세금문제가 해소되어 甲이 2019. 9. 9. 乙에게 이전등기를 요청했으나 乙이 응하지 않았고 그 후에도 몇 차례 독촉했으나 乙의 반응이 없다. (이하의 각 사실관계는 독립적임)

문제 1.
　　甲이 확인한 결과, 乙은 이미 2019. 12. 1.에 X토지를 丙에게 매도하고 丙 앞으로 소유권이전등기를 마쳤다. 甲은 乙을 상대로 ① 丙 앞으로 마쳐진 소유권이전등기의 말소등기 및 ② 2019. 2. 2. 매매를 원인으로 한 소유권이전등기를 구하는 소를 제기하려 한다. 甲이 乙을 피고로 삼아서 위 ① 또는 ②의 소를 제기하는 경우, 각 소는 소송절차상 적법한가? (20점)

문제 2.
　　[丙 앞으로 이전등기가 마쳐지지는 않은 경우임.] 甲은 乙을 상대로 X토지에 관하여 2019. 2. 2. 매매를 원인으로 한 소유권이전등기청구의 소를 제기하였는데, 乙은, 위 2019. 2. 2. 매매계약은 자신은 모르는 일이고, 평소에 X토지를 관리하던 자신의 동생인 丁이 아무런 권한 없이 乙의 대리인임을 자처하면서 甲과 매매계약을 체결하였다고 주장했다. 그래서 甲은 乙의 위 주장이 받아들여질 경우에 대비하여, 丁에 대하여 손해배상을 구하는 예비적 청구를 추가하였다.

　　가. 법원이 심리한 결과 丁에게 乙을 대리할 권한이 없다고 판단된다면, 법원의 판결주문은 어떻게 해야 하는가? (15점)

　　나. 乙을 주위적 피고로, 丁을 예비적 피고로 한 위 소송에서 乙에 대한 청구기각 및 丁에 대한 청구인용의 제1심판결이 선고된 후에, 丁만 항소를 하고 甲은 항소를 하지 않았다. 그런데 항소심은 위 매매계약 당시 丁에게 대리권이 있었다는 확신을 갖게 되었다. 항소심이 제1심 판결을 변경하여 甲의 乙에 대한 청구를 인용할 수 있는지 여부 및 그 논거를 설명하시오. (25점)

[제1문의 3]

〈공통된 사실관계〉

　　甲과 乙은 공유하고 있던 X건물에 관하여 2018. 1. 10. 丙과 임대차계약을 체결하면서, 보증금을 3억 원, 임대기간을 2020. 1. 9.까지로 약정하였다. 甲·乙과 丙은 임대기간이 만료되는 즉시 임대목적물의 반환과 상환하여 보증금을 반환하기로 하고, 만일 甲과 乙이 보증금반환채무를 이행하지 않는 경우 월 1%의 지연손해금을 丙에게 지급하기로 하였다. 그런데 甲과 乙의 신용상태가 2019. 9. 말경 심각하게 악화되자 丙은 甲과 乙에게 보증금 반환을 확보하기 위하여 담보 제공을 요구하였고, 이에 A, B, C가 위 보증금반환채무를 담보하기 위하여 丙과 연대보증계약을 체결하는 한편 B 소유인 시가 2억 원인 Z토지에 관하여 丙 명의의 근저당권을 설정해주었다. 한편 丙은 위 임대차계약에 관하여 자세하게 설명하면서 2019. 11. 15. 보증금반환채권을 丁에게 양도하였고 이에 대하여 같은 날 甲과 乙은 이의 없이 승낙하였다. 임대차계약기간이 만료되었지만 甲과 乙은 보증금을 반환하지 않고 있고, 이에 따라 丙은 X건물을 인도하지 않고 있다.

〈추가된 사실관계〉

　　丁은 2020. 2. 10. 甲과 乙을 상대로 각각 "양수금 3억 원 및 그에 대한 2020. 1. 10.부터 다 갚는 날까지 월 1%의 비율로 계산된 지연손해금을 지급하라."는 내용의 소를 제기하였다. 이에 대하여 甲과 乙은 ① "丙에 대하여 행사할 수 있었던 항변권으로 丁에게 대항할 수 있으므로 丙이 X건물을 인도하지 않는 한 이에 응할 의무가 없다.", ② "丁의 청구에 응하더라도 보증금반환채무는 분할채무로서 각각 양수금 1억 5,000만 원을 부담할 뿐이고, 丁이 청구한 지연손해금 역시 지급할 의무가 없다."고 항변하였다.

문제 1.

丁의 청구에 대한 결론(소 각하, 청구 전부인용, 일부인용, 기각, 일부인용의 경우 구체적인 금액과 내용을 기재)을 그 근거와 함께 서술하시오. (25점)

⟨별도의 추가된 사실관계⟩

A가 2020. 2. 10. 丁에게 연대보증채무를 이행한 후 2020. 3. 9. B와 C를 상대로 각각 "구상금 1억 원 및 이에 대한 2020. 1. 10.부터 다 갚는 날까지 월 1%의 비율로 계산된 지연손해금을 지급하라."는 내용의 소를 제기하였고, 위 소장은 2020. 3. 20. B와 C에게 송달되었다. 이에 대하여 C는 "B가 보증인과 물상보증인의 지위를 겸하는 지위에 있으므로 자신은 B에 비하여 1/2의 금액만 지급하면 되므로 A의 청구액 전부를 지급할 의무가 없다."고 항변하였고, 나아가 B와 C는 ① "甲과 乙로부터 부탁받지 않은 공동보증인으로서 구상채무는 그 이익을 받은 한도에 불과하므로 이자나 지연손해금을 지급할 의무가 없다.", ② "설령 지연손해금을 지급하더라도 2020. 1. 10.부터 A가 청구한 월 1%로 계산된 돈을 지급할 의무는 없다."고 항변하였다.

문제 2.

A의 청구에 대한 결론(소 각하, 청구 전부인용, 일부인용, 기각, 일부인용의 경우 구체적인 금액과 내용을 기재)을 그 근거와 함께 서술하시오. (25점)

제1문의 1

목 차

Ⅰ. 문제의 소재
Ⅱ. 甲의 丁에 대한 청구에 대하여
  1. 丁 자백의 효과
  2. 丁의 소멸시효 항변에 대한 판단
    (1) 원금과 지연손해금의 경우
    (2) 이자의 경우
  3. 甲의 시효중단의 재항변에 대한 판단

  4. 소 결
Ⅲ. 甲의 丙에 대한 청구에 관하여
  1. 丙과 丁의 공동소송형태
  2. 공동소송인 독립의 원칙에 따른 丙에 대한 청구부분 판단
Ⅳ. 설문의 해결

甲은 2020. 4. 5. 丁, 丙을 상대로, "甲은 2010. 1. 5. 乙에게 1억 원을 변제기 2010. 3. 4. 이자 월 0.5%(월 50만 원, 매월 4일 지급)로 정하여 대여하였고, 丙은 乙의 위 채무를 연대보증하였다. 乙은 2016. 9. 30. 사망하였고, 그 유일한 상속자로는 아들 丁이 있다. 따라서 丁, 丙은 연대하여 위 채무를 변제할 의무가 있다."고 주장하면서, '丁, 丙은 연대하여 甲에게 1억 원 및 이에 대하여 2010. 1. 5.부터 갚는 날까지 월 0.5%의 비율로 계산한 돈을 지급하라.'는 소를 제기하였다.

丁에 대하여는 2020. 4. 20. 소장 부본이 적법하게 교부송달되었으나, 丙에 대하여는 이사불명으로 송달불능이 되었고, 법원은 2020. 5. 15. 공시송달명령을 하였다. 丙은 변론기일에 출석하지 않고, 甲, 丁만 출석하였는데, 丁은 "甲이 2010. 1. 5. 乙에게 1억 원을 변제기 2010. 3. 4. 이자 월 0.5%, 매월 4일 지급 조건으로 대여한 사실, 乙이 2016. 9. 30. 사망하여 丁이 乙을 단독상속한 사실은 다툼이 없으나, 위 대여금과 이자, 지연손해금은 민사채무로서 그 소멸시효기간은 10년이므로, 각 그 변제기로부터 10년이 도과하여 시효소멸하였다."고 항변하였다. 甲은 이에 대하여 "위 대여금과 이자, 지연손해금의 소멸시효기간이 10년인 사실은 다툼이 없으나, 甲은 2016. 9. 25. 乙을 채무자로 하고 위 대여금, 이자, 지연손해금을 피보전채권으로 하여 乙 소유의 X부동산에 관하여 부동산가압류신청을 하였고, 2016. 10. 4. 법원이 가압류결정을 하였으며, 2016. 10. 7. X부동산에 관하여 가압류기입등기가 마쳐졌으므로, 위 대여금과 이자, 지연손해금 채무의 시효는 중단되었다."고 재항변하였다.

법원은 심리 결과, 甲이 주장하는 대여일, 변제기, 이율은 인정되나 다만 대여금의 액수는 1억 원이 아니라 8,000만 원만 인정되고, 한편 위 가압류 관련 甲의 주장사실은 모두 진실하다는 확신을 갖게 되었다.

법원은 어떠한 판결을 하여야 하며(소 각하/청구 기각/청구 인용/청구 일부 인용, 단 일부 인용 시 피고별로 인용범위를 정확하게 기재), 그 근거는 무엇인가? (40점)

Ⅰ. 문제의 소재

甲의 丁에 대한 청구와 관련해서는 우선 피고 丁이 소멸시효 항변 중 특히 이자청구 부분에 대한 소멸시효기간 주장에 법원이 구속되는지, 나아가 사망자 乙을 상대로 한 가압류시 시효가 중단되는지 문제된다. 甲의 丙에 대한 청구와 관련해서는 이들의 공동소송형태를 살펴, 그에 따라 丁의 대여원금이 1억 원이라는 자백과 소멸시효 항변이 丙에게도 영향을 미치는지 살펴본다.

II. 甲의 丁에 대한 청구에 대하여

1. 丁 자백의 효과

甲이 주장하는 1억 원의 대여 사실과 이자 약정, 변제기, 乙의 사망과 丁의 단독상속 사실에 관하여 丁이 전부 자백하였으므로, 실제 대여금이 8천 만원이라고 하여도 법원은 자백에 구속되어 일단 丁은 甲에게 금 1억 원 및 이에 대하여 대여일인 2010.01.05.부터 갚는 날까지 연 0.5%의 비율로 계산한 이자 및 지연손해금을 변제할 의무가 있다고 판단하여야 한다.

2. 丁의 소멸시효 항변에 대한 판단

(1) 원금과 지연손해금의 경우

대여금은 민사채무로서 10년의 소멸시효기간이 적용되고, 금전채무에 대한 변제기 이후의 지연손해금은 금전채무의 이행을 지체함으로 인한 손해의 배상으로 지급되는 것이어서 그 소멸시효기간은 원본채권의 그것과 같다(대법 2010.09.09, 2010다28031). 따라서 대여금 원금과 지연손해금은 모두 변제기인 2010.03.04.로부터 10년이 지난 2020.03.04. 자정에 소멸시효가 완성된다.

(2) 이자의 경우

1) 이자채권의 소멸시효 기간 : 乙은 甲에게 이자를 매월 4일에 50만원씩 지급하기로 약정하였으므로, 이는 민법 제163조 제1호 소정의 '1년 이내의 기간으로 정한 금전 또는 물건의 지급을 목적으로 하는 채권'에 해당하여, 3년의 단기소멸시효가 적용된다. 따라서 2010.02.04, 2010.03.04.에 각 지급하여야 할 이자는 각 이자지급일로부터 3년이 지난 2013.02.04, 2013.03.04.에 소멸시효가 완성된다.

2) 소멸시효 기간에 자백이 성립하는지 여부 : 丁은 이자채무의 소멸시효기간이 10년이라고 주장하였고 甲도 이를 다투지 않았으나, 어떤 시효기간이 적용되는지에 관한 주장은 권리의 소멸이라는 법률효과를 발생시키는 요건을 구성하는 사실에 관한 주장이 아니라 단순히 법률의 해석이나 적용에 관한 의견을 표명한 것이다. 이러한 주장에는 변론주의가 적용되지 않으므로 법원이 당사자의 주장에 구속되지 않고 직권으로 판단할 수 있으므로(대법 2017.03.22, 2016다258124), 당사자의 주장과 관계없이 3년의 단기소멸시효가 적용된다.

3. 甲의 시효중단의 재항변에 대한 판단

가압류는 민법 제168조 2호의 시효중단 사유이나 甲의 가압류 신청 후 결정 전에 乙이 사망하였으므로 가압류의 효력이 문제된다. 사망한 사람을 피신청인으로 한 가압류신청은 부적법하고 그 신청에 따른 가압류결정이 내려졌다고 하여도 그 결정은 당연무효로서 그 효력이 상속인에게 미치지 않으며, 이러한 당연 무효의 가압류는 소멸시효의 중단사유에 해당하지 않는다(대법 2006.08.24, 2004다26287·26294). 그러나 당사자 쌍방을 소환하여 심문절차를 거치거나 변론절차를 거침이 없이 채권자 일방만의 신청에 의하여 바로 내려지는 가압류결정의 특성상, 신청 당시 채무자가 생존하고 있었다면 그 결정 직전에 채무자가 사망함으로 인하여 사망한 자를 채무자로 하여 내려졌다고 하더라도 이를 당연무효라고 할 수 없다(대법 1993.07.27, 92다48017).

4. 소 결

사안에서 甲의 가압류신청은 2016.09.25. 있었고, 乙의 사망일은 2016.09.30.이며, 가압류결정은 2016.10.04. 있었는바, 가압류신청 시에는 乙이 생존하였으므로 가압류결정이 乙 사망 후에 있었다 하더라도 위 가압류결정은 무효라고 할 수 없다. 따라서 위 가압류신청에 기하여 가압류결정이 내려지고 집행이 완료된 이상, 가압류를 신청한 2016.09.25.에 시효중단의 효력이 생긴다(대법 2017.04.07, 2016다35451). 결국 丁은 甲에게 이미 시효소멸한 이자를 제외하고, 대여금 1억 원 및 이에 대하여 변제기 다음날인 2010.03.05.부터 갚는 날까지 월 0.5%의 비율로 계산한 지연손해금을 지급할 의무가 있다.

Ⅲ. 甲의 丙에 대한 청구에 관하여

1. 丙과 丁의 공동소송형태

사안에서 丁, 丙은 주채무를 공통의 법률상 원인으로 하므로 공동소송의 요건을 갖추었고, 실체법상 관리처분권을 공동으로 가지거나 소송법상 판결의 효력이 미치는 관계가 아니므로 통상공동소송 관계에 있다. 통상공동소송에서는 공동소송인 독립의 원칙이 적용되어(제66조), 공동소송인 가운데 한 사람의 소송행위는 유불리를 가리지 않고 원칙적으로 다른 공동소송인에게 영향을 미치지 않는다.

2. 공동소송인 독립의 원칙에 따른 丙에 대한 청구부분 판단

丙에 대하여는 소장이 공시송달되었으므로, 자백간주가 성립하지 않고(제150조 3항 단서), 甲이 청구원인 사실을 증명하여야 한다. 한편 공동소송인 독립의 원칙에 의해 대여금이 1억 원이라는 丁의 자백과 시효소멸의 항변은 丙에게 영향을 미치지 않는다. 결국 丙은 甲에게 8,000만 원 및 이에 대하여 대여일인 2010.01.05.부터 갚는 날까지 월 0.5%의 비율로 계산한 지연손해금을 지급할 의무를 부담한다.

Ⅳ. 설문의 해결

수소법원은 丁은 甲에게 1억 원 및 이에 대하여 2010.03.05.부터 갚는 날까지 월 0.5%의 비율로 계산한 돈을 지급하고, 丙은 丁과 연대하여 위 돈 중 8,000만 원 및 이에 대하여 2010.01.05.부터 갚는 날까지 월 0.5%의 비율로 계산한 돈을 지급하라는 판결을 선고하게 된다.

제1문의 2

목 차

I. 설문 1 : 이행의 소의 당사자적격
　1. 문제점
　2. 이행의 소에서 피고적격의 판단
　　(1) 당사자적격의 의의
　　(2) 이행의 소에서 당사자적격
　3. 설문의 해결
　　(1) 乙을 상대로 한 말소등기청구
　　(2) 乙을 상대로 한 이전등기청구
II. 설문 2 : 예비적 공동소송의 심판방법
　1. 문제점

　2. 예비적 공동소송의 적법여부
　　(1) 예비적 공동소송의 요건
　　(2) 법률상 양립불가의 의미
　　(3) 사안의 경우
　3. 설문 가 : 예비적 공동소송의 심판방법
　　(1) 필수적 공동소송의 심판절차 준용
　　(2) 소 결 : 합일확정 있는 판결선고
　4. 설문 나 : 항소심의 심판범위
　　(1) 항소심으로 이심의 범위
　　(2) 항소심의 심판의 대상
　　(3) 소 결

　　甲은 주택을 신축하려고 2019. 2. 2. 乙로부터 그 소유의 X토지를 12억 원에 매수하였는데, 잔금지급 및 토지인도는 2019. 3. 3.에 하기로 하되, 甲의 세금관계상 이전등기는 위 잔금일 후 甲이 요구하는 날에 마치기로 했으며(통지는 7일 전에 하기로 함), 위 3. 3.에 인도 및 잔금지급을 마쳤다.
　　세금문제가 해소되어 甲이 2019. 9. 9. 乙에게 이전등기를 요청했으나 乙이 응하지 않았고 그 후에도 몇 차례 독촉했으나 乙의 반응이 없다. (이하의 각 사실관계는 독립적임)

문제 1.
　　甲이 확인한 결과, 乙은 이미 2019. 12. 1.에 X토지를 丙에게 매도하고 丙 앞으로 소유권이전등기를 마쳤다. 甲은 乙을 상대로 ① 丙 앞으로 마쳐진 소유권이전등기의 말소등기 및 ② 2019. 2. 2. 매매를 원인으로 한 소유권이전등기를 구하는 소를 제기하려 한다. 甲이 乙을 피고로 삼아서 위 ① 또는 ②의 소를 제기하는 경우, 각 소는 소송절차상 적법한가? (20점)

문제 2.
　　[丙 앞으로 이전등기가 마쳐지지는 않은 경우임.] 甲은 乙을 상대로 X토지에 관하여 2019. 2. 2. 매매를 원인으로 한 소유권이전등기청구의 소를 제기하였는데, 乙은, 위 2019. 2. 2. 매매계약은 자신은 모르는 일이고, 평소에 X토지를 관리하던 자신의 동생인 丁이 아무런 권한 없이 乙의 대리인임을 자처하면서 甲과 매매계약을 체결하였다고 주장했다. 그래서 甲은 乙의 위 주장이 받아들여질 경우에 대비하여, 丁에 대하여 손해배상을 구하는 예비적 청구를 추가하였다.
　　가. 법원이 심리한 결과 丁에게 乙을 대리할 권한이 없다고 판단된다면, 법원의 판결주문은 어떠해야 하는가? (15점)
　　나. 乙을 주위적 피고로, 丁을 예비적 피고로 한 위 소송에서 乙에 대한 청구기각 및 丁에 대한 청구인용의 제1심판결이 선고된 후에, 丁만 항소를 하고 甲은 항소를 하지 않았다. 그런데 항소심은 위 매매계약 당시 丁에게 대리권이 있었다는 확신을 갖게 되었다. 항소심이 제1심 판결을 변경하여 甲의 乙에 대한 청구를 인용할 수 있는지 여부 및 그 논거를 설명하시오. (25점)

I. 설문 1 : 이행의 소의 당사자적격

1. 문제점

사안의 ①과 ②의 소송은 모두 이행의 소로서, 소송절차상 적법한지 여부는 이행의 소의 당사자적격을 어떻게 판단하는지에 달려 있다. 이하 말소등기청구와 이전등기청구의 당사자적격을 검토한다.

2. 이행의 소에서 피고적격의 판단

(1) 당사자적격의 의의

당사자적격이라 함은 특정의 소송사건에서 정당한 당사자로서 소송을 수행하고 본안판결을 받기에 적합한 자격을 말한다. 당사자적격은 소송요건으로서 법원의 직권조사사항이고 조사결과 그 흠이 발견된 때에는 판결로 소를 각하할 것이다.

(2) 이행의 소에서 당사자적격

이행의 소에서는 당사자적격은 원칙적으로 자기에게 이행청구권이 있음을 주장하는 자가 원고적격을 가지며 그로부터 이행의무자로 주장된 자가 피고적격을 가진다. 즉 주장자체로 피고적격 여부를 판단한다. 따라서 원고적격 피고적격자의 판단에 있어서 실체로 이행청구권자이거나 이행의무자일 것을 요구하지 않는다. 大法院도 원칙적으로 통설과 같이 원칙적으로 주장자체로 당사자적격을 판단한다. 다만 등기말소청구사건에서는 『등기의무자, 즉 등기부상의 형식상 그 등기에 의하여 권리를 상실하거나 기타 불이익을 받을 자(등기명의인이거나 그 포괄승계인)가 아닌 자를 상대로 한 등기의 말소절차이행을 구하는 소는 당사자적격이 없는 자를 상대로 한 부적법한 소』라고 하여 예외를 인정하고 있다.[1]

3. 설문의 해결

(1) 乙을 상대로 한 말소등기청구

등기상 명의인이 아닌 乙을 상대로 한 말소등기청구는 부적법하다. 따라서 법원은 소각하판결을 한다.

(2) 乙을 상대로 한 이전등기청구

매매계약에 기한 이전등기를 구함에 있어서, 피고가 현재의 등기부상 소유명의자여야 할 필요는 없으므로 적법하다. 피고가 현 소유명의자가 아니라서 그 승소판결로써 원고가 곧바로 집행을 할 수 없다는 점은 소의 적법성과는 무관한 것이다.

II. 설문 2 : 예비적 공동소송의 심판방법

1. 문제점

乙과 丁에 대한 甲의 청구가 법률상 양립불가하여 예비적 공동소송으로 적법한지를 검토하고, 설문 가와 관련해서는 예비적 공동소송의 심판방법에 따라 법원의 주문을 살펴보고, 설문 나에서는 예비적 피고 丁에 대한 청구가 인용된 것에 예비적 피고만이 항소한 경우 주위적 피고 乙에 대한 청구부분도 이심하여 심판의 대상이 되는지 살펴본다.

---

[1] 대법 2009.10.15, 2006다43903

2. 예비적 공동소송의 적법여부

(1) 예비적 공동소송의 요건

예비적 공동소송은 ① 공동소송의 일반요건을 갖추어야 함은 물론이요, ② 공동소송인 가운데 일부의 청구가 다른 공동소송인의 청구와 법률상 양립할 수 없거나 공동소송인 가운데 일부에 대한 청구가 다른 공동소송인에 대한 청구와 양립할 수 없는 경우이어야 한다(제70조). 사안에서는 제65조 전문의 권리의무의 발생원인이 공통한 경우이므로 주관적 요건은 갖추었고, 객관적 요건과 관련하여 동종절차에서 심리할 수 있으며, 제25조 제2항의 관련재판적도 갖출 수 있는 경우이므로 문제가 없으나, 법률상 양립불가능한 경우인지 여부가 문제되는데 특히 실체법상 양립할 수 없는 경우는 물론 소송법상 양립할 수 없는 경우도 포함되는지 문제된다.

(2) 법률상 양립불가의 의미

判例는 "여기에서 '법률상 양립할 수 없다'는 것은, ① 동일한 사실관계에 대한 법률적인 평가를 달리하여 두 청구 중 어느 한 쪽에 대한 법률효과가 인정되면 다른 쪽에 대한 법률효과가 부정됨으로써 두 청구가 모두 인용될 수는 없는 관계에 있는 경우나, 당사자들 사이의 사실관계 여하에 의하여 또는 청구원인을 구성하는 택일적 사실인정에 의하여 어느 일방의 법률효과를 긍정하거나 부정하고 이로써 다른 일방의 법률효과를 부정하거나 긍정하는 반대의 결과가 되는 경우로서, 두 청구들 사이에서 한 쪽 청구에 대한 판단 이유가 다른 쪽 청구에 대한 판단 이유에 영향을 주어 각 청구에 대한 판단 과정이 필연적으로 상호 결합되어 있는 관계를 의미하며, ② 실체법적으로 서로 양립할 수 없는 경우뿐 아니라 소송법상으로 서로 양립할 수 없는 경우를 포함하는 것으로 봄이 상당하다"고 하여 소송법상 양립불가한 경우도 포함하고 있다.

(3) 사안의 경우

대법 2015.03.20, 2014다75202은 설문과 같은 사안에서 피고들에 대한 청구는 두 청구가 모두 인용될 수 없는 관계에 있거나 한쪽 청구에 대한 판단 이유가 다른 쪽 청구에 대한 판단 이유에 영향을 주어 각 청구에 대한 판단 과정이 필연적으로 상호 결합되어 있는 관계에 있어서 모든 당사자들 사이에 결론의 합일확정을 기할 필요가 인정되므로, 피고들에 대한 청구는 민사소송법 제70조 제1항에서 정한 주관적·예비적 공동소송이라 하였다.

3. 설문 가 : 예비적 공동소송의 심판방법

(1) 필수적 공동소송의 심판절차 준용

1) 소송자료의 통일 : 예비적 공동소송에는 제70조 1항에서 당사자가 소의 취하, 청구의 포기·인낙, 재판상 화해를 할 수 있다는 것 이외에는 필수적 공동소송의 심판절차에 의한다고 규정하고 있다. 따라서 공동소송인 한사람의 소송행위는 전원의 이익을 위해서만 효력이 있고, 상대방의 소송행위는 유불리를 막론하고 전원에게 효력이 발생한다.

2) 소송진행의 통일 : 공동소송인 가운데 1인에게 소송절차를 중단 또는 중지하여야 할 사유가 있는 경우에는 전원에게 효력이 미치고(67조 3항, 70조 1항), 판결의 모순을 막기 위하여 변론의 분리는 허용되지 않고, 일부판결은 불허된다. 나아가 상소기간은 각 공동소송인에게 개별적으로 진행하나,

전원에 대해 만료되기까지는 판결이 확정되지 않고, 또한 1인의 상소로 전원이 이심하게 되며, 합일확정의 요청상 불이익변경금지 원칙이 적용되지 않는다.

(2) 소 결 : 합일확정 있는 판결선고

예비적 공동소송은 제70조 2항에 모든 공동소송인에게 판결을 선고하여야 하며, 필수적 공동소송의 심판방법을 준용하는 결과 합일확정 있는 판결이 선고되어야 한다. 결국 丁에게 대리권이 없었다면 甲의 乙에 대한 청구의 기각 및 丁에 대한 청구의 인용이 결론이다.

4. 설문 나 : 항소심의 심판범위

(1) 항소심으로 이심의 범위

법률상 양립할 수 없는 공동소송인 사이의 분쟁관계를 모순 없이 통일적으로 해결함으로써 재판의 통일을 기하려는 제도의 취지상 비록 원고가 주위적 피고 甲에 대해 패소한 1심 판결에 대하여 항소하지 않았어도 원고의 주위적 피고에 대한 청구도 확정이 차단되고 이심된다.

(2) 항소심의 심판의 대상

① 항소심에서의 변론은 당사자가 제1심 판결의 변경을 청구하는 한도 안에서만 할 수 있도록 규정되어 있으므로 이러한 불이익변경금지의 원칙상 항소의 대상이 되지 아니한 주위적 청구를 주위적 피고에게 불이익하게 변경하는 판결을 할 수 없다는 견해도 있으나(홍준호), ② 통설과 判例는 합일확정 요청상 불이익변경금지 원칙이 적용되지 아니하므로, 원고의 주위적 청구도 항소심의 심리대상이 되고, 심리결과 원고의 주위적 피고에 대한 청구가 이유 있으면 원심판결을 취소하여 원고의 주위적 피고에 대한 청구를 인용하고, 원고의 예비적 피고에 대한 청구를 기각하여야 한다는 입장이다(대법 2011.02.24, 2009다43355).

(3) 소 결

위 사안에서, 비록 甲은 항소하지 않았지만, 甲-乙 간의 법률관계와 甲-丁 간의 법률관계는 일치되도록 판결이 내려져야 한다. 그러므로 항소심의 사실인정에 따라서 甲의 丁에 대한 청구를 기각한다면 비록 甲의 항소가 없었어도 甲의 乙에 대한 청구는 甲에게 유리하게 甲 승소로 변경될 수 있다.

제1문의 3

목 차

Ⅰ. 문제 1의 해설 : 이의보류 없는 승낙의 효력과 공유자의 임대차보증금반환채무의 범위
1. 결론
2. 丁의 양수금청구의 소
3. 甲과 乙의 항변 ①에 대한 법원의 판단
   (1) 甲과 乙이 동시이행 항변권을 가지는지 여부
   (2) 채무자 甲과 乙의 이의보류 없는 승낙의 효력
4. 甲과 乙의 항변 ②에 대한 법원의 판단
   (1) 공유자의 임대차보증금반환채무의 범위
   (2) 지연손해금 발생 여부

Ⅱ. 문제 2의 해설 : 사해행위취소 승소판결이 확정된 후에 원물반환불능시 대상청구권을 행사할 수 있는지 여부
1. 결론
2. 수인의 보증인이 연대보증인인 경우 각 보증인의 보증채무 부담부분
3. 보증인과 물상보증인 사이의 대위
4. 공동보증인 사이의 구상권과 연대보증인 B와 C의 구상채무 범위
   (1) 공동보증인 사이의 구상권 행사의 요건
   (2) 공동보증인 사이의 구상의 범위
   (3) B와 C의 구상채무 내용

〈공통된 사실관계〉

甲과 乙은 공유하고 있던 X건물에 관하여 2018. 1. 10. 丙과 임대차계약을 체결하면서, 보증금을 3억 원, 임대기간을 2020. 1. 9.까지로 약정하였다. 甲·乙과 丙은 임대기간이 만료되는 즉시 임대목적물의 반환과 상환하여 보증금을 반환하기로 하고, 만일 甲과 乙이 보증금반환채무를 이행하지 않는 경우 월 1%의 지연손해금을 丙에게 지급하기로 하였다. 그런데 甲과 乙의 신용상태가 2019. 9.말경 심각하게 악화되자 丙은 甲과 乙에게 보증금 반환을 확보하기 위하여 담보 제공을 요구하였고, 이에 A, B, C가 위 보증금반환채무를 담보하기 위하여 丙과 연대보증계약을 체결하는 한편 B 소유인 시가 2억 원인 Z토지에 관하여 丙 명의의 근저당권을 설정해주었다. 한편 丙은 위 임대차계약에 관하여 자세하게 설명하면서 2019. 11. 15. 보증금반환채권을 丁에게 양도하였고 이에 대하여 같은 날 甲과 乙은 이의 없이 승낙하였다. 임대차계약기간이 만료되었지만 甲과 乙은 보증금을 반환하지 않고 있고, 이에 따라 丙은 X건물을 인도하지 않고 있다.

〈추가된 사실관계〉

丁은 2020. 2. 10. 甲과 乙을 상대로 각각 "양수금 3억 원 및 그에 대한 2020. 1. 10.부터 다 갚는 날까지 월 1%의 비율로 계산된 지연손해금을 지급하라."는 내용의 소를 제기하였다. 이에 대하여 甲과 乙은 ① "丙에 대하여 행사할 수 있었던 항변권으로 丁에게 대항할 수 있으므로 丙이 X건물을 인도하지 않는 한 이에 응할 의무가 없다.", ② "丁의 청구에 응하더라도 보증금반환채무는 분할채무로서 각각 양수금 1억 5,000만 원을 부담할 뿐이고, 丁이 청구한 지연손해금 역시 지급할 의무가 없다."고 항변하였다.

문제 1.
　丁의 청구에 대한 결론(소 각하, 청구 전부인용, 일부인용, 기각, 일부인용의 경우 구체적인 금액과 내용을 기재)을 그 근거와 함께 서술하시오. (25점)

I. 문제 1의 해설 : 이의보류 없는 승낙의 효력과 공유자의 임대차보증금반환채무의 범위 (25점)

1. 결 론 (2점)

법원은 '甲과 乙은 丙으로부터 X건물을 인도받음과 동시에 공동하여 丁에게 보증금 3억 원을 지급하라.'는 상환급부판결로서 일부 인용판결을 하여야 한다.

2. 丁의 양수금청구의 소 (3점)

丙은 甲과 乙에 대한 丙의 보증금반환채권을 2019. 11. 15. 丁에게 양도하였고 이에 대하여 같은 날 甲과 乙은 이의 없이 승낙하여 대항요건을 갖추었다. 甲과 乙에 대한 丙의 보증금반환채권은 변제기가 2020. 1. 9.인데, 채권양수인 丁이 변제기를 지난 2020. 2. 10. 양수금 지급 청구의 소를 제기한 것은 적법하다.

3. 甲과 乙의 항변 ①에 대한 법원의 판단 (12점)

(1) 甲과 乙이 동시이행 항변권을 가지는지 여부 (긍정) (4점)

임대인의 보증금 반환의무는 임대차관계가 종료되는 경우에 그 보증금 중에서 목적물을 반환받을 때까지 생긴 연체차임 등 임차인의 모든 채무를 공제한 나머지 금액에 관하여서만 비로소 이행기에 도달하여 임차인의 목적물반환의무와 서로 동시이행의 관계에 있다(대판 1987.6.23, 87다카98). 사안과 같이 임차인 丙이 보증금반환채권을 丁에게 양도한 경우 그 채권은 동일성을 유지하면서 丁에게 이전되므로 임대인인 甲과 乙은 丁에게 동시이행항변권을 행사할 수 있다. 따라서 임대차계약기간 만료 후 丙이 X건물을 인도하지 않으므로 甲과 乙이 丁에게 보증금을 반환하지 않은 것은 **특별한 사정이 없는 한** 타당하다.

(2) 채무자 甲과 乙의 이의보류 없는 승낙의 효력

1) 제451조 1항의 대항사유 (3점)

채무자가 이의를 보류하지 않은 승낙을 한 때에는 채무자는 승낙을 한 때까지 양도인에게 대항할 수 있는 사유로써 양수인에게 대항하지 못한다(제451조 1항). 『민법 제451조 1항의 채무자가 양수인에게 대항할 수 없는 사유는 협의의 항변권에 한하지 않고, 넓게 채권의 성립, 존속, 행사를 저지하거나 배척하는 사유를 포함한다[2]』(대판 2002.3.29, 2000다13887).

2) 제451조 제1항에 의해 보호되는 양수인의 범위 : 양수인은 선의이고 중과실이 없을 것 : (<u>수 : 악, 중 : 대항가.</u> 제451조 1항) (6점)

『민법 제451조 1항은 이의를 보류하지 않은 승낙을 한 경우 채무자의 승낙에 공신력을 주어 양수한 채권에 아무런 항변권도 없는 것으로 신뢰한 양수인의 신뢰를 보호하고 채권양도의 안전을 보장하기 위한 규정이므로, 채권의 양도에 대하여 **이의를 보류하지 아니하고 승낙을 하였더라도 양수인이 악의**

---

[2] 민법 제451조 2항의 채무자가 양도인에게 대항할 수 있는 사유(=양도인에 대하여 생긴 사유)에는 동시이행의 항변권과 같은 협의의 항변사유, 통지 전에 변제, 등으로 채권이 소멸한 경우 그 채권소멸 사유 채권의 불성립, 채권발생의 기초인 법률행위에 취소원인이 있거나 무효인 경우에 그러한 무효 또는 취소사유, 해제에 의한 채무의 소멸사유 등이 포함된다.

또는 중과실의 경우에 해당하는 한 채무자의 승낙 당시까지 양도인에 대하여 생긴 사유로써도 양수인에게 대항할 수 있다(=대항가)』(대판 2002.3.29, 2000다13887). 사안의 경우 丙이 丁에게 보증금반환채권을 양도할 때 임대차계약에 관하여 구체적으로 설명하였으므로, 丁은 임대차계약의 내용으로서 동시이행관계에 대하여 악의로 보아야 한다. 따라서 甲과 乙은 丙으로부터 X건물을 인도(또는 인도의 제공을)받지 않으면 丁에 대해 보증금반환채무의 이행을 거절할 수 있다. 사안의 경우 **특별한 사정이 인정되지 않으므로 甲과 乙의 항변 ①은 타당하다.**

4. 甲과 乙의 항변 ②에 대한 법원의 판단

(1) 공유자의 임대차보증금반환채무의 범위 (4점)

건물의 공유자인 甲과 乙이 공동으로 丙에게 건물을 임대하고 임차보증금을 수령한 경우 특별한 사정이 없는 한 그 임대는 각자 공유지분을 임대한 것이 아니라 임대목적물을 다수의 당사자로서 공동으로 **임대한 것이고 그 임차보증금 반환채무는 성질상 불가분채무에 해당한다**(대판 2017.5.30. 2017다205073). 불가분채무에 대해서는 연대채무에 대한 제413조가 준용되므로(제411조) 불가분채무자 수인은 채무 전부를 각자 이행할 의무가 있다(제413조). 따라서 甲과 乙은 각각 3억 원의 반환채무를 부담하므로 甲과 乙의 항변 ② 중 분할채무라는 항변은 부당하다.

(2) 지연손해금 발생 여부 (3점)

사안의 경우 보증금반환채무의 지연손해금으로 월 1%를 약정하였지만, 보증금반환채무와 X건물인도의무는 서로 동시이행관계에 있으므로 甲과 乙은 X건물을 인도받을 때까지 보증금반환채무의 지연손해금이 발생하지 않는다. 따라서 甲과 乙의 항변 ② 중 지연손해금 지급 의무가 없다는 항변은 타당하다.

〈별도의 추가된 사실관계〉

A가 2020. 2. 10. 丁에게 연대보증채무를 이행한 후 2020. 3. 9. B와 C를 상대로 각각 "구상금 1억 원 및 이에 대한 2020. 1. 10.부터 다 갚는 날까지 월 1%의 비율로 계산된 지연손해금을 지급하라."는 내용의 소를 제기하였고, 위 소장은 2020. 3. 20. B와 C에게 송달되었다. 이에 대하여 C는 "B가 보증인과 물상보증인의 지위를 겸하는 지위에 있으므로 자신은 B에 비하여 1/2의 금액만 지급하면 되므로 A의 청구액 전부를 지급할 의무가 없다."고 항변하였고, 나아가 B와 C는 ① "甲과 乙로부터 부탁받지 않은 공동보증인으로서 구상채무는 그 이익을 받은 한도에 불과하므로 이자나 지연손해금을 지급할 의무가 없다.", ② "설령 지연손해금을 지급하더라도 2020. 1. 10.부터 A가 청구한 월 1%로 계산된 돈을 지급할 의무는 없다."고 항변하였다.

문제 2.
A의 청구에 대한 결론(소 각하, 청구 전부인용, 일부인용, 기각, 일부인용의 경우 구체적인 금액과 내용을 기재)을 그 근거와 함께 서술하시오. (25점)

II. 문제 2의 해설 : 사해행위취소 승소판결이 확정된 후에 원물반환불능시 대상청구권을 행사할 수 있는지 여부 (15점)

1. 결론 (3점)

"피고 B와 피고 C는 원고 A에게 각 1억 원 및 이에 대한 2020. 3. 21.부터 이 사건 판결선고일까지는 연 5% 그 다음날부터 다 갚는 날까지 연 12%의 비율로 계산된 지연손해금을 각 지급하라."는 일부인용 판결을 한다. (청구가 일부인용되므로 판결선고 다음날부터 소송촉진 등에 관한 특례법상 지연손해금이 적용된다)

2. 수인의 보증인이 연대보증인인 경우 각 보증인의 보증채무 부담부분 (6점)

보증채무는 주채무에 대한 부종성이 있어서 **주채무자에 대한 채권이 이전되면 당사자 사이에 특약이 없는 한 보증인에 대한 채권도 함께 이전하고, 채권양도의 대항요건도 주채권의 이전에 관하여 구비하면 족하다**(대판 2002.9.10, 2002다21509). 따라서 사안과 같이 주채무자 甲과 乙의 승낙에 의해 주채무자에 대하여 대항요건을 갖춘 경우 연대보증인 A, B, C에 대하여 별도의 대항요건을 갖추지 않았더라도 채권양도는 연대보증인에 대해서도 효력이 있다.

수인의 보증인이 연대보증인인 경우에는 분별의 이익이 없으므로(제448조 2항) 각 연대보증인은 **각자 분할채무를 지는 것이 아니라 주채무 전액에 대하여 보증채무를 부담한다.**

3. 보증인과 물상보증인 사이의 대위 (6점)

'물상보증인과 보증인간에는 그 **인원수에 비례**하여 채권자를 대위한다'(제482조 2항 5호 본문). 그런데 사안과 같이 A, B, C는 연대보증인이고 B는 물상보증인으로 B는 보증인과 물상보증인의 지위를 겸하는 경우 인원수의 산정에서 연대보증인 및 물상보증인 2인으로 산정해야 한다는 소수설이 있지만, 다수설과 판례는 1인으로 산정한다. (즉) 민법 제482조 제2항 제4호는 물상보증인 상호간에는 재산의 가액에 비례하여 **부담부분**을 정하도록 하면서, 제5호가 **보증인과 물상보증인 상호간에는 형식적으로 인원수에 비례하여 평등하게 대위비율을 결정하도록 규정한 것은, 인원수에 따라 대위비율을 정하는 것이 공평하고 법률관계를 간명하게 처리할 수 있어 합리적이며 그것이 대위자의 통상의 의사 내지 기대에 부합하기 때문이다.** 이러한 규정 취지는 보증인과 물상보증인의 지위를 겸하는 자가 포함되어 있는 경우에도 동일하게 참작되어야 하므로, 민법 제482조 제2항 **제5호 전문에 의한 대위비율은 보증인과 물상보증인의 지위를 겸하는 자도 1인으로 보아 산정함이 상당하다**(대판 2010.6.10, 2007다61113)[3]. 판례에 의하면 A, B,

---

[3] 민법 제482조 제2항 제4호는 물상보증인 상호간에는 재산의 가액에 비례하여 부담부분을 정하도록 하면서, 제5호가 보증인과 물상보증인 상호간에는 보증인의 총 재산의 가액이나 자력 여부, 물상보증인이 담보로 제공한 재산의 가액 등을 일체 고려하지 아니한 채 형식적으로 인원수에 비례하여 평등하게 대위비율을 결정하도록 규정한 것은, 인적 무한책임을 부담하는 보증인과 물적 유한책임을 부담하는 물상보증인 사이에는 보증인 상호간이나 물상보증인 상호간과 같이 상호 이해조정을 위한 합리적인 기준을 정하는 것이 곤란하고, 당사자 간의 특약이 있다는 등의 특별한 사정이 없는 한 오히려 인원수에 따라 대위비율을 정하는 것이 공평하고 법률관계를 간명하게 처리할 수 있어 합리적이며 그것이 대위자의 통상의 의사 내지 기대에 부합하기 때문이다. 이러한 규정 취지는 동일한 채무에 대하여 보증인 또는 물상보증인이 여럿 있고, 이 중에서 보증인과 물상보증인의 지위를 겸하는 자가 포함되어 있는 경우에도 동일하게 참작되어야 하므로, 민법 제482조 제2항 제5호 전문에 의한 대위비율은 보증인과 물상보증인의 지위를 겸하는 자도 1인으로 보아 산정함이 상당하다(대판 2010.6.10, 2007다61113).

C 모두 1인으로 보아 3억 원의 채무에 대한 각자의 부담부분(대위당할 부분)은 1억 원씩이다. 따라서 사안의 C의 항변은 이유 없다.

4. 공동보증인 사이의 구상권과 연대보증인 B와 C의 구상채무 범위 (10점)

(1) 공동보증인 사이의 구상권 행사의 요건

공동보증인은 그들 사이에 **분별의 이익이 있는지 여부에 상관없이, 자기의 부담부분을 초과하여 변제한 때에만 다른 공동보증인에게 대하여 구상할 수 있고**, 사안과 같이 수인의 보증인이 연대보증인인 경우 어느 연대보증인이 **자기의 부담부분을 넘은 변제를 한 때**에는 연대채무자의 구상권 규정인 제425조 1항이 준용되므로(제448조 2항) 채권양수인 丁에게 연대보증채무 전액을 변제한 연대보증인 A는 다른 연대보증인 B와 C에 대하여 그 부담부분의 한도에서 구상권이 있다(제425조 제1항).

(2) 공동보증인 사이의 구상의 범위

공동보증인 사이의 구상의 범위는 그들 사이에 분별의 이익이 있는지 여부에 따라 달라진다.

(수인의 보증인이 보통의 보증인인 경우와 같이) 공동보증인 사이에 분별의 이익이 있는 경우 구상의 범위는 부탁을 받지 않은 보증인의 구상권 규정인 제444조를 준용하고(제448조 1항), (수인의 보증인이 연대보증인인 사안의 경우와 같이) 공동보증인 사이에 분별의 이익이 없는 경우 구상의 범위는 연대채무자의 구상권 규정인 제425조 내지 제427조를 준용한다(제448조 제2항). 따라서 제444조가 적용되어 이자나 지연손해금을 지급할 의무가 없다는 B와 C의 항변 ①은 이유 없다.

(3) B와 C의 구상채무 내용

① 연대보증인 B와 C의 구상채무 내용은 면책한 원금과 면책된 날 이후의 법정이자 및 피할 수 없는 비용 기타 손해배상을 포함하는데(제425조 제2항), 처분권주의에 따라 A가 청구하지 않은 면책일 이후의 법정이자 부분에 대해서는 법원이 판단하지 않는다.

② 채무이행의 기한이 없는 채무는 **채무자가 이행청구, 즉 최고를 받은 다음날부터 이행지체의 책임을 진다**(대판 1988.11.8, 88다3253). 사안의 경우 구상금채무는 기한의 정함이 없는 채무이므로 A의 소장부본이 송달된 다음날부터 지연손해금이 발생한다.

③ 보증채무는 주채무와는 별개의 채무이기 때문에 보증채무 자체의 이행지체로 인한 지연손해금은 보증한도액과는 별도로 부담하고, 보증채무의 연체이율에 관하여 특별한 약정이 있으면 그에 따르고, **특별한 약정이 없는 경우라면 그 거래행위의 성질에 따라 상법 또는 민법에서 정한 법정이율에 따라야 할 것이고, 주채무에 관하여 약정된 연체이율이 당연히 여기에 적용되는 것은 아니다**(대판 2003.6.13, 2001다29803). 사안의 경우 **주채무에 관하여 약정된 연체이율은 월 1%**인데, **보증채무의 연체이율에 관하여 약정이 없으므로 민사 법정이율인 연 5%의 비율로 지연손해금 비율이 결정된다.** 따라서 B와 C의 항변 ②는 이유 있다.

④ 따라서 결국 B와 C는 각각 1억 원 및 이에 대하여 A의 소장부본이 송달된 다음날인 2020. 3. 21.부터 민사 법정이율인 연 5%의 비율에 의한 지연손해금의 지급의무를 부담한다.

제 2 문

[제2문의 1]

〈기초적 사실관계〉

甲은 고서화 소매업을 운영하는 사람이다. 甲이 마침 단원 김홍도 선생의 산수화 1점을 보유하고 있음을 알게 된 乙법인(전통 문화예술품의 수집, 보존, 전시 등을 목적으로 하는 비영리법인이다)의 대표이사 A는 위 산수화를 전시하기 위하여 2014. 3. 1. 甲의 화랑을 방문하여 乙명의로 위 산수화를 대금 1억 원에 매수하는 내용의 매매계약을 체결하였다. 甲은 다음 날 A로부터 대금 전액을 지급받으면서 그 산수화를 인도하였다. 다음 각 독립한 물음에 답하시오.

문제 1.

乙법인의 정관에 법인 명의로 재산을 취득하는 경우 이사회의 심의, 의결을 거쳐야 한다는 규정이 있었음에도 A가 이를 무시하고 그와 같은 이사회를 소집하지도 않은 채 위 산수화를 매수하였으며, 甲 또한 乙법인과 빈번한 거래로 말미암아 위 정관 규정을 알고 있었음에도 이를 문제 삼지 않았다. 乙법인과 甲 사이에 매매계약은 유효한가? (15점)

〈아래 문제 2에 적용되는 추가되는 사실관계〉

A는 甲과 위 매매계약을 체결할 당시 위 산수화가 단원의 진품이라고 감정된 한국고미술협회의 감정서를 甲으로부터 제시받았다. 甲과 A는 한국고미술협회의 권위를 믿고 위 산수화가 진품이라는 것에 대하여 별다른 의심을 하지 않았다. 그런데 위 작품의 진위 여부에 관하여 우연한 기회에 의구심을 갖게 된 A는 2019. 2. 28. 한국미술품감정평가원에 그 감정을 의뢰하였고, 2019. 3. 3. 위 산수화가 위작이라는 회신을 받았다.

문제 2.

2019. 7. 1.을 기준으로 乙법인이 甲과의 매매계약의 구속력으로부터 벗어날 수 있는 방법에 관하여 검토하시오. (20점)

〈아래 문제 3에 적용되는 추가적 사실관계〉

乙법인은 甲으로부터 단원산수화를 구입한 후 금전을 차용할 필요가 있어서 2014. 5. 1. 丙으로부터 3개월 후 상환하기로 하면서 5,000만 원을 차용하였다. 그러면서 乙법인은 丙에게 차용금 채무의 담보로 위 단원산수화를 양도하기로 하되, 乙법인이 전시를 위해 계속 소장하기로 하였다. 그 후 乙법인은 2014. 7. 15. 이러한 사정을 알 수 없었던 丁에게 위 단원산수화를 1억 2,000만 원에 팔기로 하면서 매매대금을 지급받고 그림을 즉시 인도해 주었다. (乙법인의 행위는 적법한 것으로 간주한다.)

문제 3.

2014. 8. 15. 乙법인로부터 차용금을 상환받지 못하고 있던 丙은 丁이 단원산수화를 보관하고 있는 것을 알게 되었고, 이에 丁을 상대로 그림의 인도를 구하고 있다. 丙의 인도청구에 대한 법원의 판단과 그 근거를 서술하시오. (15점)

[제2문의 2]

〈기초적 사실관계〉

1. 甲은 2005. 5. 10. 丙에게서 X토지를 2억 원에 매수하는 매매계약을 체결하였다. 甲은 위 매매계약에 따라 2005. 5. 20. 丙에게 매매대금 2억 원을 지급하였고, 같은 날 X토지 중 1/2지분은 甲명의로, 나머지 1/2지분은 동생 乙에게 부탁하여 乙명의로 소유권이전등기를 각각 경료하였다.
2. 그 후 X토지는 2018년 경 X1토지와 X2토지로 분할되었으며, LH공사는 2020. 1월 경 X2토지를 협의취득 방식으로 수용하면서 소유명의자인 甲과 乙에게 수용보상금으로 각각 1억 원을 지급하였다. 甲은 2005. 5. 30. 丙으로부터 X토지를 인도받은 후 위와 같이 수용되기 전까지 주차장 등의 용도로 사용하여 왔다.

문제 1.
　甲은 2020년 2월 경 X1토지의 소유 명의를 이전받기 위하여 ① 乙에 대하여는 X1토지 중 1/2지분에 관하여 2005. 5. 20.자 소유권이전등기의 말소를 구하고, ② 丙에 대하여는 위 1/2 지분에 관하여 2005. 5. 10. 매매를 원인으로 하는 소유권이전등기를 구하였다. 위 청구에 대하여 乙과 丙은 "甲은 매매대금에 대한 반환을 구할 수는 있어도 부동산 자체의 반환을 구할 수 없다."고 주장한다. 甲의 위 청구가 인용될 수 있는지를 그 근거와 함께 설명하시오. (20점)

문제 2.
　甲은 乙에게 LH공사로부터 지급받은 수용보상금 1억 원을 자신에게 반환하라고 청구할 수 있는가? (10점)

[제2문의 3]

- 甲은 2015. 2. 1. 자기소유의 X부동산에 관하여 채권자 乙에게 채권최고액 2억 5,000만 원의 1순위 근저당권 설정등기를 경료해 주었다.
- 甲은 2015. 8. 1. 자신의 유일한 재산인 시가 5억 원의 X부동산을 丙에게 2억 원에 매도하고, 같은 날 丙 명의로 소유권이전등기까지 마쳤다. 丙은 2016. 4. 2. X부동산에 설정되어 있던 근저당권의 피담보채무 전액 2억 원을 乙에게 변제하고 근저당권을 말소하였다.
- 甲에 대하여 5,000만 원의 대여금채권을 가지는 채권자인 丁은 2017. 1.경 甲의 乙에 대한 근저당권설정 사실을 알게 되었고, 2017. 2. 2. 乙을 상대로 사해행위취소 및 원상회복 청구의 소를 제기하였다. 이후 2017. 10.경 丁은 승소확정판결을 받았다.
- 甲에 대한 채권자 戊(총 채권액 7억 원)는 2018. 2.경 甲이 X부동산을 丙에게 매도한 사실을 알게 되었고, 2018. 3. 1. 丙을 상대로 '1. 피고와 소외 甲 사이에 X부동산에 관하여 2015. 8. 1.에 체결된 매매계약을 취소한다. 2. 피고는 원고에게 5억 원 및 이에 대하여 매매계약일부터 다 갚는 날까지 연 5%의 비율에 의한 돈을 지급하라.'라는 소를 제기하였다.

- 丙은 ① 2015. 8. 1. 매매계약은 사해행위가 아니고, ② 설령 사해행위이더라도 자신은 5억 원을 반환할 의무가 없으며, ③ 가액반환의무에 대한 지연손해금의 발생시점은 소장부본 송달 다음날이라고 주장하였다.
- 법원의 심리결과, 甲은 2015. 1. 1.부터 변론종결시까지 계속 채무초과상태이고, 변론종결당시 X부동산의 시가는 5억 원으로 동일하며, 乙의 피담보채권액은 2억 원으로 근저당권 설정 당시부터 丙이 변제할 때까지 변동이 없다고 밝혀졌다.

　丙에 대한 戊의 청구에 대한 결론[각하, 전부인용, 일부인용(일부 인용되는 경우 그 구체적인 금액 또는 내용을 기재할 것), 기각]을 그 논거와 함께 서술하시오. (20점)

제2문의 1

목 차

Ⅰ. 문제 1의 해설 : 소유권에 기한 부동산 인도청구에 대한 항변사유들
  1. 위 매매계약이 乙법인의 목적 범위 내인지 여부 (제34조)
  2. 대표기관의 대표권의 범위 내의 법률행위인지 여부
    (1) 대표권의 제한 : 정관규정 (민법 제41조)
    (2) 대표권 제한의 대항요건 (민법 제60조)

Ⅱ. 문제 2.의 해설 : 제580조의 하자담보책임과 제109조에 의한 착오취소
  1. 민법 제580조의 하자담보책임에 따른 계약해제권의 발생과 제척기간의 경과 여부
    (1) 민법 제580조의 하자담보책임에 따른 해제권 행사의 요건
    (2) 乙의 법정해제권에 관한 민법 제582조의 제척기간 적용
    (3) 소 결

  2. 민법 제109조에 의한 착오를 이유로 한 의사표시의 취소권 인정 여부
    (1) 착오취소의 요건 (착, 중, 중. 민법 제109조 1항)
    (2) 동기의 착오를 이유로 의사표시를 취소하기 위한 요건 (동, 표, 해, 내.)
    (3) 착오를 이유로 한 취소권과 하자담보책임에 기한 해제권의 경합관계
    (4) 소 결

Ⅲ. 문제 3.의 해설 : 동산의 양도담보와 선의취득
  1. 논점의 정리
  2. 丙의 丁에 대한 그림 단원산수화 인도청구권의 성립 여부
  3. '단원산수화'에 대한 丁의 선의취득 인정 여부 (긍정)
    (1) 선의취득의 성립요건 (목동, 무점, 유승, 선무. 제249조)
    (2) 사안의 경우 요건 검토
  4. 결 론

〈기초적 사실관계〉

甲은 고서화 소매업을 운영하는 사람이다. 甲이 마침 단원 김홍도 선생의 산수화 1점을 보유하고 있음을 알게 된 乙법인(전통 문화예술품의 수집, 보존, 전시 등을 목적으로 하는 비영리법인이다)의 대표이사 A는 위 산수화를 전시하기 위하여 2014. 3. 1. 甲의 화랑을 방문하여 乙명의로 위 산수화를 대금 1억 원에 매수하는 내용의 매매계약을 체결하였다. 甲은 다음 날 A로부터 대금 전액을 지급받으면서 그 산수화를 인도하였다. 다음 각 독립한 물음에 답하시오.

문제 1.
  乙법인의 정관에 법인 명의로 재산을 취득하는 경우 이사회의 심의, 의결을 거쳐야 한다는 규정이 있었음에도 A가 이를 무시하고 그와 같은 이사회를 소집하지도 않은 채 위 산수화를 매수하였으며, 甲 또한 乙법인과 빈번한 거래로 말미암아 위 정관 규정을 알고 있었음에도 이를 문제 삼지 않았다. 乙법인과 甲 사이에 매매계약은 유효한가? (15점)

Ⅰ. 문제 1의 해설 : 소유권에 기한 부동산 인도청구에 대한 항변사유들 (15점)

1. 위 매매계약이 乙법인의 목적 범위 내인지 여부 (제34조) (3점)

법인은 법률의 규정에 좇아 정관으로 정한 목적의 범위 내에서 권리능력이 있다(제34조). 乙법인은 전통 문화예술품의 수집, 보존, 전시 등을 목적으로 하는 비영리법인이므로 대표이사 A가 김홍도 선생

의 산수화 1점을 전시하기 위하여 매수한 행위는 乙법인의 목적 범위 내의 행위이다.

2. 대표기관의 대표권의 범위 내의 법률행위인지 여부

(1) 대표권의 제한 : 정관규정 (민법 제41조) (3점)

이사는 법인의 사무에 관하여 각자 법인을 대표하는데(제59조 1항). 이사의 대표권은 **정관에 의해 제한할 수 있다**(제59조 제1항 단서). 이사의 대표권에 대한 제한은 이를 정관에 기재하지 아니하면 그 효력이 없다(제41조) 사안의 경우 乙 법인의 정관에 법인 명의로 재산을 취득하는 경우 이사회의 심의, 의결을 거쳐야 한다는 규정은 대표권 제한 규정이다.

(2) 대표권 제한의 대항요건 (민법 제60조)

이사의 **대표권제한을 정관에 기재한 경우에도 법인등기부에 등기하여야만 제3자에게 대항할 수 있다** (제60조). (1점)

1) 등기가 되어 있는 경우 (4점)

법인은 정관규정에 의한 대표권의 제한을 甲에게 대항할 수 있고, 따라서 대표이사 A의 행위는 무권대표행위로 되어 무효이다(민법 제59조 제2항, 제130조). 사안에서 甲이 대표권 제한규정에 대해 악의였기 때문에 표현대표가 성립할 여지도 없다. 따라서 乙법인이 추인하지 않는 한 乙법인과 甲사이의 매매계약은 무효이다.

2) 등기가 되어 있지 않은 경우 (4점)

법인의 정관에 법인 대표권의 제한에 관한 규정이 있으나 등기되어 있지 않다면 법인은 그와 같은 정관의 규정에 대하여 선의냐 악의냐에 관계없이 제3자에 대하여 대항할 수 없으므로 그 법률행위는 법인에 대한 관계에서 유효하다(대판 1992.2.14, 91다24564). 사안의 경우 대표권의 제한을 악의의 甲에게도 대항할 수 없으므로 甲에 대해서는 대표권의 제한이 없는 것과 같은 상황으로 되어 A의 대표권행사는 정당한 범위 내의 것으로 되고 그 결과 乙법인과 甲사이의 매매계약은 유효하다.

〈아래 문제 2에 적용되는 추가되는 사실관계〉

A는 甲과 위 매매계약을 체결할 당시 위 산수화가 단원의 진품이라고 감정된 한국고미술협회의 감정서를 甲으로부터 제시받았나. 甲과 A는 한국고미술협회의 권위를 믿고 위 산수화가 진품이라는 것에 대하여 별다른 의심을 하지 않았다. 그런데 위 작품의 진위 여부에 관하여 우연한 기회에 의구심을 갖게 된 A는 2019. 2. 28. 한국미술품감정평가원에 그 감정을 의뢰하였고, 2019. 3. 3. 위 산수화가 위작이라는 회신을 받았다.

문제 2.

2019. 7. 1.을 기준으로 乙법인이 甲과의 매매계약의 구속력으로부터 벗어날 수 있는 방법에 관하여 검토하시오. (20점)

II. 문제 2.의 해설 : 제580조의 하자담보책임과 제109조에 의한 착오취소 (20점)

1. 민법 제580조의 하자담보책임에 따른 계약해제권의 발생과 제척기간의 경과 여부 (8점)

(1) 민법 제580조의 하자담보책임에 따른 해제권 행사의 요건

① 특정물의 매매계약이 있고, ② 특정물에 원시적 하자가 있을 것, ③ 매매의 목적을 달성할 수 없고, ④ 하자에 대해 매수인은 선의·무과실이어야 한다. 사안의 경우 매수인이 인도받은 단원 김홍도 선생의 산수화가 위작이라는 점에서 요건 ① ② ③을, 매수인 乙이 매도인 甲에 의하여 제시된 미술가협회의 감정서를 믿고 거래한 점에 비추어 요건 ④를 갖추었다.

(2) 乙의 법정해제권에 관한 민법 제582조의 제척기간 적용

매수인이 하자가 있음을 안 날로부터 6개월의 제척기간내에 행사하여야 한다(제582조).

(3) 소 결

乙법인의 대표이사 A가 위 산수화가 위작이라는 회신을 받아 하자가 있음을 안 2019. 3. 3.로부터 6개월이 경과하기 전인 2019. 7. 1.에 乙법인은 민법 제580조를 근거로 甲과의 매매계약을 해제하여 위 매매계약의 구속력으로부터 벗어날 수 있다.

2. 민법 제109조에 의한 착오를 이유로 한 의사표시의 취소권 인정 여부 (12점)

(1) 착오취소의 요건 (착, 중, 중. 민법 제109조 1항)

착오를 이유로 법률행위를 취소하기 위해서는 ① 의사표시에 **착**오가 있을 것 ② 법률행위 내용의 **중**요부분에 착오가 있을 것 ③ 표의자에게 **중**과실이 없을 것이 요구된다(제109조 1항).

(2) 동기의 착오를 이유로 의사표시를 취소하기 위한 요건 (동, 표, 해, 내.)

1) 동기의 착오를 이유로 한 착오취소 여부

사안에서 A가 甲과 위 매매계약을 체결할 당시 위 산수화가 단원의 진품이라고 감정된 한국고미술협회의 감정서를 甲으로부터 제시받고 한국고미술협회의 권위를 믿고 위 산수화가 진품이라는 착오에 빠져 매매계약을 체결한 것은 동기의 착오이다.[4)5)] 판례는 동기의 착오를 이유로 법률행위를 취소하기 위한 요건에 대해서 원칙적으로 **동**기를 의사표시의 내용으로 삼을 것을 상대방에게 **표**시하고 의사표시의 **해**석상 법률행위의 **내**용으로 되어 있다고 인정되면 내용의 착오가 되어 충분하다(대판 2000.5.12, 2000다12259)고 하여 **제109조의 착오문제로 다루고**, 그 다음 제109조의 착오취소 요건인 **그 착오가 중요한 부분에 관한 것이고 중과실이 없을 것을 요구한다**. 사안의 경우 매매의 목적물인 산수화가 진품이라는 사정이 매매계약의 내용으로 표시되었다고 인정되고, 표의자의 중대한 과실은 인정되지 않는다. 착오취소 요건은 모두 갖추었다.

---

4) **동기의 착오란** 예 그린벨트가 풀린다는 잘못된 정보를 듣고 착오에 빠져 그린벨트에 묶인 토지를 시가인 1억보다 높은 가격인 2억의 가치가 있다고 판단해서 2억에 매수한다는 의사를 가지고 2억에 매수한다는 표시를 하여 2억에 매수한 경우, 그린벨트가 풀릴 것이라는 착오가 동기의 착오이다. 이 경우에 내심적 효과의사(2억에 매수한다는 의사)와 표시상의 효과의사(2억에 매수한다는 표시)가 형식적으로나 실질적으로 일치하지만, 내심적 효과의사를 결정하게 된 동기가 사실과 일치하지 않는 인식(그린벨트가 풀린다는 잘못된 정보)에 근거하고 있는 경우를 말한다.

5) 동기의 착오가 제109조에서 고려될 수 있는 착오인가에 대해서 학설은 ① 동기표시설 ② 동기포함설(=제109조 적용설) ③ 제109조 유추적용설 ④ 동기제외설 등으로 대립하는데, 판례는 동기표시설과 유사한 입장이다.

2) 취소권의 제척기간 경과 여부 (민법 제146조)

취소권은 추인할 수 있는 날(=취소의 원인이 종료한 날)로부터 3년 내에 법률행위를 한 날로부터 10년 내에 행사하여야 한다(제146조). 3년과 10년의 두 기간 중 먼저 만료되는 때에 취소권은 소멸하는데, 사안의 경우 2019. 7. 1.을 기준으로 보면 위 산수화가 위작이라는 회신을 받아 착오 상태에서 벗어난 날인 2019. 3. 3.로부터 3년이 경과하지 않았고, 매매계약을 체결한 2014. 3. 1.로부터 10년이 경과하지 않았다.

(3) 착오를 이유로 한 취소권과 하자담보책임에 기한 해제권의 경합관계

다수설에 의하면 착오와 담보책임이 경합하는 경우에는 담보책임에 관한 민법규정이 착오규정에 우선하여 적용되므로 착오취소는 인정되지 않는다고 한다. 그러나 판례에 따르면 양자의 경합을 인정하여, 하자담보책임을 물을 수 있는 경우에도 착오를 이유로 한 취소권을 인정한다. (즉) 착오로 인한 취소(제109조 제1항) 제도와 매도인의 하자담보책임(제580조 제1항, 계약을 해제하거나 손해배상을 청구) 제도는 취지가 서로 다르고, 요건과 효과도 구별된다. 따라서 **매매계약 내용의 중요 부분에 착오가 있는 경우 매수인은 매도인의 하자담보책임이 성립하는지와 상관없이 착오를 이유로 매매계약을 취소할 수 있다** (대판 2018.9.13, 2015다78703).

(4) 소 결

2019. 7. 1.에 乙법인은 민법 제109조 제1항(착오취소)을 근거로 甲과의 매매계약을 취소하여 위 매매계약의 구속력으로부터 벗어날 수 있다.[6][7]

〈아래 문제 3에 적용되는 추가적 사실관계〉

乙법인은 甲으로부터 단원산수화를 구입한 후 금전을 차용할 필요가 있어서 2014. 5. 1. 丙으로부터 3개월 후 상환하기로 하면서 5,000만 원을 차용하였다. 그러면서 乙법인은 丙에게 차용금채무의 담보로 위 단원산수화를 양도하기로 하되, 乙법인이 전시를 위해 계속 소장하기로 하였다. 그 후 乙법인은 2014. 7. 15. 이러한 사정을 알 수 없었던 丁에게 위 단원산수화를 1억 2,000만 원에 팔기로 하면서 매매대금을 지급받고 그림을 즉시 인도해 주었다. (乙법인의 행위는 적법한 것으로 간주한다.)

문제 3.
2014. 8. 15. 乙법인으로부터 차용금을 상환받지 못하고 있던 丙은 丁이 단원산수화를 보관하고 있는 것을 알게 되었고, 이에 丁을 상대로 그림의 인도를 구하고 있다. 丙의 인도청구에 대한 법원의 판단과 그 근거를 서술하시오. (15점)

---

[6] 채점기준표에는 「3. 사기에 의한 법률행위 취소 : 매도인의 고의가 인정되기 어려우므로 사기취소는 주장하기 어렵다.」 재량가점이 가능하다고 기술되어 있다.

[7] 채점기준표에는 「4. 채무불이행을 이유로 한 계약해제 : 채무자(매도인)가 무과실이라고 볼 여지가 있으므로 인정되기 어렵다.」 재량가점이 가능하다고 기술되어 있다.

III. 문제 3.의 해설 : 동산의 양도담보와 선의취득 (15점)

1. 논점의 정리 (1점)

丙의 丁에 대한 그림 단원산수화 인도청구권이 성립하기 위해서는, ① 丙이 단원산수화의 소유자이고, ② 丁이 단원산수화를 점유하고 있어야 한다(제213조 본문). 요건 ①의 경우 양도담보의 법적 성질이 문제되고, 인도청구에 대항할 丁의 법적수단으로는 단원산수화에 대한 丁의 선의취득이 문제된다.

2. 丙의 丁에 대한 그림 단원산수화 인도청구권의 성립 여부 (4점)

동산의 양도담보의 경우 판례는 신탁적소유권이전설의 입장을 취하여, 『동산에 관하여 양도담보계약이 이루어지고 **양도담보권자가 점유개정의 방법으로 인도를 받았다면 대내적 관계에서는** 양도담보**설**정자 乙법인이 소유자이지만, 대**외**적인 관계에서는 **양도담보권자 丙이 소유자이므로**, 그 청산절차를 마치기 전이라 하더라도 **양도담보권자 丙은 제3자에 대한 관계에 있어서는 그 물건의 소유자임을 주장하고 그 권리를 행사할 수 있다**』(대판 1994.8.26, 93다44739). 따라서 **양도담보권자 B는 대외적 관계에서 소유자이므로** 丙의 丁에 대한 그림 단원산수화 인도청구권은 일응 성립한다.

3. '단원산수화'에 대한 丁의 선의취득 인정 여부 (긍정)

(1) 선의취득의 성립요건 (목동, 무점, 유승, 선무. 제249조) (2점)

선의취득이 성립하기 위해서는 ① **목**적물이 **동**산일 것, ② 양도인은 **무**권리자로서 동산을 **점**유하고 있을 것, ③ 양수인은 **유**효한 거래행위에 의해 점유를 **승**계취득할 것, ④ 양수인의 점유취득은 평온, 공연, **선**의, **무**과실일 것을 요한다.

(2) 사안의 경우 요건 검토 (7점)

사안의 경우 ① 목적물인 '단원산수화'는 그림이므로 동산이고, ② 양도인 乙은 대외적인 관계에 있어서 '단원산수화'의 소유권을 이미 양도담보권자 丙에게 양도한 무권리자로서 동산을 점유하고 있었고, ③ (사안에서 乙법인의 매매행위는 적법한 것으로 간주한다고 명시한다) 양도인 乙이 양수인 丁에게 '단원산수화'를 매도한 것은 **타인권리매매**(제569조)로서 유효한 거래행위이고 丁이 현실인도를 받음으로써 점유를 승계취득하였고, ④ 민법 **제197조 1항에 의해 양수인의 점유는 평온, 공연, 선의로 추정**되며 선의취득에서 무과실이란 양도인이 무권리자임을 알지 못한 데에 과실이 없음을 말하는데 사안의 경우 '단원산수화'를 **양도담보권자 丙이 점유개정의 방법으로 인도받은** 사정을 알 수 없었다고 명시하고 있고, (외형상 양도담보 후에도 乙이 단원산수화를 계속 점유하고 있으므로) 양도인 乙이 양도담보로 인해 무권리자가 된 점을 알지 못한 데에 丁의 과실이 있다고 할 수는 없다. 따라서 D는 '단원산수화'를의 소유권을 선의취득하므로 丙은 반사적으로 소유권을 상실한다.

4. 결 론 (1점)

丙은 더 이상 '단원산수화'의 소유자가 아니므로 丁에 대한 반환청구는 기각된다.

제2문의 2

목 차

I. 문제 1의 해설 : 3자간 등기명의신탁
  1. 3자간 (중간생략)등기명의신탁의 성립
  2. 3자간 등기명의신탁의 법률관계
  3. 甲의 청구에 대한 인용 여부
     (1) 3자간 등기명의신탁에서 신탁자가 목적 부동산에 대한 소유 명의를 이전받기 위한 방법
     (2) 3자간 등기명의신탁에서 신탁자가 목적 부동산을 인도받아 점유하고 있는 경우 소멸시효 진행 여부
  4. 결론

II. 문제 2의 해설 : 3자간 등기명의신탁부동산을 수탁자가 처분하거나 수용되어 받은 금원에 대한 신탁자의 부당이득 반환 청구 인정 여부
  1. X2토지의 소유권 귀속
  2. 3자간 등기명의신탁부동산을 수탁자가 처분하거나 수용되어 받은 금원에 대한 신탁자의 부당이득 반환 청구 인정 여부

〈기초적 사실관계〉

1. 甲은 2005. 5. 10. 丙에게서 X토지를 2억 원에 매수하는 매매계약을 체결하였다. 甲은 위 매매계약에 따라 2005. 5. 20. 丙에게 매매대금 2억 원을 지급하였고, 같은 날 X토지 중 1/2지분은 甲명의로, 나머지 1/2지분은 동생 乙에게 부탁하여 乙명의로 소유권이전등기를 각각 경료하였다.

2. 그 후 X토지는 2018년 경 X1토지와 X2토지로 분할되었으며, LH공사는 2020. 1월 경 X2토지를 협의취득 방식으로 수용하면서 소유명의자인 甲과 乙에게 수용보상금으로 각각 1억 원을 지급하였다. 甲은 2005. 5. 30. 丙으로부터 X토지를 인도받은 후 위와 같이 수용되기 전까지 주차장 등의 용도로 사용하여 왔다.

문제 1.
甲은 2020년 2월 경 X1토지의 소유 명의를 이전받기 위하여 ① 乙에 대하여는 X1토지 중 1/2 지분에 관하여 2005. 5. 20.자 소유권이전등기의 말소를 구하고, ② 丙에 대하여는 위 1/2 지분에 관하여 2005. 5. 10. 매매를 원인으로 하는 소유권이전등기를 구하였다. 위 청구에 대하여 乙과 丙은 "甲은 매매대금에 대한 반환을 구할 수는 있어도 부동산 자체의 반환을 구할 수 없다."고 주장한다. 甲의 위 청구가 인용될 수 있는지를 그 근거와 함께 설명하시오. (20점)

문제 2.
甲은 乙에게 LH공사로부터 지급받은 수용보상금 1억 원을 자신에게 반환하라고 청구할 수 있는가? (10점)

I. 문제 1의 해설 : 3자간 등기명의신탁 (20점)

1. 3자간 (중간생략)등기명의신탁의 성립 (2점)

매도인 丙 소유인 X토지를 甲이 매수하였는데 X토지 중 1/2지분은 甲명의로, 나머지 1/2지분은 동생 乙에게 부탁하여 乙명의로 소유권이전등기를 각각 경료된 사안의 경우, X토지 중 1/2 지분에 관하여

명의신탁자 甲과 명의수탁자 乙사이에 3자간 등기명의신탁이 이루어진 것이다.

2. 3자간 등기명의신탁의 법률관계 (4점)

3자간 등기명의신탁 약정과 이에 기한 X토지 중 1/2 지분에 관한 명의수탁자 乙 명의의 2005. 5. 20.자 소유권이전등기는 무효이므로 이 1/2지분의 소유자는 여전히 매도인 丙이다(부동산실명법 제4조 1항, 2항). 그 후 X토지는 X1토지와 X2토지로 분할되었는데 X1토지와 X2토지는 여전히 1/2지분은 甲명의로, 나머지 1/2지분은 乙명의로 등기가 되어 있는 상태에서 X2토지를 LH공사가 수용하였다. 수용되지 않은 X1토지 중 1/2지분의 소유자는 매도인 丙이다.

3. 甲의 청구에 대한 인용 여부

(1) 3자간 등기명의신탁에서 신탁자가 목적 부동산에 대한 소유 명의를 이전받기 위한 방법 (5점)

3자간 등기명의신탁의 경우 **매도인 丙과 명의신탁자 甲사이의 2005. 5. 10.자 매매계약은 유효하므로**, 사안의 경우 **명의신탁자 甲은 매도인 丙을 대위하여** 명의수탁자 乙을 상대로 수용되지 않은 X1토지 중 무효인 乙 명의의 2005. 5. 20.자 1/2 지분에 관한 소유권이전등기의 말소를 구한 후, 매도인 丙을 상대로 2005. 5. 10.자 매매를 원인으로 한 1/2지분 소유권이전등기를 구할 수 있다(대판 2002.3.15, 2001다61654).8)

(2) 3자간 등기명의신탁에서 신탁자가 목적 부동산을 인도받아 점유하고 있는 경우 소멸시효 진행 여부 (6점)

매매로 인한 소유권이전등기청구권은 일반채권이므로 원칙적으로 10년의 소멸시효에 걸린다. 사안의 경우 X토지에 대한 **매매계약일인 2005. 5. 10.**로부터 10년의 소멸시효기간이 이미 경과한 2020년 2월 경 매수인 甲이 매도인 丙을 상대로 한 소유권이전등기 청구가 인용될 수 있는지가 문제된다. 『부동산의 매수인이 목적물을 인도받아 계속 점유하는 경우에는 매도인에 대한 소유권이전등기청구권은 소멸시효가 진행되지 않고, 이러한 법리는 3자간 등기명의신탁에 의한 수탁자 명의의 등기가 무효인 경우에도 마찬가지로 적용된다. 왜냐하면 3자간 등기명의신탁의 경우 매매계약은 유효하고 명의신탁자는 매수인으로서 목적 부동산을 인도받아 점유하고 있기 때문이다. 따라서 인도받아 점유하고 있는 《명의신탁자 甲의 매도인 丙에 대한》 소유권이전등기청구권은 소멸시효가 진행되지 않는다』(대판 2013.12.12, 2013다26647).9)

4. 결론 (3점)

甲의 이 사건 청구는 전부 인용된다.

---

8) 3자간 등기명의신탁의 경우 매도인 丙과 명의신탁자 甲사이의 2005. 5. 10.자 매매계약은 유효하므로, 명의신탁자는 매도인에 대하여 매매계약에 기한 소유권이전등기를 청구할 수 있고, 그 소유권이전등기청구권을 보전하기 위하여 매도인을 대위하여 명의수탁자에게 무효인 그 명의 등기의 말소를 구할 수도 있다(대판 2002.3.15, 2001다61654).

9) 채점기준표에는 "甲은 X토지를 매수한 후 이를 인도받아 2020. 1월경까지 점유・사용하여 왔으므로 매매에 기한 소유권이전등기 청구권은 소멸시효의 진행이 중단되었다."고 기술되어 있다. 사안에서는 LH공사는 2020. 1월 경 X2토지를 협의취득 방식으로 수용하였고 甲은 2005. 5. 30. 丙으로부터 X토지를 인도받은 후 수용되기 전까지 주차장 등의 용도로 사용하여 왔다고 되어 있는데 출제하신 교수님은 甲이 수용되지 않은 X1토지에 대한 점유도 상실한 것으로 해석하신 것으로 보인다. 만약 甲이 수용되지 않은 X1토지에 대한 점유도 상실한 경우에는 『(타인이 매수인의 점유를 침탈하여) 매수인이 그 목적물의 점유를 상실하여 더 이상 사용・수익하고 있는 상태가 아니라면 그 점유상실시점으로부터 매수인의 이전등기청구권에 관한 소멸시효는 진행한다』(대판 1992.7.24, 91다40924)는 판례를 답안에 기술하면 될 것으로 보인다. 사안의 경우 점유상실시점인 2020. 1월 경부터 1개월이 지난 2020년 2월 경 매수인 甲이 매도인 丙을 상대로 한 소유권이전등기 청구는 전부 인용된다.

II. 문제 2의 해설 : 3자간 등기명의신탁부동산을 수탁자가 처분하거나 수용되어 받은 금원에 대한 신탁자의 부당이득 반환 청구 인정 여부 (10점)

1. X2토지의 소유권 귀속 (2점)

사안과 같이 X2토지의 매도인은 丙이고 매수인은 명의신탁자 甲인데 3자간 등기명의신탁을 통해 1/2지분은 甲명의로, 나머지 1/2지분은 명의수탁자 乙명의로 등기가 되어 있는 경우 乙명의의 1/2지분 등기는 무효이므로 1/2지분의 소유자는 매도인 丙이다.

2. 3자간 등기명의신탁부동산을 수탁자가 처분하거나 수용되어 받은 금원에 대한 신탁자의 부당이득 반환 청구 인정 여부 (8점)

LH공사가 3자간 등기명의신탁부동산인 위 X2토지를 협의취득 방식으로 수용하면서 소유명의자인 甲과 乙에게 수용보상금으로 각각 1억 원을 지급한 경우, LH공사는 유효하게 X2 토지의 소유권을 취득하게 되므로 매도인 丙의 명의신탁자 甲에 대한 X2 토지 중 1/2 지분에 대한 소유권이전등기의무는 이행불능으로 되고 그 결과 명의신탁자 甲은 신탁부동산인 X2 토지 중 1/2 지분에 대한 소유권이전등기 청구권을 **상실하는 손해를 입었고** 그로 인하여 명의수탁자인 乙은 X2 토지의 1/2 지분에 대한 수용보상금 1억 원을 **취득하는 이익을 얻게 되므로**, 명의수탁자 乙은 명의신탁자 甲에게 1억 원을 **부당이득으로 반환할 의무가 있다**(대판 2011.9.8, 2009다49193,49209).[10][11]

---

10) 3자간 등기명의신탁에서 부동산실명법에서 정한 유예기간이 경과한 후 명의수탁자가 신탁부동산을 임의로 처분하거나 강제 수용이나 공공용지 협의취득 등을 원인으로 제3취득자 명의로 이전등기가 마쳐진 경우, 특별한 사정이 없는 한 제3취득자는 유효하게 소유권을 취득하게 되므로(부동산실명법 제4조 제3항), 그로 인하여 매도인의 명의신탁자에 대한 소유권이전등기의무는 이행불능으로 되고 그 결과 명의신탁자는 신탁부동산의 소유권을 이전받을 권리를 상실하는 손해를 입게 되는 반면, 명의수탁자는 신탁부동산의 처분대금이나 보상금을 취득하는 이익을 얻게 되므로, 명의수탁자는 명의신탁자에게 그 이익을 부당이득으로 반환할 의무가 있다(대판 2011.9.8, 2009다49193,49209).
11) 채점기준표에 따르면 판례의 입장과 달리 아래와 같이 답안을 작성한 경우에도 재량에 따른 점수부여가 가능하다고 한다. (즉) 甲은 乙에게 수용보상금 1억 원에 대하여 부당이득의 반환을 직접 구할 수 없다. 甲은 丙을 대위하여 丙의 乙에 대한 부당이득반환청구권(丙은 자신의 1/2지분 소유권이 수용되었으므로 수용보상금을 받아야 하는데, 乙이 수용보상금을 받았으므로 乙에 대하여 부당이득반환청구권을 갖는다. 丙이 매매대금을 이미 지급받았다고 하더라도, 丙이 토지소유자인 이상 수용보상금을 지급받지 못한만큼 손해를 본다고 할 수 있다.)을 행사할 수 있을 뿐이다. 甲은 丙에 대하여 매매계약에 기한 소유권이전등기청구권을 갖고 있었는데, 丙이 토지소유권을 상실함으로써 丙의 소유권이전등기의무는 이행불능이 되었다. 甲은 丙에게 대상청구권을 행사하여 丙이 지급받아야 할 수용보상금의 이전을 구할 수 있다. 甲의 丙에 대한 대상청구권은 채권자대위권 행사의 피보전권리가 된다.

제2문의 3

목 차

Ⅰ. 문제의 해설 : 저당권설정행위가 사해행위로 취소되고 저당권이 설정되어 있는 부동산이 사해행위로 양도된 경우 취소 및 원상회복의 범위
   1. 결 론
   2. 사해행위 성립여부
   3. 저당권설정행위가 사해행위로 취소되고 저당권이 설정되어 있는 부동산이 사해행위로 양도된 경우 취소 및 원상회복의 범위
   4. 지연손해금의 발생시점

- 甲은 2015. 2. 1. 자기소유의 X부동산에 관하여 채권자 乙에게 채권최고액 2억 5,000만 원의 1순위 근저당권 설정등기를 경료해 주었다.
- 甲은 2015. 8. 1. 자신의 유일한 재산인 시가 5억 원의 X부동산을 丙에게 2억 원에 매도하고, 같은 날 丙 명의로 소유권이전등기까지 마쳤다. 丙은 2016. 4. 2. X부동산에 설정되어 있던 근저당권의 피담보채무 전액 2억 원을 乙에게 변제하고 근저당권을 말소하였다.
- 甲에 대하여 5,000만 원의 대여금채권을 가지는 채권자인 丁은 2017. 1.경 甲의 乙에 대한 근저당권 설정 사실을 알게 되었고, 2017. 2. 2. 乙을 상대로 사해행위취소 및 원상회복 청구의 소를 제기하였다. 이후 2017. 10.경 丁은 승소확정판결을 받았다.
- 甲에 대한 채권자 戊(총 채권액 7억 원)는 2018. 2.경 甲이 X부동산을 丙에게 매도한 사실을 알게 되었고, 2018. 3. 1. 丙을 상대로 '1. 피고와 소외 甲 사이에 X부동산에 관하여 2015. 8. 1.에 체결된 매매계약을 취소한다. 2. 피고는 원고에게 5억 원 및 이에 대하여 매매계약일부터 다 갚는 날까지 연 5%의 비율에 의한 돈을 지급하라.'라는 소를 제기하였다.
- 丙은 ① 2015. 8. 1. 매매계약은 사해행위가 아니고, ② 설령 사해행위이더라도 자신은 5억 원을 반환할 의무가 없으며, ③ 가액반환의무에 대한 지연손해금의 발생시점은 소장부본 송달 다음날이라고 주장하였다.
- 법원의 심리결과, 甲은 2015. 1. 1.부터 변론종결시까지 계속 채무초과상태이고, 변론종결당시 X부동산의 시가는 5억 원으로 동일하며, 乙의 피담보채권액은 2억 원으로 근저당권 설정 당시부터 丙이 변제할 때까지 변동이 없다고 밝혀졌다.

丙에 대한 戊의 청구에 대한 결론[각하, 전부인용, 일부인용(일부 인용되는 경우 그 구체적인 금액 또는 내용을 기재할 것), 기각]을 그 논거와 함께 서술하시오. (20점)

Ⅰ. 문제의 해설 : 저당권설정행위가 사해행위로 취소되고 저당권이 설정되어 있는 부동산이 사해행위로 양도된 경우 취소 및 원상회복의 범위 (20점)

1. 결 론 (2점)

법원은 "1. 丙과 甲 사이에 X부동산에 관하여 2015. 8. 1.에 체결된 매매계약을 3억 원의 범위 내에서 취소한다. 2. 丙은 戊에게 3억 원 및 이에 대하여 판결 확정 다음날부터 다 갚는 날까지 연 5%의 비율에 의한 돈을 지급하라."는 일부인용판결을 하여야 한다.

2. 사해행위 성립여부 (4점)

사해행위란 채무자가 적극재산을 감소시키거나 소극재산을 증가시킴으로써 채무초과상태에 이르거나 이미 채무초과상태에 있는 것을 심화시킴으로써 채권자를 해하는 행위를 말한다(대판 2013.4.26, 2012다118334). 채무자 甲이 자기의 유일한 재산인 X부동산을 丙에게 매각하여 소비하기 쉬운 금전으로 바꾸는 행위는 (소비, 은닉하기 쉬운 금전은 사실상 책임재산으로서 기능을 하지 못하므로 질적인 면에서 감소행위라고 파악하여) 그 매각이 일부 채권자에 대한 《정당한 변제를 위한 상당한 매각》이 아닌 한 채권자 戊에 대하여 사해행위가 된다(대판 1966.10.4, 66다1535).

3. 저당권설정행위가 사해행위로 취소되고 저당권이 설정되어 있는 부동산이 사해행위로 양도된 경우 취소 및 원상회복의 범위 (10점)

저당권이 설정되어 있는 부동산이 사해행위로 양도된 경우에 사해행위는 부동산의 가액에서 저당권의 피담보채무액을 공제한 잔액의 범위 내에서만 성립한다. 사안과 같이 ① 甲이 X부동산에 대해 乙을 **저당권자로 하는 저당권설정행위가 사해행위에 해당**하여 채권자인 丁이 乙을 상대로 사해행위취소 및 원상회복 청구의 소를 제기하여 丁이 승소확정판결을 받았다[12]고 하더라도 **사해행위 취소판결의 효력**은 취소소송의 당사자 丁과 乙사이에서만 취소의 효력이 미치는 것이고 **X부동산의 소유권을 이전받은 자 丙에게 미치지 아니하므로**, ② 甲이 저당권이 설정되어 있는 X부동산을 丙에게 매도한 행위가 사해행위로 취소되는 경우, 그 전에 이미 丙의 변제로 인해 乙의 저당권설정등기가 말소되었다면 X부동산의 가액(5억 원)에서 저당권의 피담보채무액(2억 원)을 공제한 잔액(3억 원)의 한도에서 부동산의 양도행위를 사해행위로 취소하고, 가액배상을 구할 수 있을 뿐이라는 법리는 저당권설정행위가 사해행위로 인정되어 취소된 때에도 마찬가지로 적용된다(대판 2018.6.28, 2018다214319).[13]

4. 지연손해금의 발생시점 (4점)

채권자취소소송은 형성소송이어서 형성판결이 확정될 때 법률관계의 변동이 일어나므로 원상회복의무는 판결확정시에 발생한다. **사해행위의 취소에 따른 가액배상의무**는 사해행위의 취소를 명하는 판결이 확정된 때에 비로소 발생하므로 그 **판결이 확정된 다음날부터 이행지체** 책임을 지게 되고, (장래의 이행을 청구하는 소에 해당하므로 소촉법 제3조 1항의 본문이 아니라 단서가 적용되므로) 그 지연손해금에는 소촉법 소정의 이율(연 12%)은 적용되지 않고 **민법 소정의 법정이율(연 5%)이 적용**된다(대판 2009.1.15, 2007다61618).

---

[12] 사해행위로 경료된 근저당권설정등기가 사해행위취소소송의 변론종결시까지 존속하고 있는 경우 그 원상회복은 근저당권설정 등기를 말소하는 방법에 의하여야 한다(대판 2007.10.11, 2007다45364).

[13] 저당권이 설정되어 있는 부동산이 사해행위로 양도된 경우에 사해행위는 부동산의 가액에서 저당권의 피담보채무액을 공제한 잔액의 범위 내에서만 성립한다고 보아야 하므로, 사해행위 후 변제 등에 의하여 저당권설정등기가 말소되었다면 부동산의 가액에서 저당권의 피담보채무액을 공제한 잔액의 한도에서 사해행위를 취소하고 가액의 배상을 구할 수 있을 뿐이다. 한편 사해행위의 취소는 취소소송의 당사자 사이에서 상대적으로 취소의 효력이 있는 것으로 당사자 이외의 제3자는 다른 특별한 사정이 없는 이상 취소로 인하여 그 법률관계에 영향을 받지 아니한다. 저당권설정행위 등이 사해행위에 해당하여 채권자가 저당권설정자를 상대로 제기한 사해행위 취소소송에서 채권자의 청구를 인용하는 판결이 선고되었다고 하더라도 이러한 사해행위 취소판결의 효력은 해당 부동산의 소유권을 이전받은 자에게 미치지 아니하므로, 저당권이 설정되어 있는 부동산이 사해행위로 양도된 경우 부동산의 가액에서 저당권의 피담보채무액을 공제한 잔액의 한도에서 양도행위를 사해행위로 취소하고 가액의 배상을 구할 수 있다는 앞서 본 법리는 저당권설정행위 등이 사해행위로 인정되어 취소된 때에도 마찬가지로 적용된다(대판 2018.6.28, 2018다214319).

제 3 문

　甲주식회사(이하 '甲회사'라 함)는 자본금 100억 원의 비상장회사로서 甲회사의 주주명부에 따르면 발행주식 총수 중 A는 30%, B는 20%, C는 10%, 丙주식회사(이하 '丙회사'라 함)는 12%, 丁주식회사(이하 '丁회사'라 함)는 10%를, 나머지 주식은 기타 주주가 보유하고 있다. 경영에 무관심하던 C는 A에게 위임사항에 관한 특별한 언급이 없이 보유한 주식의 의결권 행사를 위임하고 위임장을 교부하였는데, 甲회사의 정관에는 의결권 대리행사의 경우 대리인의 자격을 주주로 한정하는 규정을 두고 있다.

　甲회사는 乙주식회사(이하 '乙회사'라 함)의 발행주식총수의 60%와 丙회사의 발행주식총수의 5%를 보유하고 있고, 乙회사는 丙회사 발행주식총수의 3%를 보유하고 있다(각 회사는 의결권 있는 보통주만을 발행하였음). 그리고 丙회사는 甲회사의 발행주식총수의 12%와 乙회사의 발행주식총수의 5%를 가지고 있고 해당주식은 명의개서가 마쳐진 상태이다 甲회사는 거래처 D로부터 물품을 매수하고 그 매수대금의 지급을 담보하기 위하여 발행지를 백지로 한 액면금 50억 원의 약속어음을 발행하여 D에 교부하였고, D는 다시 거래처 E와 매매계약을 체결하고 거래대금의 지급을 위하여 그 약속어음을 배서·교부하였다.

　한편, 甲회사의 대표이사 A는 이사 B가 경영에 불만을 품자 이사회를 열어 이사B 해임을 위한 임시주주총회를 개최하기로 결의하고 주주명부상의 주주에게 소집통지를 하였다. 그 후 주주총회 개최일 전 乙회사는 丙회사의 발행주식총수의 4%를 추가로 매수하였으나 명의개서를 마치지는 않았다. 주주총회 당일 A는 C의 의결권을 대리 행사하였고, 丁회사가 그의 직원인 F를 그 총회에서의 대리인으로 선임한 후 위임장을 교부하여, F는 丁회사의 의결권을 대리행사하였다.

문제 1.
　甲회사와 D사이의 매매계약과 D와 E사이의 매매계약이 모두 해제되었음에도 그 약속어음을 반환하지 아니한 E가 어음의 발행지를 기재하지 않은 채 만기에 甲회사에 지급제시를 한 경우 甲회사는 어음금을 지급하여야 하는가? (30점)

문제 2.
　임시주주총회에서의 A와 F의 각 의결권 대리행사는 유효한가? (20점)

문제 3.
　丙회사는 甲회사의 임시주주총회에서 의결권을 행사할 수 있는가? (20점)

〈추가적 사실관계〉
　전기부품 제조업 및 조명기구 제조·판매업을 하는 하던 丁주식회사 (이하 '丁회사'라 함)는 전기부품 원자재를 납품하던 G에게 거래대금 7억 원의 지급을 지체하였다. 이에 G는 그 대금 및 지연이자의 지급을 구하는 소를 제기하였고, G의 청구를 모두 인용한 판결이 선고되어 그 판결은 2012. 6. 9. 확정되었다. 그 후 丁회사는 적법한 절차를 거쳐 전기부품 제조업부문을 분할하고 戊주식회사(이하 '戊회사'라 함)에 출자하여 분할합병을 하였고, 丁회사는 2015. 5. 6. 분할등기를, 戊회사는 같은 달 11. 분할합병 등기를 각 경료하였다. 2020. 9. 2. G가 丁회사와 戊회사를 상대로 원자재 거래대금의 지급을 청구하자, 분할합병을 이유로 丁회사는 채무가 戊회사에게 이전되었다고 주장하고, 戊회사는 분할합병 등기 후 5년의 상사소멸시효가 경과하였으므로 대금의 지급의무가 없다고 주장한다.

문제 4.
丁회사와 戊회사에 대한 G의 청구는 인용될 수 있는가? (30점)

제3문 해설

목 차

[문제 1. 해설]

Ⅰ. 문제의 소재

Ⅱ. 백지어음의 의의
1. 백지어음의 의의
2. 백지보충권의 존재
   (1) 문제의 소재
   (2) 학설과 판례
   (3) 검 토

Ⅲ. 백지 보충 전 백지어음의 효력
1. 원칙
2. 발행지 미보충의 경우
3. 소결

Ⅳ. 갑의 이중무권의 항변 여부
1. 의의
2. 인정 여부
   (1) 학설
   (2) 판 례 - 긍정설
3. 소결

Ⅴ. 결론

[문제 2. 해설]

Ⅰ. 쟁 점

Ⅱ. 의결권 대리행사의 적법성
1. 대리행사의 가능성
2. 포괄위임의 효력
3. 소결

Ⅲ. 대리인을 주주로 제한한 정관 규정의 효력
1. 학 설
2. 판 례 – 제한적 유효설
3. 소결

Ⅳ. 결론

[문제 3. 해설]

Ⅰ. 쟁 점

Ⅱ. 상호소유 주식의 의의와 의결권 제한
1. 상호주의 의의
2. 상호주의 범위
3. 소결

Ⅲ. 상호소유주식의 판단
1. 문제점
2. 학설과 판례
3. 검토

Ⅳ. 명의개서 요부
1. 문제점
2. 학설과 판례
3. 소결

Ⅴ. 결론

[문제 4. 해설]

Ⅰ. 쟁 점

Ⅱ. 분할 전 회사의 채무에 대한 분할합병회사의 연대책임
1. 연대책임 원칙
2. 연대책임의 배제 가능
3. 검토

Ⅲ. 분할합병회사가 부담하는 연대채무의 성질 및 소멸시효
1. 연대채무의 성질
2. 소멸시효 기간 및 그 기산점
   (1) 소멸시효의 기간
   (2) 기산점

Ⅳ. 결론

문제 1.
甲회사와 D사이의 매매계약과 D와 E사이의 매매계약이 모두 해제되었음에도 그 약속어음을 반환하지 아니한 E가 어음의 발행지를 기재하지 않은 채 만기에 甲회사에 지급제시를 한 경우 甲회사는 어음금을 지급하여야 하는가? (30점)

[문제 1. 해설]

I. 문제의 소재 (3점)

백지어음의 효력, 발행지 백지상태의 지급제시의 효력, 이중무권의 항변이 문제된다.[1]

II. 백지어음의 의의 (15점)

1. 백지어음의 의의

백지(白地)어음이란 후일 타인으로 하여금 보충시킬 의도로 **일부러 일부 어음요건을 흠결**시키면서 어음이 될 서면에 기명날인 또는 서명을 하여 발행한 미완성의 어음을 말한다.

2. 백지보충권의 존재

(1) 문제의 소재

백지보충권이 존재하는 백지어음인지 여부가 문제된다.

(2) 학설과 판례

학설은 객관설과 주관설 및 백지어음추정설이 대립하지만, 판례는 "① 백지어음추정설의 입장으로써, ② 백지어음이 아니고 **불완전어음으로서 무효라는 점에 관한 입증책임**이 있다"고 판시한 바 있다.[2]

(3) 검 토

주관설은 어음거래안전에 반하고, 객관설은 어음행위자의 의사를 무시하므로 구체적 타당성을 기하는 **백지어음추정설(판례)이 타당**하다.

III. 백지 보충 전 백지어음의 효력

1. 원칙

① 백지보충 전이라도 완성어음과 **동일한 어음의 양도방식**(배서, 교부)으로 양도할 수 있고, 백지보충권은 백지어음에 화체되어 있으므로 백지어음이 양도되면 보충권도 이전백지어음을 취득한 자는 권리를 행사하는 단계에서 백지를 보충하여 **어음상 권리를 행사할 수 있다**. ② 그러나 백지어음인 상태로 어음상 권리를 행사할 수 없으므로 지급제시의 효력도 인정되지 아니한다.

---

[1] [사례 Tip] 백지어음인지 여부 → 백지어음상의 권리이전→ 백지인 채로 지급제시의 효과(=항변) → 발행지미기재의 항변
[2] 대법원 1984. 05. 22. 83다카1585 판결.

2. 발행지 미보충의 경우

판례는 "발행지 백지어음의 경우 발행지의 보충 없이 지급제시하더라도 **국내어음이면 발행지가 어음상 권리관계에 영향을 주지 않으므로 유효한 것으로 본다**"고 한다.[3]

3. 소결

판례에 의하면, 발행지 미보충 어음도 유효한 어음으로 보아 E의 갑에 대한 지급제시는 유효하다고 봄이 타당하다.

Ⅳ. 갑의 이중무권의 항변 여부 (7점)

1. 의의

이중무권(二重 無權)의 항변이란 어음채무자와 그 후자 및 그 후자와 어음소지인 간의 원인관계가 모두 소멸하였음에도 어음소지인이 어음채무자에게 지급청구를 하는 경우 어음채무자가 그 이행을 거절하는 것을 의미한다.

2. 인정 여부

(1) 학설

이러한 항변을 부정하고 부당이득의 문제로 해결하자는 견해도 있으나,[4] 이 경우 어음소지인이 어음에 관하여 **독립적인 이익**을 가지지 않으므로 어음채무자는 **어음금지급을 거절할 수 있다**고 봄이 타당하다(통설).

(2) 판 례 - 긍정설

어음의 배서인이 발행인으로부터 지급받은 어음금 중 일부를 다시 어음 소지인에게 지급한 사안에 대하여 판례는 "어음금청구를 받은 자는 종전의 소지인에 대한 인적 관계로 인한 항변으로써 소지인에게 대항하지 못하지만, 이와 같이 인적 항변을 제한하는 법의 취지는 ① 어음거래의 **안전**을 위하여 어음취득자의 이익을 보호하기 위한 것이므로 ② 자기에 대한 배서의 원인관계가 흠결됨으로써 어음소지인이 그 어음을 소지할 정당한 권원이 없어지고, ③ 어음금의 지급을 구할 경제적 이익이 없게 된 경우에는 인적항변 절단의 이익을 향유할 지위에 있지 아니하다고 보아야 할 것이다"라고 판시한바 있다.[5][6] [안/소/경]

3. 소결

판례에 의하면, E는 인적 항변 절단의 이익을 향유할 지위에 있지 아니하므로 갑은 E에게 대항하여 어음금의 지급을 거절할 수 있다.

---

[3] 대법원 1998. 04. 23. 선고 95다36466 판결.
[4] [사례 Tip] 갑이 을에 대해 갖는 항변으로 선의의 병에게 대항 할 수 없고, 을병간의 항변은 후자의 항변으로서 갑이 이를 원용할 수 없으므로 이러한 이중무권의 항변은 항변법리에 의하면 인정되지 않는다.
[5] 대법원 2003. 01. 10. 선고 2002다46508 판결.
[6] 대법원 1984. 01. 24. 선고 82다카140판결.

V. 결론 (5점)

발행지 백지어음은 발행지의 보충이 없더라도 **유효한 어음으로 인정되므로** 지급제시는 **유효**하지만, 어음상 채무자 갑은 연속된 매매계약이 해제되었으므로 **이중무권의 항변을 통하여 E의 어음금 지급을** 거절할 수 있다.

문제 2.
임시주주총회에서의 A와 F의 각 의결권 대리행사는 유효한가? (20점)

[문제 2. 해설]

I. 쟁 점 (2점)[7]

의결권의 대리행사의 여부, 대리권의 포괄위임의 효력, 대리행사를 주주로 제한한 정관 규정의 유효성이 문제된다.

II. 의결권 대리행사의 적법성 (5점)

1. 대리행사의 가능성

의결권 행사의 편의를 위한 것이므로 주식회사의 주주는 제368조 제2항에 따라 타인에게 의결권 행사를 위임하거나 대리인을 통하여 행사할 수 있다.

2. 포괄위임의 효력

학설은 대체로 주식회사의 주주는 의결권 행사를 포괄적으로 위임할 수 있다고 한다.

판례도 "① 주식회사에 있어서 주주권의 행사를 위임함에는 구체적이고 개별적인 사항에 국한한다고 해석하여야 할 근거는 없고 주주권행사를 포괄적으로 위임할 수 있다고 하여야 할 것이며 ② 포괄적 위임을 받은 자는 그 위임자나 회사 재산에 불리한 영향을 미칠 사항이라고 하여 그 위임된 주주권행사를 할 수 없는 것이 아니다"고 하여 마치 포괄적인 위임장을 제출하는 것이 가능한 것처럼 판시하고 있으나, 동 판시는 동일한 총회에서의 상이한 의안에 대한 것이다.[8]

3. 소결

주주 C의 A에 대한 의결권의 대리 행사에 대한 포괄적인 위임이 가능하므로 A의 의결권의 대리행사는 적법하다.

---

7) **[사례 Tip]** 채점기준표에는 '쟁점'이라고 기재되어 있다. 다만 문제의 소재, 쟁점의 정리, 문제의 제기, 문제점 등의 서술도 가능하다.
8) 대법원 1969. 07. 08. 선고 69다688 판결

III. 대리인을 주주로 제한한 정관 규정의 효력 (10점)

1. 학 설

학설은 ① '유효설'과 ② '무효설'이 있지만, ③ 대리인의 자격을 제한하는 정관의 규정은 원칙적으로 유효하나 법인 주주의 경우에는 직원, 개인 주주의 경우에는 가족까지 주주의 자격을 가지는 대리인으로 정하는 것은 허용될 수 없다는 '제한적 유효설'이 타당하다.

2. 판 례 - 제한적 유효설

① 대리인의 자격을 주주로 한정하는 취지의 주식회사의 정관 규정은 주주총회가 주주 이외의 제3자에 의하여 교란되는 것을 방지하여 회사이익을 보호하는 취지에서 마련된 것으로서 **합리적인 이유에 의한 상당한 정도의 제한이라고 볼 수 있으므로 이를 무효라고 볼 수는 없다.**[9]

② 그런데 위와 같은 정관규정이 있다 하더라도 주주인 국가, 지방공공단체 또는 주식회사 등이 그 소속의 공무원, 직원 또는 피용자 등에게 의결권을 대리행사하도록 하는 때에는 …… **주주인 국가, 지방공공단체 또는 주식회사 소속의 공무원, 직원 또는 피용자 등이 그 주주를 위한 대리인으로서 의결권을 대리행사하는 것은 허용되어야 하고 이를 가리켜 정관 규정에 위반한 무효의 의결권 대리행사라고 할 수는 없다.**[10] [국/공/주/공/직/피]

3. 소결

회사의 이익과 주주의 이익을 모두 고려하는 점에서 **판례와 제한적 유효설이 타당**하다. 따라서 주주 아닌 직원F의 의결권의 대리행사는 **주주총회를 교란할 사정이 없으므로** 적법하다.

IV. 결론 (3점)

의결권의 대리행사의 경우 포괄위임이 유효하고, 주식회사가 소속 직원에게 의결권 행사를 대리하도록 하는 것도 허용되므로 A와 F의 의결권 대리행사는 적법하다.

문제 3.
丙회사는 甲회사의 임시주주총회에서 의결권을 행사할 수 있는가? (20점)

[문제 3. 해설]

I. 쟁 점 (2점)

주식의 상호소유와 의결권 제한, 상호주의 판단 시점, 명의개서의 요부 등이 문제된다.

---

[9] 대법원 2001. 09. 07. 선고 2001도2917 판결.
[10] 대법원 2009. 04. 23. 선고 2005다22701, 22718 판결.

II. 상호소유 주식의 의의와 의결권 제한 (7점)

1. 상호주의 의의

일방회사가 타방회사의 발행주식총수의 10분의 1을 초과하여 가지고 있는 경우 그 타방회사가 보유한 상대방회사의 주식도 의결권이 없다(제369조 제3항).

최근 판례는 상호주보유제한의 취지에 관하여 "상호주를 통해 **출자 없는 자가 의결권 행사를 함으로써 주주총회결의와 회사의 지배구조가 왜곡되는 것을 방지하기 위한 것**"이라고 판시한바 있다.[11]

2. 상호주의 범위

회사, 모회사 및 자회사 또는 자회사가 다른 회사의 발행주식의 총수의 10분의 1을 초과하는 주식을 가지고 있는 경우 그 다른 회사가 가지고 있는 회사 또는 모회사의 주식은 의결권이 없다(제369조 제3항).[12]

즉 <u>모자회사가 합하여 다른 회사의 주식을 10%초과하여 보유하는 경우 다른 회사는 모회사에 대한 의결권이 제한되고 자회사에 대한 의결권은 제한되지 않는다.</u>

3. 소결

甲, 乙회사는 모자회사로써 병회사 발행주식총수의 10%를 초과하여 보유한바, 제369조의 제3항에 일응 해당되어 보인다.

III. 상호소유주식의 판단 (8점)

1. 문제점

상호주관계 즉 참가·피참가관계의 기준시점이 어느 때인지 문제된다.

2. 학설과 판례

학설은 ① 기준일설과 ② 주주총회개최일설이 대립한다.

판례는 상호주관계가 존재하는지 여부는 '기준일'이 아니라 '주주총회일'을 기준으로 실제로 소유하고 있는 주식수를 판단하여야 한다는 입장이다. 즉, "**① 기준일제도는 계쟁회사의 주주권을 행사할 자를 확정하기 위한 제도일 뿐, 상대방회사의 주주를 확정하는 제도가 아니므로, ② 기준일에는 상법 제369조 제3항이 정한 요건에 해당하지 않더라도, 실제로 의결권이 행사되는 주주총회일에 위 요건을 충족하는 경우에는 상법 제369조 제3항이 정하는 상호소유 주식에 해당하여 의결권이 없다**"고 판시한바 있다.[13]

3. 검토

판례에 따르면 기준일제도는 상대방회사의 주주를 확정하는 제도가 아니므로 계쟁회사의 기준일은 상호주판단의 기준이 될 수 없다(주주총회일설).

---

11) 대법원 2009. 01. 30. 선고 2006다31269 판결.
12) [사례 Tip] 채점기준표에서는 '조문'을 그대로 기재하였는데, 수험의 전략상 조문을 그대로 쓰는 것보다 조문의 취지를 서술하는 것이 더 바람직하다.
13) 대법원 2009. 01. 30. 선고 2006다31269 판결

IV. 명의개서 요부

1. 문제점

상호주인지 여부에 대한 판단에 주주명부에 명의개서를 경료한 주식만을 기준으로 할 것인지 문제된다.

2. 학설과 판례

학설은 ① 의결권 유무를 판단함에 있어 명의개서가 안 된 주식은 대상이 될 수 없어서 명의개서를 요해야 한다는 견해[14]와 ② 명의개서를 요하지 않고 실질적인 주식취득으로 족하다는 견해가 있다(명의개서불요설).[15]

판례는 '명의개서불요설'의 입장에서 "주식 상호소유 제한의 목적을 고려할 때, 실제로 소유하고 있는 주식수를 기준으로 판단하여야 하며 그에 관하여 주주명부상의 명의개서를 하였는지 여부와는 관계가 없다"고 판시한바 있다.[16]

3. 소결

상호주규제의 취지가 **출자없는 회사의 지배방지**인데, 이러한 지배력의 행사는 명의개서와 무관하게 행사되므로 '명의개서 불요설'이 타당하다.

V. 결론 (3점)

甲회사의 자회사인 乙회사가 丙회사의 주식을 주주총회일 도래 전에 취득하여 甲과 乙회사가 가진 주식의 수를 합하여 주주총회일에는 丙이 발행주식총수의 10%를 초과하였으므로 명의개서를 하지 아니하였더라도 상호소유주식에 해당하여 의결권이 제한된다. 따라서 丙회사는 甲회사의 주식에 대하여는 의결권을 행사할 수 없다.

문제 4.
　　丁회사와 戊회사에 대한 G의 청구는 인용될 수 있는가? (30점)

[문제 4. 해설]

I. 쟁 점 (2점)

정회사가 전기부품부문을 분할하여 무회사에 합병하는 경우 분할전 정회사의 채무에 대하여 무회사가 연대책임을 부담하는지, 무회사의 G에 대한 채무의 소멸시효와 관련하여 그 기간과 기산점이 문제된다.

---

14) 이철송.
15) 송옥렬, 손주찬.
16) 대법원 2009. 01. 30. 선고 2006다31269 판결

II. 분할 전 회사의 채무에 대한 분할합병회사의 연대책임 (8점)

1. 연대책임 원칙 (4점)

분할회사와 승계회사는 분할 전의 분할회사 채무에 관하여 **연대하여 변제할 책임**이 있다(상법 530조의9 제1항).

2. 연대책임의 배제 가능 (2점)

분할합병의 경우에 분할회사는 분할합병 승인결의로 분할합병에 따른 출자를 받는 분할승계회사가 분할회사의 채무 중에서 **분할합병계약서에 승계하기로 정한 채무에 대한 책임만을 부담하는 것으로 정할 수 있다. 이 경우 분할회사는 분할합병승계회사가 부담하지 아니하는 채무에 대한 책임만을 부담**한다(제530조의 9 제3항).

3. 검토 (2점)

설문의 경우 무회사의 연대책임이 배제되는 특별한 사항이 없으므로 **무회사는 분할 전 회사의 채무에 대해 정회사와 더불어 연대책임을 부담**한다.

III. 분할합병회사가 부담하는 연대채무의 성질 및 소멸시효 (15점)

1. 연대채무의 성질 (5점)

판례에 의하면 "① 승계회사가 연대하여 부담하는 채무는 분할합병 전의 분할회사가 채권자에게 부담하는 **채무와 동일한 채무**이므로 ② 승계회사가 채권자에게 부담하는 연대채무의 소멸시효 **기간과 기산점도 분할회사가 채권자에게 부담하는 채무와 동일**하다고 판시한바 있다.[17]

2. 소멸시효 기간 및 그 기산점 (10점)

(1) 소멸시효의 기간

채권자가 분할합병 전의 회사를 상대로 소를 제기하여 확정판결을 받아 소멸시효 기간이 연장된 뒤 분할합병이 이루어졌다면, 채권자는 **10년으로 연장된 해당 채권의 소멸시효 기간 내에서 분할합병회사를 상대로 연대책임을 물을 수 있다**(민법 제165조 제1항).

(2) 기산점

이 경우 소멸시효의 기산점도 분할합병등기일이 아니라 **이 사건 확정판결이 선고된 날인 2012. 6. 9.** 로 보아야 한다.

IV. 결론 (5점)

G의 청구(2020. 9. 2.)는 이 사건 확정판결이 선고된 2012. 6.9.로부터 소멸시효 기간인 10년 이내에 이루어졌으므로 G의 청구는 인용될 것으로 판단된다.

---

[17] 대법원 2017. 05. 30. 선고 2016다34687 판결

Rainbow 2020년 제3차 모의시험해설 민사법

제3편
기록형

2020년도 제3차 변호사시험 모의시험 – 논술형(기록형)

시험과목	민사법(기록형)

응시자 준수사항

1. 시험 시작 전 문제지의 봉인을 손상하는 경우, 봉인을 손상하지 않더라도 문제지를 들추는 행위 등으로 문제 내용을 미리 보는 경우 모두 부정행위로 간주되어 그 답안은 영점 처리 됩니다.

2. 답안은 흑색 또는 청색 필기구(사인펜이나 연필 사용 금지) 중 한 가지 필기구만을 사용하여 답안 작성 난(흰색 부분) 안에 기재하여야 합니다.

3. 답안지에 성명과 수험 번호를 기재하지 않아 인적 사항이 확인되지 않는 경우에는 영점 처리 등 불이익을 받게 됩니다. 특히 답안지를 바꾸어 다시 작성하는 경우, 성명 등의 기재를 빠뜨리지 않도록 유의하여야 합니다.

4. 답안지에는 문제 내용을 기재할 필요가 없으며, 답안 내용 이외의 사항을 기재하거나 밑줄 기타 어떠한 표시도 하여서는 안 됩니다. 답안을 정정할 경우에는 두 줄로 긋고 다시 기재하여야 하며, 수정액 등은 사용할 수 없습니다.

5. 시험 종료 시각에 임박하여 답안지를 교체 요구한 경우라도 시험시간 종료 후 즉시 새로 작성한 답안지를 회수합니다.

6. 시험 종료 후에는 답안지 작성을 일절 할 수 없으며, 이에 위반하여 시험시간이 종료되었음에도 불구하고 **시험관리관의 답안지 제출지시에 불응한 채 계속 답안을 작성하거나 답안지를 늦게 제출할 경우 그 답안은 영점 처리** 됩니다.

7. 답안은 답안지 쪽수 번호 순으로 기재하여야 하고, **배부받은 답안지는 백지 답안이라도 모두 제출**하여야 하며, **답안지를 제출하지 아니한 경우 그 시험시간 및 나머지 시험시간의 시험에 응시할 수 없습니다.**

8. 지정된 시간까지 지정된 시험실에 입실하지 아니하거나 시험관리관의 승인을 얻지 아니하고 시험시간 중에 그 시험실에서 퇴실한 경우 그 시험시간 및 나머지 시험시간의 시험에 응시할 수 없습니다.

9. 시험시간이 종료되기 전에는 어떠한 경우에도 문제지를 시험장 밖으로 가지고 갈 수 없고, 시험 종료 후 가지고 갈 수 있습니다.

법학전문대학원협의회
KOREAN ASSOCIATION OF LAW SCHOOLS

【문 제】

귀하는 변호사 김명변으로서, 의뢰인 추성남과의 상담을 통해 아래 【상담내용】과 같은 사실관계를 청취하고, 【의뢰인 희망사항】 기재사항에 관한 본안소송의 대리권을 수여받고, 첨부된 서류를 자료로 받았습니다.

의뢰인을 위한 본안의 소를 제기하기 위한 소장을 작성하시오.

【작성요령】

1. 소장 작성일 및 소 제기일은 2020. 10. 19.로 하시오.
2. 일방 당사자가 여러 명인 경우 성명으로 특정하시오(예, '피고 홍길동').
3. 청구취지와 청구원인은 가급적 피고별로 나누어 기재하시오.
   [이하의 작성요령은 실무의 기준과 다를 수 있음]
4. 1건의 공동소송으로 제기하되, 공동소송의 요건은 갖추어진 것으로 전제하고, 전속관할이 있는 청구가 있으면 반드시 그 관할법원에 소를 제기하며, (주관적이든 객관적이든) 예비적·선택적 병합청구는 하지 마시오.
5. 【의뢰인 희망사항】란에 기재된 희망사항에 부합하되, 현행법과 그 해석상 승소 가능한 최대한의 범위에서 청구하고, 소각하나 청구기각 부분이 발생하지 않도록 하시오.
6. 상대방에게 항변사유가 있고 그 요건이 갖추어진 것으로 판단되면 이를 청구범위에 반영하되, 【사건관계인의 주장】으로 정리된 사항에 한하여 이유 있다고 판단되면 청구범위에 반영하며, 이유 없다고 판단되면 해당 청구원인 부분에서 배척의 이유를 기재하시오.
7. 【의뢰인 상담일지】와 첨부자료에 기재된 사실관계는 모두 사실에 부합한 것으로 보고(작성자의 의견에 해당하는 사항은 제외), 기재되지 않은 사실은 없는 것으로 전제하며, 첨부된 서류는 모두 진정하게 성립된 것으로 간주하시오.
8. <증명방법>과 <첨부서류>란 기재는 생략하고, 부동산과 도면의 표시는 아래 [목록(부동산의 표시)] 및 [도면]을 소장 말미에 첨부함을 전제로 하여 작성하므로, 소장 말미에 [목록(부동산의 표시)] 및 [도면]을 기재하지 마시오.
9. 발생 이자나 차임에 관한 지연손해금은 청구하지 마시오.
10. 관련 증거자료를 제시하여 기술할 필요는 없습니다.
11. 기록상의 날짜가 공휴일인지 여부, 문서의 서식이 실제와 부합하는지 여부는 고려하지 마시오.

별지 1

목 록 (부동산의 표시)

1. 서울 동작구 사당동 450 대 540㎡.
2. 서울 동작구 사당동 451 대 430㎡
3. 서울 동작구 사당동 451(사당로 12길 14) 지상 철근콘크리트조 슬래브지붕 단층 영업소 400㎡. 끝.

별지 2

도 면

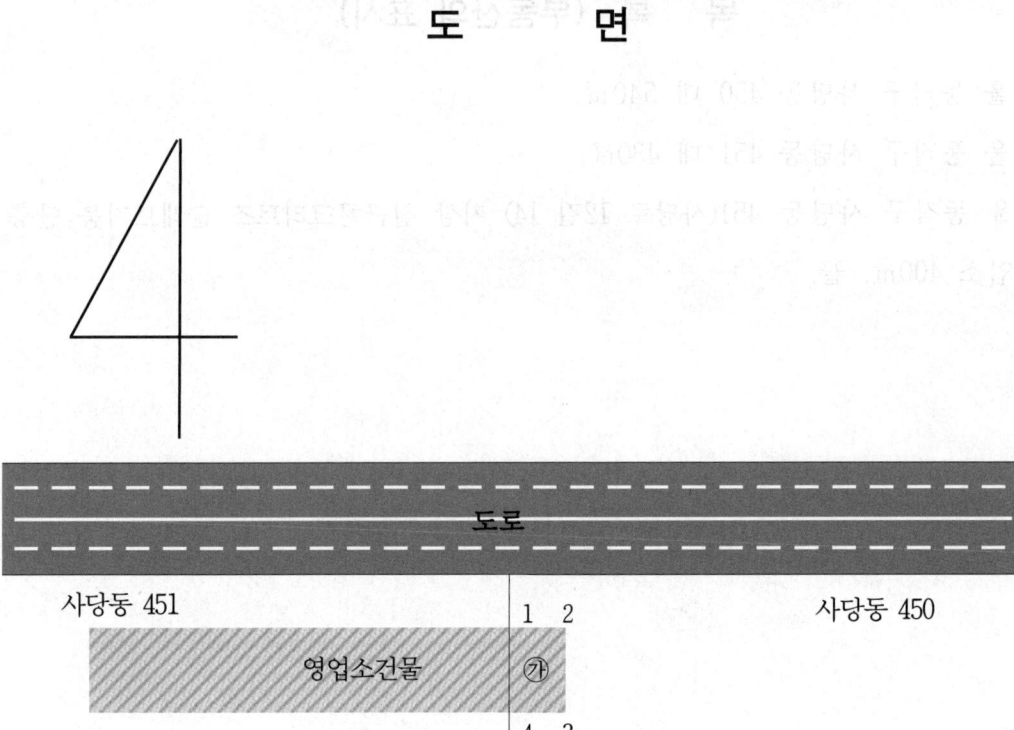

[참고자료]

각급 법원의 설치와 관할구역에 관한 법률(일부)

제4조(관할구역) 각급 법원의 관할구역은 다음 각 호의 구분에 따라 정한다. 다만, 지방법원 또는 그 지원의 관할구역에 시·군법원을 둔 경우 「법원조직법」 제34조 제1항 제1호 및 제2호의 사건에 관하여는 지방법원 또는 그 지원의 관할구역에서 해당 시·군법원의 관할구역을 제외한다.
  1. 각 고등법원·지방법원과 그 지원의 관할구역: 별표 3
    (이하 제2호 내지 제7호는 생략)

[별표3] 고등법원·지방법원과 그 지원의 관할구역(일부)

고등법원	지방법원	지원	관할구역
서 울	서울중앙		서울특별시 종로구·중구·강남구·서초구·관악구·동작구
	서울동부		서울특별시 성동구·광진구·강동구·송파구
	서울남부		서울특별시 영등포구·강서구·양천구·구로구·금천구
	서울북부		서울특별시 동대문구·중랑구·성북구·도봉구·강북구·노원구
	서울서부		서울특별시 서대문구·마포구·은평구·용산구

의뢰인 상담일지

변호사 김 명 변 법률사무소
서울 서초구 서초대로 123, 701호(서초동)
☎ : 02-535-1089, 팩스 : 02-535-1090, e-mail : shy@korea.co.kr

접수번호	2020-109	상담일시	2020. 10. 12.
상담인	추성남 010-4563-9600	내방경위	지인소개

【상담내용】

1. 추성남은 원재우에 대하여 대여금채권이 있는데 서울중앙지방법원에서 확정판결을 받았다. 추성남은 위 대여금채권 2억 원을 청구금액으로 하여 원재우가 김재삼에 대하여 갖는 물품대금 채권에 대하여 압류 및 추심명령을 받았다. 추성남은 김재삼에게 추심금을 지급하라는 통고서를 보냈더니, 이에 대한 회신서를 보내와 2020. 8. 28. 이를 수령하였다.

2. 이대철이 우방캐피탈 주식회사로부터 대출을 받았는데, 추성남은 이대철의 부탁을 받아 이를 연대보증하였다. 변제기에 이르러 추성남은 우방캐피탈 주식회사의 양해를 얻어 원금 8,000만 원을 대위변제한 후 이대철의 재산관계를 조사해보니 이대철이 유일한 재산인 박정삼에 대한 정산금채권을 사촌인 이양순에게 양도한 것을 알게 되었다.

3. 추성남이 자신 소유의 토지를 최근 측량해보니 인접 토지의 지상건물이 추성남의 토지 일부(이하 '침범 부분'이라 한다)를 침범하고 있음을 알게 되었다. 추성남은 인접 토지 지상건물의 소유자인 한명수에게 침범 부분을 원상회복시켜주고 그동안의 사용이익을 돌려달라고 통고하였으나, 한명수가 이를 거부하고 있다. 추성남이 인근 부동산중개업소에 알아보니 자신이 소유한 토지를 보증금 없이 임대할 경우 2018년부터 현재까지 ㎡당 매월 5만 원을 받을 수 있다고 한다.

【사건관계인의 주장】

1. 김재삼은 (1) 원재우의 물품대금 채권이 시효로 소멸하였고, (2) 원재우가 추성남에 대한 위 대여금채무를 변제하였으므로 소멸 한도에서 추심금을

지급할 수 없으며, (3) 원재우에 대한 대여금채권으로 원재우의 물품대금 채권과 상계하므로 그 범위 내에서 추심금을 지급할 수 없다고 주장한다.
2. 이양순은 이대철의 다른 채권자 강권자가 자신을 상대로 위 채권양도에 관하여 이미 사해행위취소의 소를 제기하였는바, 추성남이 동일한 내용으로 소를 제기한다면 이는 중복한 소 제기라고 주장한다.
3. 한명수는
   (1) 1999. 8. 11. 최건주로부터 인접 토지와 그 지상건물의 각 공유지분 1/2을 매수하고 소유권이전등기를 받으면서 최건주의 양해 아래 지상 건물 전체를 단독으로 사용하였으므로 침범 부분 전부에 대하여 한명수가 전부 점유한 것으로 보아야 하는바 침범 부분 전부에 대한 취득시효가 완성되었고,
   (2) 설사 그렇지 않더라도 2002. 10. 17. 최건주로부터 인접 토지와 그 지상 건물의 각 공유지분 1/2을 추가로 매수하고 소유권이전등기를 받았는데, 전 점유자 최건주의 점유를 아울러 주장하여 최건주의 최초 점유시 또는 그 이후인 2000년 초경을 점유개시 시점으로 잡을 경우 취득시효가 완성되므로
   추성남에게 침범 부분을 원상회복할 의무가 없고 사용이익도 반환할 수 없다고 다툰다.

【의뢰인 희망사항】

1. 김재삼에 대하여 압류 및 추심명령에 기한 추심금 및 이에 대한 지연손해금을 청구하고 싶다.
2. 이대철의 채무를 대신 변제해 주었으므로, 이대철로부터 구상금 및 이에 대한 법정이자 또는 지연손해금을 모두 받고 싶고, 이대철이 이양순에게 양도한 정산금채권도 원상회복시키고 싶다. 정산금채권의 채무자 박정삼에 대하여 이대철을 대위한 이행청구가 동시에 가능하다면 그 판결도 받아두고 싶다.
3. 가능하다면 침범 부분을 나대지 상태로 만들고 싶고, 침범 부분에 대한 사용이익을 반환받고 싶다. 만약 침범 부분을 나대지 상태로 돌려놓을 수 없다면, 침범 부분에 대한 사용이익만이라도 반환받기를 원한다.

供 給 契 約 書

매도인   한서스포츠
         대표 원재우
         서울 마포구 마포대로 246, 807호(아현동, 아현아이파크)
매수인   서초피트니스 센터
         대표 김재삼
         서울 서초구 서운로 226, 202호(서초동, 서초오피스텔)

한서스포츠(대표 원재우)는 서초피트니스 센터(대표 김재삼)에게 스포츠기구 '러닝머신, 워킹머신' 100점을 합계 300,000,000원에 공급하기로 하고, 그 구체적 조건을 아래와 같이 정한다.

-아 래-

1. 원재우는 2017. 7. 20. 러닝머신, 워킹머신 100점을 김재삼의 영업장소인 서울 강남구 삼성동 278 서초피트니스 센터로 배달하여 준다.
2. 김재삼은 위 대금 300,000,000원을 2017. 8. 15.까지 원재우의 신한은행 통장 (110-084-109374)으로 송금하여 지급한다.
3. 기타 사항은 법률과 상관례에 따른다.

2017년 7월 16일

매 도 인   원 재 우 ㊞
            590324-1110321

매 수 인   김 재 삼 ㊞
            750311-1930675

서 울 중 앙 지 방 법 원
결 정

사 건	2020타채26789 채권압류 및 추심명령
채 권 자	추성남 (650311-1930675)
	서울 강남구 영동대로 230, 2동 402호(대치동, 우성1차아파트)
채 무 자	원재우
	서울 마포구 마포대로 246, 807호(아현동, 아현아이파크)
제3채무자	김재삼
	서울 서초구 서운로 226, 202호(서초동, 서초오피스텔)

주 문

채무자의 제3채무자에 대한 별지 기재 채권을 압류한다.

채무자는 위 채권의 처분과 영수를 하여서는 아니 된다.

제3채무자는 채무자에 대하여 위 압류된 채권을 지급하여서는 아니 된다.

채권자는 위 압류한 채권을 추심할 수 있다.

청 구 금 액

금 200,000,000원(서울중앙지방법원 2018가합3456 대여금 확정판결에 기한 대여금)

이 유

채권자가 위 청구금액을 변제받기 위하여 이 법원 2018가합3456 대여금 청구사건의 집행력 있는 판결 정본에 기하여 한 이 사건 신청은 이유 있으므로 주문과 같이 결정한다.

정본입니다

2020. 6. 26.   2020. 6. 27.

법원주사 김호용

사법보좌관   김 수 영

목 록

채무자가 제3채무자에 대하여 가지는 "2017. 7. 16. 스포츠기구 100점을 매도하고 지급받을 300,000,000원의 물품대금 채권과 2017. 8. 16.부터 다 갚는 날까지 지연손해금" 중 청구금액에 이르기까지의 금액. 끝.

송 달 증 명 원

사　　　건　　　2020타채26789　채권압류 및 추심명령
채 권 자　　　추성남
채 무 자　　　원재우
제3채무자　　　김재삼
증명신청인　　　추성남

위 사건에 관하여 서울중앙지방법원 2020타채26789 채권압류 및 추심명령이 채무자 및 제3채무자에 대하여 각 2020. 6. 30. 송달되었음을 증명하여 주시기 바랍니다.

위　증명합니다.

2020. 10. 1.
서울중앙지방법원
법원주사　노희복　[서울중앙지방법원 법원주사 인]

본 증명(문서번호:전자제출제증명(민사) 92367)에 관하여 문의할 사항이 있으시면 02-533-6859로 문의하시기 바랍니다.

통고서

발신인: 추성남

　　　　서울 강남구 영동대로 230, 2동 402호(대치동, 우성1차아파트)

수신인: 김재삼

　　　　서울 서초구 서운로 226, 202호(서초동, 서초오피스텔)

1. 저는 귀하와 원재우 사이의 스포츠기구 판매 채권에 대하여 추심명령을 받은 사람입니다.
2. 귀하도 잘 아시겠지만, 물품대금 채권을 저에게 지급하시기 바라며 즉시 지급하지 않는 경우 소를 제기할 수밖에 없고 지연손해금도 지급하게 됨을 양지하시기 바랍니다.

　　　　　　　　　　　2020.　8.　20.

　　　　　　　　　　　　발신인 추성남　(인)

　　　　　　　　　　　본 우편물은 2020-08-20
　　　　　　　　　　　제73548호에 의하여
　　　　　　　　　　　내용증명우편물로 발송하였음을 증명함
　　　　　　　　　　　서울강남우체국장

통고서에 대한 회신서

발신인: 김재삼 (750311-1930675)
　　　　서울 서초구 서운로 226, 202호(서초동, 서초오피스텔)
수신인: 추성남
　　　　서울 강남구 영동대로 230, 2동 402호(대치동, 우성1차아파트)

1. 추성남씨가 보낸 통고서는 2020. 8. 21. 잘 받아보았습니다.
2. 저는 2017. 7. 16. 원재우와 계약을 체결하고 2017. 7. 20. 물건을 공급받았습니다. 그 때로부터 상당한 시간이 흘렀는데 아직도 그 물품대금을 지급해야 하는지 의문입니다. 다시 한 번 잘 생각해 주시기 바랍니다.
3. 추성남씨의 추심명령을 통지받은 다음에 원재우씨에게 어찌된 일인지 연락해 보았더니, 원재우씨가 말하기를 추성남씨에 대한 대여금 채무는 이미 모두 변제하였는데, 왜 위와 같은 압류 및 추심명령 신청을 한 것인지 모르겠다며, 저에게 추성남씨로부터 받은 영수증을 보내주었습니다. 추성남씨는 위와 같이 대여금 채무를 모두 변제받았으면서 저에게 왜 물품대금까지 달라고 하는지 모르겠습니다.
4. 마지막으로, 저도 2020. 5. 15. 원재우에게 1억 원을 빌려준 사실이 있습니다. 원재우가 급하게 영업자금이 필요하다며 석달만 쓰고 돌려주겠다고 하여 빌려주었는데, 원재우가 아직까지 이를 변제하지 않고 있습니다.
　이에 이 회신서에 의해 저는 원재우에 대한 대여금 채권으로 원재우의 물품대금 채권과 상계하고자 합니다.

첨부 : 영수증, 차용증

　　　　　　　　　　　　　　2020. 8. 26.
　　　　　　　　　　　　　　김재삼　(인)

본 우편물은 2020-08-26
제82651호에 의하여
내용증명우편물로 발송하였음을 증명함
서울서초우체국장

領 收 證

추성남은 원재우로부터 채무원리금을 영수함

2020. 2. 5.

영수인   추성남 ㊞

원재우 귀하

借 用 證

金 1억 (100,000,000)원

원재우는 김재삼으로부터 위 돈을 무이자로 차용하며, 2020. 8. 15.까지 이를 변제하기로 하되, 이때까지 이를 변제하지 못할 경우 연 12%의 비율에 의한 돈을 가산하여 지급하기로 합니다.

2020. 5. 15.

차용인 원재우 ㊞

김재삼 귀하

	계	대리 과장	차장 부부점장	부점장
인지생략				

대출거래약정서

(개 인 용)

2017. 09. 03.
년 월 일

본 인   이 대 철   ㊞
주 소   서울 노원구 마들로 127, 33동 902호
         (월계동, 월계삼호아파트)
주민등록번호   690415-1307392

연대보증인   추 성 남   ㊞
주 소   서울 강남구 영동대로 230, 2동 402호
         (대치동, 우성1차아파트)
주민등록번호   650311-1930675

연대보증인   ㊞
주 소
주민등록번호

서초동 지점

본인은 우방캐피탈 주식회사(이하 "우방캐피탈"이라한다)와 대출거래를 함에 있어 은행여신거래기본약관(통장한도거래대출 및 가계당좌대출의 경우 관련 수신거래약관 포함)이 적용됨을 승인하고 (단, 아래에서 명시적으로 그 적용을 배제하는 부분은 제외) 다음 각 조항을 확약한다.

1. 제1조 거래조건

거래조건은 다음과 같다
(거래방식이 수 개로 되어있는 경우 우방캐피탈 직원의 설명을 듣고 해당되는 "□"내에 "∨"표시 한다.)

대출과목	(생략)		
대출(한도)금액	금 貳億(2억) 원		
대출개시일	2017년09월03일	대출기간 만료일	2018년09월02일
이 자 율	월 1 % 단, 기간연장으로 대출기간이 2년을 초과하게 되는 경우에는 은행이 정한 기간 가산 금리를 적용할 수 있다.	지연배상금률	월 2 %
		이자 및 지연배상금 계산방법	월 단위로 계산하되, 월 미만의 날은 해당 월의 일수를 기준으로 일할 계산한다.
대출실행방법	☑ 대출개시일에 전액 실행한다 □ 대출개시일로부터 증빙서류나 현물 등에 의하여 은행이 필요 금액을 확인하고 분할 실행한다. □ 본인의 청구가 있는 대로 실행한다.		

상환방법	☑ 대출기간 만료일에 전액 상환한다 ☐ 대출개시일로부터 ( )년 ( )개월 동안 거치하고, ( )년 ( )월 ( )일부터 매( )개월마다 분할 상환한다. ☐ 거치기간 없이 ( )년 ( )월 ( )일로부터 매( )개월마다 분할 상환한다. ☐ 대출 실행 후 매월 대출개시 해당일에 분할 상환한다.
이자지급방법	☐ 최초이자는 대출개시일로부터 ( )개월 이내에, 그후의 이자는 지급한 이자의 계산 최종일 익일부터 ( )개월 이내에 지급한다. ☐ 분할상환금 상환일 또는 월적립금 납입일에 지급한다. ☑ 매 1월마다 매월 (말)일에 후납한다. ☐ 대출기간 만료일에 지급한다.
상계특약	별도로 규정하지 않는다.
변제충당특약	변제충당에 관해서는 은행여신거래기본약관을 적용하지 않고, 민법의 규정에 따른다.

2. 제2조 지연배상금

① 대출기간 만료일에 채무를 이행하지 아니하는 경우, 또는 매월 정한 이자납입일에 이자를 납입하지 아니할 때에는 그 즉시 기한의 이익을 상실하고, 대출기간 만료일 또는 미지급된 이자의 기산일부터 대출금잔액에 대하여, 곧 지연배상금을 지급하기로 한다.
② 재형저축자금대출 중 소액자금대출 및 적립식 신탁대출 등 부금관련대출의 경우, 상계전일까지는 지급하여야 할 이자에 대하여, 상계후에는 대출금 잔액에 대하여 곧 지연배상금을 지급하기로 한다.
③ 통장한도거래대출 및 가계당좌대출의 경우, 한도초과지급 및 이자원가 등으로 한도금액을 초과한 금액에 대하여, 곧 지연배상금을 지급하기로 한다.
④ "근로자의 주거안정과 목돈마련지원에 관한 법률"에 의한 주택자금대출의 경우, 분할상환원(리)금의 상환을 6개월 이상 계속하여 지체한 때에는 그때부터 대출금 잔액에 대하여 곧 지연배상금을 지급하기로 한다.

3. 제3조 연대보증인의 책임

연대보증인은 민법의 규정에 따라 본인의 채무를 연대하여 이행하여야 한다.

중간 부분 생략

본인 및 연대보증인은 은행여신거래기본약관 및 이 약정서 사본을 확실히 수령하고, 중요한 내용에 대하여 충분한 설명을 듣고 이해하였음.	본 인	이 대 철 ㉑
	연대보증인	추 성 남 ㉑
	연대보증인	㉑

자서 및 인감 확인함

책임자 직명 :
성   명 :   代理 최 일 수 ㉑

변제확인서

우방캐피탈이 2017. 9. 3.자 대여금(주채무자 이대철, 연대보증인 추성남)에 관하여 연대보증인 추성남으로부터 2018. 9. 2. 금 80,000,000원을 원금으로 변제받았음을 확인합니다.

2018. 9. 2.
우방캐피탈 주식회사
지점장 강 호 동 ㊞

추 성 남 귀하

정산합의서

1. 박정삼은 2018. 10. 1.부터 2019. 4. 30.까지 이대철로부터 육가공제품 500kg을 납품받고 물품대금을 정산하였음.

2. 박정삼이 2019. 4. 30. 현재 이대철에게 지급할 물품대금을 5,000만 원으로 정함.

3. 박정삼이 2019. 8. 31.까지 이대철에게 위 물품대금을 지급하지 아니하는 경우 2019. 9. 1.부터 위 물품대금에 대한 연 10% 비율에 의한 약정지연손해금을 가산하여 지급하기로 약정함.

2019. 04. 30.

채무자 : 조아식품 대표 박 정 삼 ㉑

채권자 : 이 대 철 ㉑

채권양도약정서

양도인   이 대 철
         서울 노원구 마들로 127, 33동 902호(월계동, 월계삼호아파트)

양수인   이 양 순 (710801-2430930)
         서울 종로구 자하문로36길 16-14, 6동 622호(청운동, 청운벽산빌리지)

양도인은 양수인에게 아래 채권을 양도합니다.

- 아래 -

양도인이 박정삼에 대하여 가지는 2019. 4. 30.자 정산금 채권 (5,000만 원과 지연손해금)

2020. 1. 8.

양도인   이 대 철   ㊞

양수인   이 양 순   ㊞

채권양도통지서

채권의 표시
이대철이 박정삼에 대하여 가지는 2019. 4. 30.자 정산금 채권(5,000만 원과 지연손해금)

양도인 이대철은 2020. 1. 8. 양수인 이양순에게 위 채권 전액을 양도하기로 하고 양수인은 이를 수락하였습니다.

따라서 귀하께서는 양도인 이대철에게 지급할 위 돈을 양수인 이양순에게 지급하여 주시기 바랍니다.

2020. 1. 8.

발신인 : 이대철   ㊞
　　　　서울 노원구 마들로 127, 33동 902호(월계동, 월계삼호아파트)

박정삼 귀하
서울 관악구 관악로38길 13(봉천동)

본 우편물은 2020-01-08
제1925호에 의하여
내용증명우편물로 발송하였음을 증명함
서울노원우체국장

우 편 물 배 달 증 명 서

수취인의 주거 및 성명 　　서울 관악구 관악로38길 13(봉천동) 　　박정삼 귀하			
접 수 국 명	서울 노원	접수연월일	2020년 1월 8일
접 수 번 호	제1925호	배달연월일	2020년 1월 12일
적　요 　　본인 수령 　　박정삼 ㊞			**서울노원우체국**

질의서에 대한 답신

발신인: 이양순(서울 종로구 자하문로36길 16-14, 6동 622호(청운동, 청운벽산빌리지))

수신인: 추성남(서울 강남구 영동대로 230, 2동 402호(대치동, 우성1차아파트))

1. 귀하의 댁내 두루 평안하기를 기원합니다.
2. 귀하가 보낸 2020. 7. 4. 질의서(이대철이 박정삼에 대한 정산금 채권을 이양순에게 양도한 것이 사해행위에 해당한다는 취지)는 2020. 7. 9. 잘 받아보았습니다.
3. 귀하가 질의한 것과 같이 제가 이대철의 사촌 동생으로서 박정삼에 대한 위 정산금 채권을 양수한 것은 인정합니다. 그러나 저는 박정삼으로부터 아직 정산금을 한푼도 지급받지 못했습니다.
4. 그런데 이대철의 또 다른 채권자 강권자가 이대철의 정산금 채권 양도 행위에 대하여 2020. 6. 14. 서울중앙지방법원 2020가단100234 사해행위취소 소송을 제기하여 위 법원에 계속중입니다. 그렇다면 귀하가 본인을 상대로 위 정산금 채권의 양도에 대하여 사해행위 취소 소송을 제기하는 것은 중복제소에 해당할 수 있으니, 가급적 먼저 제기된 위 소송의 결과를 지켜봄이 타당합니다.

첨부 : 소송계속 증명원 1부

2020. 7. 20.

이양순 ㉞

본 우편물은 2020-07-20
제6788호에 의하여
내용증명우편물로 발송하였음을 증명함
서울종로우체국장

소 송 계 속 증 명 원

수입인지
첨부

    원고   강권자
    피고   이양순

위 당사자간 귀원 2020가단100234호 사건이 2020. 7. 19. 현재 귀원에 계속 중임을 증명하여 주시기 바랍니다.

위 증명합니다

2020년 7월 19일
서 울 중 앙 지 방 법 원
법원주사보 김증안 ㊞

2020년   7월   19일

피고 이양순 ㊞

등기사항전부증명서 (말소사항 포함) - 토지 [제출용]

[토지] 서울 동작구 사당동 450   고유번호 1102-1965-111495

【 표 제 부 】		(토지의 표시)			
표시번호	접 수	소재지번	지목	면적	등기원인 및 기타사항
1 (전 1)	1980년 12월 1일	서울 동작구 사당동 450	대	540㎡	부동산등기법시행규칙부칙 제3조 제1항의 규정에 의하여 1998년 6월 15일 전산이기

【 갑 구 】			(소유권에 관한 사항)	
순위번호	등기목적	접 수	등기원인	권리자 및 기타사항
1 (전 4)	소유권이전	1983년 7월 11일 제96754호	1983년 7월 10일 매매	소유자 김전주 491123-1****** 김포시 고촌읍 신곡리 82
				부동산등기법시행규칙부칙 제3조 제1항의 규정에 의하여 1998년 6월 15일 전산이기
2	소유권이전	2018년 5월 12일 제92361호	2018년 5월 12일 매매	소유자 추성남 650311-1****** 서울 강남구 영동대로 230, 2동 402호 (대치동, 우성1차아파트)

---- 이 하 여 백 ----

수수료 1,000원 영수함   관할등기소 서울중앙지방법원 등기국/ 발행등기소 법원행정처 등기정보중앙관리소

이 증명서는 등기기록의 내용과 틀림없음을 증명합니다.

서기 2020년10월02일

법원행정처 등기정보중앙관리소 전산운영책임관

*실선으로 그어진 부분은 말소사항을 표시함. *등기기록에 기록된 사항이 없는 갑구 또는 을구는 생략함. *증명서는 컬러 또는 흑백으로 출력 가능함.

[인터넷 발급] 문서 하단의 바코드를 스캐너로 확인하거나, **인터넷등기소**(http://www.iros.go.kr)의 **발급확인 메뉴**에서 **발급확인번호**를 입력하여 **위·변조 여부를 확인할 수 있습니다**. 발급확인번호를 통한 확인은 발행일로부터 3개월까지 5회에 한하여 가능합니다.

발행번호 12389234789102367836718934082939023471 1/1 발급확인번호 AAIK-VPTF-0000 발행일 2020/10/02

등기사항전부증명서 (말소사항 포함) - 토지 [제출용]

[토지] 서울 동작구 사당동 451 고유번호 1102-1981-111495

【 표 제 부 】 (토지의 표시)

표시번호	접 수	소 재 지 번	지목	면적	등기원인 및 기타사항
1 (전 1)	1981년 2월 10일	서울 동작구 사당동 451	대	430㎡	부동산등기법시행규칙부칙 제3조 제1항의 규정에 의하여 1998년 6월 15일 전산이기

【 갑 구 】 (소유권에 관한 사항)

순위번호	등 기 목 적	접 수	등 기 원 인	권리자 및 기타사항
1 (전 4)	소유권이전	1985년 10월 13일 제41259호	1985년 9월 20일 매매	소유자 최건주 550815-1****** 서울 서초구 잠원동 367 태양아파트 102동 1801호
2	소유권일부이전	1999년 8월 11일 제32591호	1999년 8월 11일 매매	공유자 지분 2분의 1 한명수 640520-1****** 서울 강동구 상일동 345-2
3	1번 최건주 지분 전부이전	2002년 10월 17일 제83576호	2002년 10월 17일 매매	공유자 지분 2분의 1 한명수 640520-1****** 서울 강동구 상일동 345-2

---- 이 하 여 백 ----

수수료 1,000원 영수함 관할등기소 서울중앙지방법원 등기국/ 발행등기소 법원행정처 등기정보중앙관리소

이 증명서는 등기기록의 내용과 틀림없음을 증명합니다.

서기 2020년10월02일

법원행정처 등기정보중앙관리소 전산운영책임관

*실선으로 그어진 부분은 말소사항을 표시함. *등기기록에 기록된 사항이 없는 갑구 또는 을구는 생략함. *증명서는 컬러 또는 흑백으로 출력 가능함.

[인터넷 발급] 문서 하단의 바코드를 스캐너로 확인하거나, **인터넷등기소(http://www.iros.go.kr)의 발급확인 메뉴에서 발급확인번호를** 입력하여 **위·변조 여부를 확인할 수 있습니다.** 발급확인번호를 통한 확인은 발행일로부터 3개월까지 5회에 한하여 가능합니다.

발행번호 12389234789102367836718934082939023348 1/1 발급확인번호 AAIK-VPTF-0001 발행일 2020/10/02

등기사항전부증명서 (말소사항 포함) - 건물 [제출용]

[건물] 서울 동작구 사당동 451 고유번호 1102-1992-060375

【 표 제 부 】 (건물의 표시)

표시번호	접 수	소 재 지 번	건물내역	등기원인 및 기타사항
1	1992년 1월 28일	서울 동작구 사당동 451 [도로명 주소] 서울 동작구 사당로12길 14(사당동)	철근콘크리트조 슬래브지붕 단층 영업소 400㎡	부동산등기법시행규칙부칙 제3조 제1항의 규정에 의하여 1998년 6월 15일 전산이기

【 갑 구 】 (소유권에 관한 사항)

순위번호	등기목적	접 수	등 기 원 인	권리자 및 기타사항
1	소유권보존	1992년 1월 28일 제2302호		소유자 최건주 550815-1****** 서울 서초구 잠원동 367 태양아파트 102동 1801호
2	소유권일부이전	1999년 8월 11일 제32592호	1999년 8월 11일 매매	공유자 지분 2분의 1 한명수 640520-1****** 서울 강동구 상일동 345-2
3	1번 최건주 지분 전부이전	2002년 10월 17일 제83577호	2002년 10월 17일 매매	공유자 지분 2분의 1 한명수 640520-1****** 서울 강동구 상일동 345-2

---- 이 하 여 백 ----

수수료 1,000원 영수함 관할등기소 서울중앙지방법원 등기국/ 발행등기소 법원행정처 등기정보중앙관리소

이 증명서는 등기기록의 내용과 틀림없음을 증명합니다.

서기 2020년 10월 02일

법원행정처 등기정보중앙관리소 전산운영책임관

*실선으로 그어진 부분은 말소사항을 표시함. *등기기록에 기록된 사항이 없는 갑구 또는 을구는 생략함. *증명서는 컬러 또는 흑백으로 출력 가능함.

[인터넷 발급] 문서 하단의 바코드를 스캐너로 확인하거나, **인터넷등기소(http://www.iros.go.kr)의 발급확인** 메뉴에서 **발급확인번호**를 입력하여 **위·변조 여부**를 확인할 수 있습니다. 발급확인번호를 통한 확인은 발행일로부터 3개월까지 5회에 한하여 가능합니다.

발행번호 12389234789102367836718934082939023249 1/1 발급확인번호 AAIK-VPTF-0002 발행일 2020/10/02

통고서

발신인: 추성남
　　　　서울 강남구 영동대로 230, 2동 402호(대치동, 우성1차아파트)
수신인: 한명수
　　　　서울 강동구 상일로 261(상일동)

1. 저는 귀하 소유의 서울 동작구 사당동 451 토지에 인접한 사당동 450 토지를 2018. 5. 12. 매수하여 이전등기를 받았습니다.
2. 저는 사당동 450 토지에 공장건물을 신축할 생각으로 측량을 하던 중 귀하 소유의 사당동 451 토지 지상의 건물 일부가 저의 토지를 침범하고 있다는 사실을 알게 되었습니다.
3. 건물의 일부만이 침범하고 있어서 귀하도 그동안 이를 알지 못하였을 것이라고 생각은 합니다만, 더 이상 이러한 상태를 방치할 수는 없기에 이번 기회에 정리를 하였으면 합니다.
4. 제가 의뢰한 측량감정서를 첨부하오니 확인하시고 침범 부분을 원상회복시켜 주시고 그동안의 사용이익도 돌려주길 바랍니다.
5. 아무쪼록 원만하게 마무리되길 바랍니다.

첨부 : 측량감정서

　　　　　　　　　　2020.　2.　20.
　　　　　　　　　　추성남　(인)

본 우편물은 2020-02-20
제548호에 의하여
내용증명우편물로 발송하였음을 증명함
서울강남우체국장

측 량 감 정 서

감정대상물	서울 동작구 사당동 450 대 540㎡
번 호	가람 2020-0132

가람 측량감정 사무소

도   면

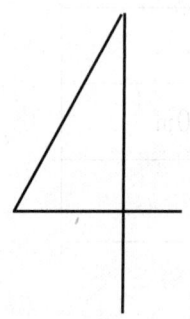

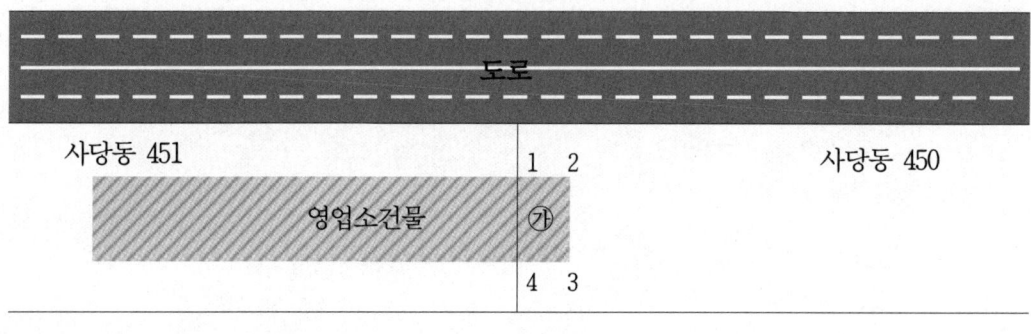

 서울특별시 동작구 사당동 451 지상의 영업소 건물 중 위 도면 표시 1, 2, 3, 4, 1의 각 점을 차례로 연결한 선내 ㉮ 부분 20㎡가 사당동 450번지의 토지 위에 걸쳐 있고, 450번지 토지 중 위 20㎡ 외에는 영업소 건물의 부지로 사용되는 부분이 없음

그 외 기재 생략

통고서에 대한 회신

발신인: 한명수 (640520-1258236)
   서울 강동구 상일로 261(상일동)

수신인: 추성남
   서울 강남구 영동대로 230, 2동 402호(대치동, 우성1차아파트)

1. 추성남씨가 보낸 통고서는 2020. 2. 21. 잘 받아보았습니다.
2. 저도 위 통고서를 보고 나서야 저의 건물 일부가 귀하의 토지를 침범하고 있다는 사실을 알게 되었습니다. 귀하도 인정하다시피 이를 알았다면 진작에 조치를 취하였을 것입니다.
3. 등기부를 보시면 아시겠지만 저는 두 번에 나누어서 사당동 451 토지와 건물을 매수하였는데(각 "1차 지분매수", "2차 지분매수"라 합니다), 1차 지분매수를 한 것은 벌써 20년이 지났고, 1차 지분매수시부터 최건주의 허락을 받고 위 건물을 영업소로 단독으로 전부 사용하고 있었습니다. 이러한 경우 사실상 제가 귀하의 토지 일부인 침범부분을 단독으로 점유, 사용한 것이라고 보아야 합니다.
4. 또한, 2차 지분매수와 관련하여 제가 매수하기 이전부터 이미 최건주가 건물을 소유하고 있었는데 최건주가 건물을 짓고 소유한 때부터, 또는 최소한 지금으로부터 20년 전인 2000년 초경부터 계산하면 토지 점유기간이 이미 20년이 지났습니다.
5. 주변에 물어보니 위 3, 4항에 따라 침범부분의 전부 또는 최소한 1/2 지분에 관하여 취득시효를 주장할 수 있고, 어느 경우이든 침범부분의 원상회복을 할 의무는 없다고 하는데, 추성남씨도 조금 더 알아보시기 바랍니다.

첨부: 확인서

   2020. 2. 24.
   한명수 (인)

본 우편물은 2020-02-24
제7153호에 의하여
내용증명우편물로 발송하였음을 증명함
서울강동우체국장

확 인 서

진술인의 인적사항

이름 : 최건주

주소 : 서울 서초구 잠원동 367 태양아파트 102동 1801호

전화번호 : 02) 515-7832

1. 진술인은 한명수에게 서울 동작구 사당동 451 토지 및 지상건물을 매도한 사람입니다.
2. 진술인은 위 토지의 지상건물을 소유할 당시 사당동 450 토지의 경계를 침범하였다는 사실을 알지 못했습니다. 한명수도 진술인으로부터 사당동 451 토지와 지상건물의 지분을 매수할 때 위 지상건물 일부가 사당동 450 토지를 침범하고 있었다는 것을 알지 못했습니다. 침범 면적도 불과 20㎡ 정도인데 제가 전혀 알 수 없었습니다.
3. 이상의 내용은 모두 진실임을 약속합니다.

2020. 2. 23.

진술인 최건주 ㊞

기록이면표지

확 인 : 법학전문대학원협의회

2020년도 제3차 변호사시험 모의시험 해설

소　장

추심금 등 청구의 소

청 구 취 지

청 구 원 인

1. 피고 김재삼에 대한 추심금 청구

   가. 추심금 청구권의 성립

   (1) 피추심채권의 존재 사실

   (2) 압류 및 추심명령을 받은 사실

   (3) 송달사실

   (4) 소결

   나. 피고의 예상되는 주장 및 반박

   (1) 소멸시효가 완성되었다는 주장에 관하여

   (2) 집행채권이 소멸되었다는 주장에 관하여

   (3) 상계주장에 관하여

   다. 소결론

2. 피고 이대철에 대한 구상금청구

   가. 주채무자의 부탁으로 보증인이 되었을 것

   나. 출재에 과실이 없을 것, 변제 기타 출재

   다. 주채무의 소멸 사실

   라. 소결

3. 피고 이양순에 대한 사해행위취소

　가. 사해행위취소권의 성립

　　(1) 피보전채권

　　(2) 사해행위 및 사해의사

　나. 원상회복의 방법

　다. 피고의 예상되는 주장과 반박

　라. 소결

4. 피고 한명수에 대한 토지인도 및 건물철거청구

　가. 토지인도청구권 및 건물철거청구권

　　(1) 원고의 토지소유 사실

　　(2) 피고의 토지 점유사실

　　(3) 소결

　나. 부당이득반환청구권

　다. 피고의 예상되는 주장과 반박

　　(1) 피고의 취득시효 주장에 관하여

　　(2) 피고의 독점 사용으로 인한 공유물 방해 제거 청구

　라. 부당이득반환의 범위

　마. 소결

5. 결론

증 명 방 법

첨 부 서 류

서울중앙지방법원 귀중

소　　장

원　　고		추성남 (650311-1930675)
		서울 강남구 영동대로 230, 2동 402호(대치동, 우성1차아파트)
원　　고		소송대리인 변호사 김명변
원　　고		서울 서초구 서초대로 123, 701호(서초동)
		전화: (02) 535-1089, 팩스: (02) 535-1090, 이메일: shy@korea.co.kr
피　　고		1. 김재삼 (750311-1930675)
		서울 서초구 서운로 226, 202호(서초동, 서초오피스텔)
		2. 이대철 (690415-1307392)
		서울 노원구 마들로 127, 33동 902호(월계동, 월계삼호아파트)
		3. 이양순 (710801-2430930)
		서울 종로구 자하문로36길 16-14, 6동 622호(청운동, 청운벽산빌리지)
		4. 한명수 (640520-1258236)
		서울 강동구 상일로 261(상일동)

추심금 등 청구의 소

청 구 취 지

1. 피고 김재삼은 원고에게 200,000,000원 및 이에 대하여 2020. 8. 22.부터 이 사건 소장부본 송달일까지 연 6%, 그 다음날부터 다 갚는 날까지 연 12%의 각 비율에 의한 돈을 지급하라.
2. 피고 이대철은 원고에게 80,000,000원 및 이에 대하여 2018. 9. 2.부터 이 사건 소장부본 송달일까지 연 5%, 그 다음날부터 다 갚는 날까지 연 12%의 각 비율에 의한 돈을 지급하라.
3. 가. 피고 이대철과 피고 이양순 사이에 박정삼에 대한 2019. 4. 30.자 정산금채권에 관하여 2020. 1. 8. 체결된 채권양도약정을 취소하고,
　나. 피고 이양순은 박정삼[주소: 서울 관악구 관악로38길 13(봉천동)]에게 위 채권양도약정이 취소되었다는 통지를 하라.[1]

---

[1] 대법원 2015. 11. 17. 선고 2012다2743 판결. 채무자의 수익자에 대한 채권양도가 사해행위로 취소되고, 그에 따른 원상회복으로서 제3채무자에게 채권양도가 취소되었다는 취지의 통지가 이루어지더라도, 채권자와 수익자의 관계에서 채권이 채무자의 책임재산으로 취급될 뿐, 채무자가 직접 채권을 취득하여 권리자로 되는 것은 아니므로, 채권자는 채무자를 대위하여 제3채무자에게 채권에 관한 지급을 청구할 수 없다(같은 판결). 따라서 이 소에서 바로 이대철을 대위하여 박정삼을 상대로 정산금채권의 지급청구를 할 수는 없다.

4. 피고 한명수는 원고에게,

   가. 별지1 목록 기재 1 토지 지상의 별지2 도면 표시 1, 2, 3, 4, 1의 각 점을 차례로 연결한 선내 ㉮ 부분 영업소건물 20㎡를 철거하고,

   나. 2018. 5. 12.부터 가항 기재 영업소건물 20㎡의 철거 완료일까지 월 500,000원의 비율에 의한 돈을 지급하라.

5. 소송비용은 피고들이 부담한다.

6. 제1, 2, 4항은 각 가집행할 수 있다.

라는 판결을 구합니다.

청 구 원 인

1. 피고 김재삼에 대한 추심금 청구

가. 추심금 청구권의 성립

(1) 피추심채권의 존재 사실

원재우는 한서스포츠라는 상호로 스포츠용품 판매점을 운영하고 있고, 피고 김재삼은 서초피트니스 센터라는 상호로 체육관을 운영하고 있습니다. 원재우는 2017. 7. 16. 피고 김재삼과 사이에 '스포츠기구인 러닝머신, 워킹머신 100점을 대금 300,000,000원에 매도하되, 2017. 7. 20. 위 스포츠기구를 인도하고, 2017. 8. 15. 그 대금을 지급'받기로 약정(위 대금 채권을 '이 사건 물품대금 채권'이라 합니다)하였습니다. 원재우는 2017. 7. 20. 피고 김재삼에게 위 약정대로 스포츠기구 100점을 인도하였습니다. 따라서 원재우는 피고 김재삼에 대해 이 사건 물품대금 채권을 가집니다.

(2) 압류 및 추심명령을 받은 사실

원고는 원재우에 대한 서울중앙지방법원 2018가합3456호 대여금 청구사건의 확정판결을 집행권원으로 2020. 6. 26. 채무자를 원재우, 제3채무자를 피고 김재삼으로 하여 이 사건 물품대금 채권 중 2억 원에 대한 채권압류 및 추심명령을 받았습니다.

(3) 송달사실

또한 위 채권압류 및 추심명령은 2020. 6. 30. 피고 김새삼에게 송달되었습니다.

(4) 소결

따라서 피고 김재삼은 원고에게 추심금 2억 원 및 이에 대한 지연손해금을 지급할 의무가 있습니다.

나. 피고의 예상되는 주장 및 반박

(1) 소멸시효가 완성되었다는 주장에 관하여

피고 김재삼은 이 사건 물품대금 채권의 이행기로부터 이미 3년이 경과하여 그 소멸시효가 완성되었다고 주장할 수 있습니다.

그러나 이 사건 물품대금 채권의 이행기가 2017. 8. 15.이므로 위 이행기로부터 3년이 경과한 것은 사실이나,[2] 원고가 이 사건 물품대금 채권에 관하여 압류 및 추심명령을 받아 그 결정이 2020. 6. 30. 피고 김재삼에게 송달되었고, 위 압류 및 추심명령의 송달은 이 사건 물품대금 채권에 관하여 시효 완성 전의 최고로서의 효력이 있습니다.[3] 따라서 원고가 그로부터 6개월이 경과하기 전에 이 사건 소를 제기한 이상 위 채권의 소멸시효 진행은 적법하게 중단되었습니다.

(2) 집행채권이 소멸되었다는 주장에 관하여

피고 김재삼은 원재우가 원고의 압류 및 추심명령의 집행권원인 서울중앙지방법원 2018가합3456 대여금 사건의 채무를 모두 변제하여 집행채권이 소멸하였다고 주장할지 모릅니다.

그러나 집행채권의 부존재나 소멸은 집행채무자가 청구이의의 소에서 주장할 사유이지 추심금의 소에서 제3채무자가 이를 항변으로 주장하여 집행채무의 변제를 거절할 수 없습니다.[4]

(3) 상계주장에 관하여

피고 김재삼은 원재우에게 2020. 5. 15. 대여한 1억 원의 대여금 채권과 이 사건 물품대금 채권을 상계했다고 주장할 수 있습니다.

그러나 제3채무자가 상계로써 압류채권자에게 대항하기 위하여는 압류의 효력 발생 당시에 대립하는 양 채권이 상계적상에 있거나, 그 당시 반대채권(자동채권)의 변제기가 도래하지 아니한 경우에는 자동채권의 변제기가 피압류채권(수동채권)의 변제기와 동시에 또는 그보다 먼저 도래하여야 합니다.[5]

앞에서 본 바와 같이 이 사건 물품대금 채권에 대한 원고의 압류 및 추심명령이 피고 김재삼에게 송달된 시기는 2020. 6. 30.이고, 이 사건 물품대금 채권의 변제기는 2017. 8. 15.인데 반하여 피고 김재삼이 자동채권으로 주장하는 위 대여금 채권의 변제기는 2020. 8. 15.입니다.

따라서 압류의 효력 발생 당시인 2020. 6. 30.에 피고 김재삼이 주장하는 자동채권의 변제기가 도래하지 않아 상계적상에 있지 않았을 뿐만 아니라, 위 자동채권의 변제기가 수동채권인 이 사건 물품대금 채권의 변제기보다 더 늦게 도래하므로, 피고 김재삼은 상계를 주장할 수 없습니다.

다. 소결론

따라서 피고 김재삼은 원고에게 추심금 2억 원 및 이에 대하여 추심금의 지급을 구하는 2020. 8. 20.자 통고서가 송달된 다음날인 2020. 8. 22.부터[6] 이 사건 소장부본 송달일까지는 상법이 정한 연 6%,[7] 그 다음날부터 다 갚는 날까지는 소송촉진 등에 관한 특례법이 정한 연 12%의 각 비율에 의한

---

[2] 이 사건 물품대금 채권은 상인이 판매한 상품의 대가이므로 그 소멸시효 기간은 상법 제64조 단서, 민법 제163조 제6호에 의하여 3년이다.
[3] 대법원 2003. 5. 13. 선고 2003다16238 판결.
[4] 대법원 1994. 11. 11. 선고 94다34012 판결.
[5] 대법원 2012. 2. 16. 선고 2011다45521 전원합의체 판결.
[6] 추심명령은 압류채권자에게 채무자의 제3채무자에 대한 채권을 추심할 권능을 수여함에 그치고, 제3채무자로 하여금 압류채권자에게 압류된 채권액 상당을 지급할 것을 명하거나 그 지급 기한을 정하는 것이 아니므로, 제3채무자가 압류채권자에게 압류된 채권액 상당에 관하여 지체책임을 지는 것은 집행법원으로부터 추심명령을 송달받은 때부터가 아니라 추심명령이 발령된 후 압류채권자로부터 추심금 청구를 받은 다음날부터라고 하여야 한다(대법원 2012. 10. 25. 선고 2010다47117 판결).

지연손해금을 지급할 의무가 있습니다.

2. 피고 이대철에 대한 구상금청구

가. 주채무자의 부탁으로 보증인이 되었을 것[8]

피고 이대철은 2017. 9. 3. 우방캐피탈 주식회사로부터 2억 원을 변제기 2018. 9. 2., 이자 월 1%로 정하여 대출받았고, 원고는 피고 이대철의 부탁을 받고 같은 날 이를 연대보증하였습니다.

나. 출재에 과실이 없을 것, 변제 기타 출재

원고는 2018. 9. 2. 연대보증인으로서 위 대출금 중 8,000만 원을 대위변제하면서 우방캐피탈 주식회사와 이를 원금에 충당하기로 합의하였습니다.

다. 주채무의 소멸 사실

이로써 위 범위 내에서 피고 이대철의 주채무가 소멸하였습니다.

라. 소결

따라서 피고 이대철은 원고에게 구상금 8,000만 원 및 이에 대하여 대위변제일인 2018. 9. 2.부터 이 사건 소장부본 송달일까지 민법이 정하는 연 5%, 그 다음날부터 다 갚는 날까지 소송촉진 등에 관한 특례법이 정하는 연 12%의 각 비율에 의한 법정이자 또는 지연손해금을 지급할 의무가 있습니다.

3. 피고 이양순에 대한 사해행위취소

가. 사해행위취소권의 성립

(1) 피보전채권

원고는 피고 이대철에 대해 위 제2항과 같이 금전채권을 가집니다.

(2) 사해행위 및 사해의사

피고 이대철은 2019. 4. 30. 박정삼과 그간의 육가공제품 물품거래를 정산하고 5,000만 원을 지급받기로 하는 합의를 하였습니다. 그런데 피고 이대철은 2020. 1. 8. 박정삼에 대한 위 정산금채권을 피고 이양순에게 양도하고, 같은 날 박정삼에게 이를 통지하여 2020. 1. 12. 박정삼에게 도달하였습니다.

위 채권 양도 당시 피고 이대철은 원고에 대한 구상금 채무 및 우방캐피탈 주식회사에 대한 대출금 채무를 부담하고 있던 반면, 박정삼에 대한 정산금채권 외에 달리 소유하는 재산은 없었습니다. 따라서 피고 이대철이 자신의 유일한 재산인 박정삼에 대한 정산금채권을 양도한 것은 원고에 대하여 사해행위에 해당하고, 피고 이대철의 사해의사는 사실상 추정되고, 피고 이대철과 피고 이양순의

---

7) 추심금청구는 채무자의 채권에 대한 추심권능을 대신 행사하는 것이므로, 피압류채권의 법정이율을 그대로 청구할 수 있다.
8) 민법 제441조 제1, 2항, 제425조 제2항.

관계에 비추어 피고 이양순도 위 채권양도가 원고를 해하게 되리라는 사정을 알고 있었다고 봄이 상당하므로,[9] 원고는 수익자인 피고 이양순을 상대로 채권자취소권을 행사하고 그 원상회복을 구할 수 있습니다.

나. 원상회복의 방법

채무자의 수익자에 대한 채권양도가 사해행위로 취소되는 경우, 수익자가 제3채무자에게서 아직 채권을 추심하지 아니한 때에는 채권자는 사해행위취소에 따른 원상회복으로서 수익자가 제3채무자에게 채권양도가 취소되었다는 취지의 통지를 하도록 청구할 수 있습니다.[10]
따라서 원고는 피고 이대철과 피고 이양순 사이의 위 채권양도약정의 취소를 구하고, 원상회복으로서 피고 이양순이 정산금채권의 채무자 박정삼에게 위 채권양도약정이 취소되었다는 통지를 할 것을 구합니다.

다. 피고의 예상되는 주장과 반박

피고 이양순은 피고 이대철에 대한 다른 채권자인 강권자가 이미 서울중앙지방법원 2020가단100234호 사건으로 이 사건 채권양도약정에 대한 사해행위취소 및 원상회복의 소를 제기하여 계속 중에 있으므로, 원고가 중복하여 같은 소를 제기할 수 없다는 주장을 할지 모릅니다.
그러나 채권자취소권의 요건을 갖춘 각 채권자는 고유의 권리로서 채무자의 재산처분 행위를 취소하고 그 원상회복을 구할 수 있는 것이므로 여러 명의 채권자가 동시에 또는 시기를 달리하여 사해행위취소 및 원상회복청구의 소를 제기한 경우 이들 소가 중복제소에 해당하지 아니합니다.[11]
따라서 피고 이양순의 주장과 같이 강권자가 위 채권양도약정의 취소 및 원상회복을 구하는 소를 이미 제기하였다고 하더라도 원고의 이 사건 소가 중복제소에 해당하지 않습니다.

라. 소결

피고 이대철과 피고 이양순 사이에 박정삼에 대한 2019. 4. 30.자 정산금채권에 관하여, 2020. 1. 8. 체결된 채권양도약정을 취소하여야 하고, 피고 이양순은 박정삼에게 위 채권양도약정이 취소되었다는 통지를 할 의무가 있습니다.

4. 피고 한명수에 대한 토지인도 및 건물철거청구

가. 토지인도청구권 및 건물철거청구권

(1) 원고의 토지소유 사실

원고는 별지1 목록 기재 1 토지("1 토지"라 합니다)의 소유자이고, 피고 한명수는 위 토지에 인접한 같은 기재 2 토지("2 토지"라 합니다) 및 그 지상 건물인 같은 기재 3 건물("이 사건 건물"이라 합니다)의 소유자입니다.

---

9) "수익자의 악의는 추정되므로" 라는 취지로 적어도 무방하다.
10) 대법원 2015. 11. 17. 선고 2012다2743 판결.
11) 대법원 2008. 4. 24. 선고 2007다84352 판결.

(2) 피고의 토지 점유사실

그런데 이 사건 건물의 일부가 1 토지 중 별지2 도면 표시 1, 2, 3, 4, 1의 각 점을 차례로 연결한 선내 ㉮ 부분 20㎡("이 사건 침범부분"이라 합니다)의 지상에 건축되어 이 사건 침범부분을 건물의 부지로 사용하고 있습니다(이 사건 건물 중 위 침범부분 지상에 존재하는 부분을 "이 사건 부분건물"이라 합니다).

(3) 소결

따라서 이 사건 부분건물의 존재로 인하여 원고의 소유권이 방해받고 있으므로, 특별한 사정이 없는 한 피고 한명수는 원고에게 이 사건 부분건물을 철거하여야 합니다.

나. 부당이득반환청구권

한편, 위와 같은 피고의 토지 점유에 대해 피고는 원고에게 이 사건 침범부분에 관한 사용이익 상당을 부당이득으로 반환할 의무가 있습니다. 나아가 이 사건 부분건물을 철거할 때까지 이 사건 침범부분에 관한 점유는 계속될 것이므로 이를 미리 청구할 필요도 있습니다.

다. 피고의 예상되는 주장과 반박

(1) 피고의 취득시효 주장에 관하여

피고 한명수는 20년간 이 사건 침범부분을 점유하였으므로 이를 시효취득하였다고 주장할지 모릅니다.

(가) 1 토지와 2 토지 및 이 사건 건물의 소유권 변동과정을 살펴보면 다음과 같습니다.

1 토지는 김전주의 소유였는데, 원고가 2018. 5. 12. 김전주로부터 이를 매수하고, 같은 날 그 명의로 소유권이전등기를 마쳤습니다.

2 토지는 최건주의 소유였는데, 최건주는 1992. 1. 28. 위 토지 지상에 이 사건 건물을 신축하고 소유권보존등기를 마쳤습니다.

피고 한명수는 최건주로부터 1999. 8. 11. 2 토지 및 이 사건 건물 중 각 1/2지분에 관하여 매매("1차 지분매수"라 합니다)를 원인으로 한 소유권이전등기를 마쳤고, 2002. 10. 17. 위 토지와 건물의 나머지 각 1/2 지분도 매수하여 같은 날 매매("2차 지분매수"라 합니다)를 원인으로 한 소유권이전등기를 마쳤습니다.

(나) 건물 공유자 중 일부만이 당해 건물을 점유하고 있는 경우라도 그 건물의 부지는 건물 소유를 위하여 공유명의자 전원이 공동으로 이를 점유하고 있는 것으로 볼 것이고, 건물 공유자들이 건물부지의 공동점유로 인하여 건물부지에 대한 소유권을 시효취득하는 경우라면 그 취득시효 완성을 원인으로 한 소유권이전등기청구권은 당해 건물의 공유지분비율과 같은 비율로 건물 공유자들에게 귀속된다고 할 것입니다.[12]

따라서 이 사건 침범부분에 대한 점유는 이 사건 부분건물에 대한 소유권의 변동에 따라,

---

[12] 대법원 2003. 11. 13. 선고 2002다57935 판결.

최건주가 건물을 신축한 1992. 1. 28.부터 단독으로 점유를 시작하여, 1차 지분매수시부터는 최건주, 피고 한명수 두 사람이 공동점유하여 오다가, 2차 지분매수시부터 현재까지는 피고 한명수 단독으로 점유하고 있는 것으로 볼 수 있습니다.

(다) 피고 한명수는 이와 달리 1차 지분매수시부터 이 사건 건물 전부를 단독으로 점유, 사용하였으므로 건물의 부지도 자신이 단독으로 점유한 것이라고 주장할지도 모르나, 위 법리에서 보는 바와 같이 건물 부지에 대한 점유는 건물의 소유권에 따르므로 위와 같은 이유만으로는 자신의 단독 점유를 주장할 수 없습니다.

(라) 피고 한명수의 취득시효 주장 가능 부분

① 1차 지분매수 부분: 피고 한명수가 위 지분을 취득한 1999. 8. 11.부터 이 사건 부분건물의 공유자로서 이 사건 침범부분을 점유하기 시작하였다고 할 것이므로 그때로부터 20년이 경과하였고, 위 한명수의 점유는 소유의 의사로, 평온, 공연하게 한 것으로 추정되므로 점유취득시효가 완성되었다고 보입니다.

② 2차 지분매수 부분

1) 피고 한명수가 위 지분을 취득한 2002. 10. 17.부터 이 사건 소 제기일인 2020. 10. 19.까지 20년이 경과하지 않았음은 역수상 명백합니다.

2) 이에 피고 한명수는 위 2차 지분의 이전 소유자인 최건주의 점유를 아울러 주장할 수 있다는 이유로 점유의 개시시기를 '2000년 초경'으로 삼을 수 있다는 주장을 할 수 있습니다. 그러나 점유가 순차로 승계된 경우에 취득시효의 완성을 주장하는 자는 자기의 점유만을 주장하거나 또는 자기의 점유와 전 점유자의 점유를 아울러 주장할 수 있는 선택권이 있는 것이나, 다만 그러한 경우에도 그 점유의 개시 시기를 전 점유자의 점유기간 중의 임의시점을 택하여 주장할 수는 없습니다.[13] 따라서 피고 한명수는 전 점유자인 최건주의 점유기간 중의 임의시점을 택하여 점유 개시시기로 주장할 수는 없습니다.

3) 피고 한명수는 최건주의 점유 전부를 아울러 주장하여 그 개시시기를 최건주가 건물을 신축하여 최초 점유를 시작한 1992. 1. 28.로 주장하여 취득시효가 완성되었다는 주장을 할 수 있습니다. 그러나 점유자는 시효기간 만료 당시의 소유자에 대하여 시효취득을 원인으로 하는 소유권이전등기청구권을 가질 뿐, 시효기간 만료 후에 새로이 소유권을 취득한 제3자에 대하여는 시효취득으로 대항할 수 없습니다.[14] 따라서 피고 한명수가 위 시기를 점유 개시시기로 삼을 경우 그때로부터 20년이 경과한 시점 이후인 2018. 5. 12. 원고가 1 토지에 대한 소유권이전등기를 마쳤으므로, 원고에 대하여는 취득시효 완성을 주장할 수 없습니다.

4) 결국 이 사건에서 피고 한명수가 점유취득시효를 주장할 수 있는 부분은 1차 지분매수를 통해 취득한 이 사건 침범부분 중 1/2 지분이라 할 것입니다.

---

13) 대법원 1992. 12. 11. 선고 92다9968 등 판결.
14) 대법원 1998. 4. 10. 선고 97다56495 판결.

(마) 소결

결국 이 사건에서 피고 한명수가 점유취득시효를 주장할 수 있는 부분은 1차 지분매수를 통해 취득한 이 사건 침범부분 중 1/2 지분이라 할 것입니다.

(2) 피고의 독점 사용으로 인한 공유물 방해 제거 청구

피고 한명수는 이 사건 침범부분의 1/2 지분에 대한 소유권을 시효취득하였으므로 이 사건 부분 건물을 철거할 의무가 없다고 주장할 수 있습니다.

그러나 공유물의 소수지분권자가 다른 공유자와 협의 없이 공유물의 전부 또는 일부를 독점적으로 점유·사용하고 있는 경우 다른 소수지분권자는 공유물의 보존행위로서 그 인도를 청구할 수는 없다고 하더라도, 자신의 지분권에 기초하여 공유물에 대한 방해 상태를 제거하거나 공동 점유를 방해하는 행위의 금지 등을 청구할 수는 있습니다.[15]

이 사건에서 피고 한명수가 이 사건 침범부분의 1/2 지분에 관하여 취득시효 완성을 원인으로 한 소유권을 취득할 수 있게 된다면, 위 부지는 장차 원고와 피고 한명수의 각 1/2 지분 비율에 의한 공유 토지가 될 것입니다.

따라서 피고 한명수로서는 나머지 지분을 보유하고 있는 원고와의 협의 없이는 이 사건 침범부분을 배타적으로 독점 사용할 수는 없다고 할 것이므로, 원고는 원고의 지분권에 기초하여 공유물의 방해 상태를 제거하기 위하여 이 사건 부분건물의 철거를 구할 수 있습니다.

라. 부당이득반환의 범위

취득시효 완성자가 그 명의로 소유권이전등기를 경료하지 아니하여 아직 소유권을 취득하지 못하였다고 하더라도 소유명의자는 취득시효 완성자에 대하여 점유로 인한 부당이득반환청구를 할 수 없으므로,[16] 피고 한명수가 1/2 지분에 관한 소유권을 시효취득한 이 사건에서 원고는 나머지 1/2 지분에 관하여만 부당이득반환의 청구를 하고자 합니다.

1 토지의 월 차임은 2018년 이후 현재까지 1㎡당 5만 원 상당이고, 일응 그 이후에도 같을 것으로 추인됩니다. 따라서 피고 한명수는 원고에게 원고가 1 토지에 대한 소유권을 취득한 2018. 5. 12.부터 이 사건 부분건물의 철거 완료일까지 월 500,000원(= 20㎡ × 50,000원 × 1/2)의 비율에 의한 부당이득금을 반환할 의무가 있습니다.

마. 소결

그러므로 피고 한명수는 원고에게 1 토지 지상의 이 사건 부분건물을 철거하고, 2018. 5. 12.부터 이 사건 부분건물의 철거 완료일까지 월 500,000원의 비율에 의한 부당이득금을 지급할 의무가 있습니다.

---

[15] 대법원 2020. 5. 21. 선고 2018다287522 전원합의체 판결.
[16] 대법원 1993. 5. 25. 선고 92다51280 판결.

5. 결론

이상과 같은 이유로 원고는 청구취지와 같은 판결을 구합니다.

증 명 방 법

(생 략)

첨 부 서 류

(생 략)

2020. 10. 19.

원고 소송대리인 변호사 김명변

서울중앙지방법원 귀중

별지 1

목 록 (부동산의 표시)

1. 서울 동작구 사당동 450 대 540㎡.
2. 서울 동작구 사당동 451 대 430㎡
3. 서울 동작구 사당동 451(사당로 12길 14) 지상 철근콘크리트조 슬래브지붕 단층 영업소 400㎡. 끝.

별지 2

도 면

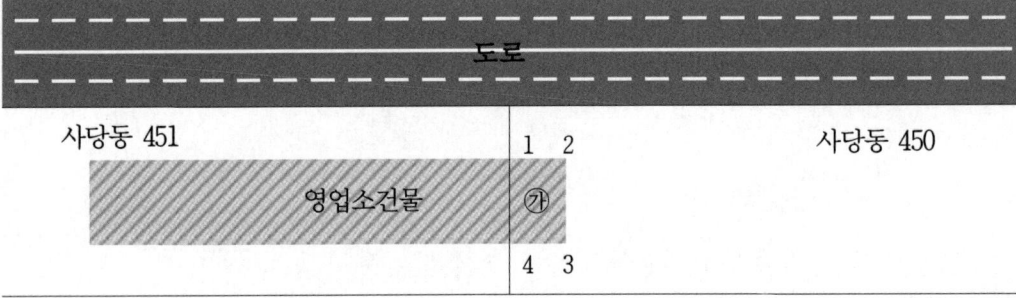

지은이

[선택형]
민　법 : 곽낙규
민소법 : 이종훈
상　법 : 장원석

[사례형]
민　법 : 곽낙규
민소법 : 이종훈
상　법 : 장원석

[기록형]
민사법 : 박승수 변호사

2020 법전협 제3차 모의시험문제해설(민사법편)

발 행 일 : 2020년 11월 09일
저　　자 : 곽낙규, 이종훈, 장원석, 박승수
발 행 인 : 이인규
발 행 처 : 도서출판 (주)학연
주　　소 : 서울시 관악구 호암로 602, 7층(유경빌딩)
전　　화 : 02-887-4203　팩　스 : 02-6008-1800
출판등록 : 2012.02.06. 제2012-13호
홈페이지 : www.baracademy.co.kr / e-mail :baracademy@naver.com

저자와 협의하여
인지를 생략함

정가 : 16,000원　　ISBN : 979-11-5824-597-9(94360)

파본은 바꿔드립니다. 본서의 무단전제·복제 행위를 금합니다.

이 도서의 국립중앙도서관 출판시도서목록(CIP)은 서지정보유통지원시스템 홈페이지
(http://seoji.nl.go.kr)와 국가자료공동목록시스템(http://www.nl.go.kr/kolisnet)에서
이용하실 수 있습니다.(CIP 제어번호 : CIP2020046619)